111 GRÜNDE, ATLÉTICO MADRID ZU LIEBEN

André Kahle
Mit Antonio Correas, Carmen García,
Maya Lux, Susanne Offermann und
Christian Wiegels

111 GRÜNDE, ATLÉTICO MADRID ZU LIEBEN

Eine Liebeserklärung an den großartigsten Fußballverein der Welt

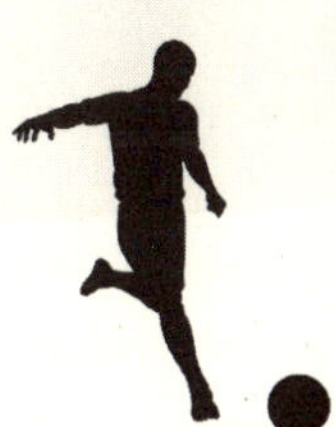

WIR SIND DER ZWÖLFTE MANN,
FUSSBALL IST UNSERE LIEBE!

INHALT

VORWORT

¿PAPÁ, POR QUÉ SOMOS DEL ATLETI?

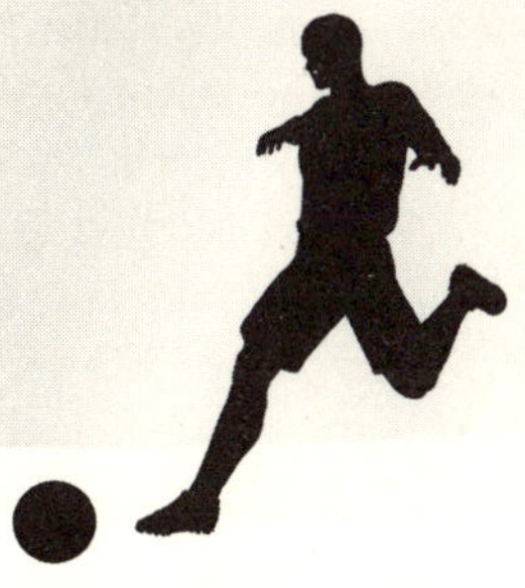

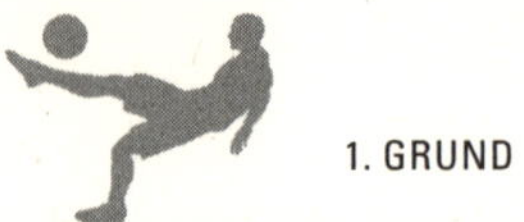

1. GRUND

Weil man sich ohne Vorwort dem Thema dieses Buches: ¿Papá, por qué somos del Atleti?* nicht annähern kann.

Ich bin Deutscher, ich bin Fußballfan und ich bin Fan eines spanischen Fußballvereins, den Club Atlético de Madrid S.A.D. Dabei habe ich weder spanische Verwandte, noch war ich in den ersten Dekaden meines Lebens jemals in Spanien. Geboren bin ich in Hannover und damit in jungen Jahren zum Anhänger von Hannover 96 geworden. Alles typisch deutsch also, alles unspektakulär.

Doch was ist dann passiert, warum verehre ich ein Team aus Spanien und warum halten Sie nun ein Buch in der Hand, welches Ihnen das eigentlich Unerklärliche erklären soll – nämlich warum Atlético Madrid der großartigste Fußballverein der Welt ist? Die Antwort lautet: Aus Liebe! Aus Liebe zu diesem besonderen, chaotischen, verrückten und einzigartigen Verein. Denn zur ganzen Wahrheit gehört auch, dass ich im Jahr 2003 den deutschen Atlético Madrid Fanklub, den Peña Atlética Centuria Germana, gründete.

Spätestens ab diesem Moment wurden der Verein sowie unser Fanklub ein immer größerer Bestandteil meines Lebens. Neben vielen besonderen Momenten, Erfahrungen und Erlebnissen waren es für mich immer die Colchoneros**, die für mich die Faszination des Vereins ausmachen und verkörpern. Auch wenn es in manchen Ohren pathetisch klingen mag, so sind mir diese Menschen doch ans Herz gewachsen. Sie stellen für mich meine (Fußball-)Familie dar und gehören unauslöschlich zu meinem Leben.

* *¿Papá, por qué somos del Atleti? (dt.: Papa, warum sind wir Atlético(-fans)?).*

** *Los colchoneros (dt.: die Matratzenmacher) – Spitzname für die Fans von Atlético Madrid, abgeleitet von dem Umstand, dass die Schutzbezüge der Matratzen in Spanien in dieser Epoche rot-weiß gestreift waren.*

Ohne diese Menschen, Freunde und Leidensgenossen (und Leiden gehört zu diesem Verein elementar dazu, wie Sie noch erfahren werden) wäre die Faszination Atlético Madrid nicht zu erklären, ohne sie wäre die Entstehung dieses Buches nicht denkbar und ohne sie gäbe es für mich keinen Grund, Atlético Madrid zu lieben.

Doch eben dank diesen Menschen gibt es für mich, gibt es für meine rot-weiße Familie Tausende von tollen Gründen, Atlético Madrid zu lieben und 111 davon haben wir gemeinsam ausgewählt, um Sie, der dieses Buch in den Händen hält, zu überzeugen, dass es sich lohnt, auch ein Teil dieses Vereins, dieser Familie, unserer Familie zu werden. Mir als Deutschen, der natürlich viele Spiele des Klubs besucht, wurde und wird zwangsläufig immer wieder folgende Frage gestellt: Warum? Warum bist Du als Deutscher Atlético-Fan? Wie kam es dazu? Egal ob der Wirt in der Tapas-Bar, bei dem ich mit einem Atlético-Schal ein Getränk bestelle, der Portier an der Rezeption des Hotels, der mich im Atlético-Trikot von einem Spiel wiederkehren sieht, die spanische Presse, die regelmäßig wegen Interviews und Reportagen anfragt oder andere Fußballfans, egal ob Atlético-Fans oder Fans der gegnerischen Mannschaft, alle stellen sofort diese eine Frage: Warum bist Du als Deutscher Atlético-Fan, wie kam es dazu?

Um diese Situation, diese Frage zu veranschaulichen, hilft ein Blick in die Saison 2001/2002, der zweiten Saison von Atlético in der Segunda División*. Damals warb Atlético Madrid mit einem TV-Werbespot, in dem ein Sohn seinen Vater während einer Autofahrt fragt: »¿Papá, por qué somos del Atleti?«. Der Vater findet sichtbar keine Antwort und bleibt diese daher seinem Sohn schuldig. An dieser Stelle endet die Szene im Auto mit der Sprachlosigkeit des Vaters und zwei Sätze werden vor einem schwarzen Hinter-

* *La Segunda División (dt.: die Zweite Liga) – die zweithöchste Spielklasse Spaniens.*

grund zentriert eingespielt: »No es fácil de explicar.«* sowie »Pero es algo muy, muy grande.«**

Es ist genau diese, auf den ersten Blick so einfache, ja kindlich-naive Frage, mit der Atlético-Fans, insbesondere deutsche Atlético-Fans, immer wieder konfrontiert werden. Es ist genau diese Sprachlosigkeit, die jedem Atlético-Fan bekannt ist, da die Antwort als zu groß erscheint, um sie als kurze, prägnante Antwort geben zu können. Jeder Atlético-Fan findet für sich irgendwann eine Möglichkeit des Umgangs mit dieser Frage, eine passende Antwort, und doch sind diese Antworten alle so individuell wie die Menschen selbst.

Einige Atlético-Fans antworten mit nur einem kurzen Satz: »Es un sentimiento«***, der jedoch eher noch weitere Fragen aufwirft als die Ausgangsfrage zu beantworten. Andere hingegen brauchen viele Sätze, versuchen die Frage durch persönliche Erlebnisse zu beantworten oder schildern Episoden aus ihrem Leben, das immer mal wieder mit Atlético verbunden und verwoben ist. Am Ende eint sie jedoch alle die Liebe, die Leidenschaft und das Interesse an ihrem Fußballverein, an Atlético Madrid. Meine persönliche, individuelle Antwort werde ich Ihnen am Ende dieses Buches gerne verraten.

Bis dahin haben wir, ein Team aus sechs Atlético Fans, die sich durch den deutschen Fanklub kennengelernt haben und die die Leidenschaft zu Atleti teilen, eine Sammlung an Gründen zusammengetragen, um einen kleinen Einblick und einen kleinen Versuch zu geben, die Frage zu beantworten. Bis Sie also meine Antwort erfahren, hoffe ich, dass Sie so viel Spaß beim Lesen von unseren 111 Antworten, den 111 Gründen, warum wir Atlético Madrid lieben, haben werden, wie wir, als wir diese Liebeserklärungen für Sie zusammengetragen haben.

* *No es fácil de explicar. (dt.: Es ist nicht leicht zu erklären.).*

** *Pero es algo muy, muy grande. (dt.: Aber es ist etwas sehr, sehr Großes.).*

*** *Es un sentimiento (dt.: Es ist ein Gefühl/eine Leidenschaft.).*

Ich, wir alle, hoffen, Sie eines Tages bei einem Spiel unserer Rojiblancos* zu treffen und Ihren persönlichen Grund zu erfahren, denn jeder, der sich mit Atlético Madrid auseinandersetzt, wird früher oder später seine eigenen Erfahrungen machen, seine eigenen besonderen Momente erleben und seine eigenen Gründe aufzählen können. Dem »Virus Rojiblanco« kann man nicht entkommen, und einmal infiziert, begleitet er einen ein Leben lang ... Gott sei Dank ohne Aussicht auf Heilung.

»Ya el escudo no es por encima, ya el escudo es por dentro.«**

Iselín Santos Ovejero Maya – ehemaliger Spieler und Trainer *(A.K.)*

* *Los rojiblancos (dt.: die Rot-Weißen) – zusammengesetzt aus rojo (dt.: rot) und blanco (dt.: weiß).*

** *Ya el escudo no es por encima, ya el escudo es por dentro (dt.: Mittlerweile trage ich das Wappen nicht nur äußerlich, mittlerweile ist das Wappen ein Teil von mir.)*

1. KAPITEL

DIE HISTORIE

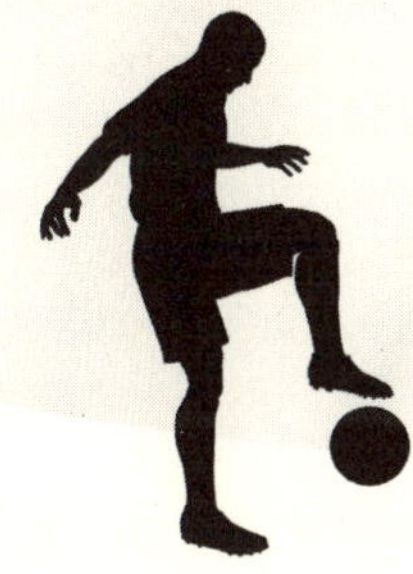

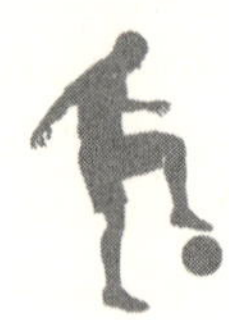

2. GRUND

Weil jede Geschichte ihren Anfang hat – der Athletic Club de Madrid.

Der Verein wurde am 26. April 1903 unter dem Namen »Athletic Club de Madrid« von einer Gruppe baskischer Studenten, die an der Hochschule Escuela Especial de Ingenieros de Minas in Madrid studierten, als »equipo sucursal«* des Vereins Athletic Club de Bilbao gegründet. Bereits am 02. Mai des Jahres fand nahe des Retiro Parks das erste Spiel des neuen Vereins statt. Die offizielle Konstitution des Klubs erfolgte mit der Genehmigung des Gobierno Civil de Madrid am 20. Februar 1907 mit der Eintragung ins Vereinsregister. Die Spielkleidung der ersten Jahre bestand aus Hemden mit blau-weißen Streifen und wahlweise weißen oder schwarzen Hosen. Am 22. Januar 1911 änderte der Verein die Farben des ersten Spieldresses in die bis dato genutzten rot-weißen Streifen. Der bis heute geläufige Spitzname »Los Colchoneros« war damit geboren.

Die offizielle Loslösung vom Athletic Club begann im Jahr 1913 durch die Einschreibung als unabhängiger Verein beim Verband Federación Regional Centro und endete am 17. Oktober 1924, als jegliche übrig gebliebenen Verbindungen zu den sportlichen Ahnen aus dem Baskenland aus der Satzung des Vereins entfernt wurden. Als Höhepunkt in dieser Zeit sticht die Einweihung des von Präsident Julián Ruete vorangetriebenen Stadions O'Donell heraus, das am 09. Februar 1913 seiner Bestimmung übergeben wurde. In sportlicher Hinsicht macht der Verein erstmals 1921 durch den Gewinn der Madrider Regionalmeisterschaft auf sich aufmerksam.

Bedingt durch die sportliche Entwicklung, entsprach das erst wenige Jahre zuvor eingeweihte Stadion nicht mehr den Anforde-

* *Equipo sucursal – zusammengesetzt aus equipo (dt.: Mannschaft) und sucursal (dt.: Niederlassung, Zweigstelle).*

rungen. Daraufhin trieb der Verein den Bau eines neuen Stadions voran, welches am 13. Mai 1923 unter dem Namen Estadio Metropolitano de Madrid eröffnet wurde. Im gleichen Jahr engagierte der Verein mit Vince Hayes einen englischen Trainer und erhielt dadurch internationale Impulse. Die zweite Regionalmeisterschaft errang der Klub jedoch erst unter dem Spanier Ramón Olalquiaga – im Jahr 1925 wurde Gimnástica Española im Finale mit 3:1 geschlagen. 1928 ging die dritte Regionalmeisterschaft an die Rot-Weißen, diesmal durch einen 3:1-Finalerfolg gegen Real Madrid. Trainiert wurde die Mannschaft von dem Briten Fred Pentland, der insgesamt drei Amtszeiten bei dem Verein tätig war. *(A.K.)*

3. GRUND

Weil jede Geschichte ihren Anfang hat – der Athletic Club Aviación.

Seit dem Gründungsjahr 1929 der Campeonato Nacional de Liga, der höchsten spanischen Spielklasse, war Athletic de Madrid neben Real Madrid das einzige Gründungsmitglied der Primera División* aus der Region Kastilien. Mit dem Ausbruch des Bürgerkriegs im Jahr 1936 pausierte die Liga jedoch für drei Jahre.

Nachdem die Liga 1939, neu strukturiert und geordnet, den Spielbetrieb wiederaufnehmen konnte, fusionierten Athletic de Madrid und der Verein Aviación, bestehend aus Soldaten der Luftwaffe, zum Verein Athletic Club Aviación. Bereits in der ersten Spielzeit 1939/40 konnte die erste Meisterschaft in der Geschichte des Vereins errungen werden. In der darauffolgenden Saison konnte der Erfolg wiederholt werden. Trainiert wurde die Mannschaft von Ricardo Zamora, dessen Name bis heute in Spanien bekannt ist, da nach ihm die Tro-

* *La Primera División (dt.: die Erste Liga) – die höchste Spielklasse Spaniens.*

phäe für den Torwart mit den wenigsten Gegentoren in einer Spielzeit benannt ist. Die damalige Mannschaft machte jedoch eher durch ihre Offensivqualitäten auf sich aufmerksam. Spieler wie Juncosa, Vidal, Silva, Campos und Escudero waren weit über die Grenzen Madrids hinaus für ihre Offensivqualitäten bekannt. Star der Mannschaft war jedoch ihr Kapitän Germán Gómez, der im Mittelfeld die Fäden zog. Im Januar des Jahres 1947 änderte der Verein, unter anderem aufgrund des politischen Drucks zur Kastilisierung, seinen Namen ein weiteres Mal und wurde zum Club Atlético de Madrid. In den Spielzeiten 1949/50 und 1950/51 gewannen die Rojiblancos erneut zwei Mal in Folge die Liga. Herausragender Akteur dieser Elf war der als »Schwarze Perle« bezeichnete Marokkaner Larbi Benbarek, der es zwischen 1948 und 1953 auf 56 Tore brachte. Trainer der Mannschaft war der Argentinier Helenio Herrera, der bei den Rojiblancos den Grundstein für seine Trainerkarriere im europäischen Fußball legte. Nachdem Benbarek und Herrera den Verein verlassen hatten, trat eine neunjährige Phase sportlicher Erfolglosigkeit ein. Diese wurde erst 1960 durch den erstmaligen Gewinn des spanischen Pokals, der zur damaligen Zeit noch Copa del Generalísimo genannt wurde, beendet. Als herausragende Akteure dieser Mannschaft gingen Joaquín Peiró und Enrique Collar in die Geschichte ein. *(A.K.)*

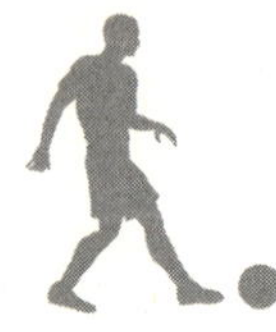

4. GRUND

Weil jede Geschichte ihren Anfang hat – die 60er-Jahre.

In den 1960er-Jahren machte Atlético Madrid erstmals auch international auf sich aufmerksam und holte den Europapokal der Pokalsieger: Nachdem das Finale von Glasgow gegen den AC Florenz aus Italien mit 1:1 endete, musste ein Entscheidungsspiel gespielt werden. In Stuttgart siegte Atlético mit 3:0 und gewann somit den ersten

Europapokal der Vereinshistorie. Dieser Titel hatte auch deswegen einen hohen Stellenwert, weil er im einzigen Wettbewerb errungen wurde, den Erzrivale Real Madrid zuvor noch nicht gewonnen hatte. Im folgenden Jahr zog Atlético erneut ins Finale ein, musste sich diesmal aber den Tottenham Hotspurs geschlagen geben.

Auch in den nationalen Wettbewerben konnte Atlético einige Duftmarken setzen: Zwei Erfolge im Copa del Generalísimo (1961 und 1965) sowie eine nationale Meisterschaft (1965/66) sorgten dafür, dass die Phalanx von Real Madrid zumindest ein wenig durchbrochen wurde. Herausragende Akteure in diesem Jahrzehnt waren neben Miguel Jones Enrique Collar sowie Adelardo, der in insgesamt 17 Jahren über 400 Ligaspiele für Atlético bestritt.

Neben den sportlichen Erfolgen machte der Klub durch den Bau und die Einweihung des Estadio del Manzanares, die bis heute als Heimspielstätte der Rojiblancos fungiert und direkt am río Manzanares* liegt, auf sich aufmerksam. Ein bedeutendes Ereignis war auch die 1964 übernommene Präsidentschaft von Vicente Calderón, der den Klub in den nächsten 20 Jahren prägen sollte und ab 1972 auch als Namensgeber des neuen Stadions fungierte. *(A.K.)*

5. GRUND

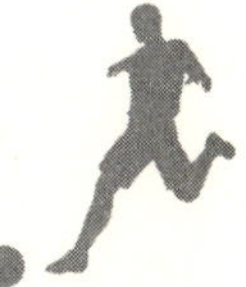

Weil jede Geschichte ihren Anfang hat – die 70er-Jahre.

Die 70er-Jahre gingen als die goldenen Jahre des Vereins in die Geschichte ein. In der Spielzeit 1969/'70 errang Atlético zum 6. Mal die spanische Meisterschaft. Mit dem Franzosen Marcel Domingo war es abermals ein Ausländer, der die Geschicke der Rojiblancos leitete. An seine Stelle trat anschließend der Österreicher Max Mer-

* *río (dt.: Fluss).*

kel, unter dem eine weitere Meisterschaft und ein weiterer Pokalsieg errungen wurden. Mit Luis Aragonés, Javier Irureta und dem dreimaligen Torschützenkönig José Eulogio Gárate verfügte der Verein über herausragende Offensivkräfte.

Um die Verbesserung der Defensivbalance voranzutreiben, wurde der Argentinier Juan Carlos Lorenzo verpflichtet. Unter ihm zog der Verein 1973/74 in das Finale des Europapokals der Landesmeister gegen den FC Bayern München ein. Im Brüsseler Heyselstadion sah Atlético schon wie der sichere Sieger aus, ehe sich die Münchener durch ein Tor in der letzten Minute noch den Einzug ins Wiederholungsspiel sicherten. Dieses gewann der FC Bayern mit 4:0 und verwies Atlético damit auf den ungeliebten 2. Platz. Aufgrund eines Verzichts der Münchener durfte Atlético 1975 gleichwohl im Copa Intercontinental (Weltpokal) starten. Nachdem die Rojiblancos im Hinspiel noch mit 0:1 gegen CA Independiente aus Argentinien verloren hatten, schlugen sie das Team aus Avellaneda im Rückspiel mit 2:0 und wurden damit offiziell zur besten Mannschaft der Welt gekürt. Atlético Madrid ist damit der einzige Verein in der über 40-jährigen Geschichte des prestigeträchtigen Pokals, der diesen gewinnen konnte, ohne vorher den europäischen Landesmeisterwettbewerb gewonnen zu haben.

In den nationalen Wettbewerben konnte Atlético weitere Duftmarken setzen: 1972 und 1976 gelangen weitere Erfolge im Copa del Generalísimo, 1976/77 wurde unter Luis Aragonés zum achten Mal die Meisterschaft gewonnen, ausgerechnet im Stadion Santiago Bernabéu von Real Madrid. *(A.K.)*

6. GRUND

Weil jede Geschichte ihren Anfang hat – die 80er- und 90er-Jahre.

In den 80er-Jahren konnte Atlético nicht an die ganz großen Erfolge der vergangenen Dekaden anknüpfen. Nachdem sich zwischen 1978 und 1982 neun Trainer glücklos daran versucht hatten, den Verein wieder in die Erfolgsspur zu bringen, war es Luis Aragonés, der 1985 mit dem spanischen Pokalwettbewerb endlich wieder einen Titel an den Manzanares holte – abermals im Stadion Santiago Bernabéu. Der bedeutendste Akteur dieser Mannschaft war der Mexikaner Hugo Sánchez, der zum Ärger der Fans anschließend zu Real Madrid wechselte. Durch den Pokalsieg trat Atlético in der Saison 1985/86 im Europapokal der Pokalsieger an, wo es der Verein zwar bis ins Finale schaffte, dort aber Dynamo Kiew deutlich unterlag. Im Jahr 1987 wurde die Atlético-Gemeinde durch den Tod des zwischenzeitlich abermals zum Präsidenten gewählten Vicente Calderón geschockt. Seine Nachfolge trat mit Don Jesús Gil y Gil ein umstrittener ehemaliger Bürgermeister von Marbella an. Unter ihm wurde der Verein 1992 auch in eine S.A.D.* umgewandelt.

Die sportliche Bilanz des neuen Präsidenten war zunächst wenig erfolgreich. Trotz millionenschwerer Ausgaben (u. a. für den Portugiesen Paulo Futre) und ungezählter Trainerwechsel reichte es lediglich für zwei Pokalsiege (1991 und 1992). 1991 stellte Tormann Abel Resino überdies noch einen europäischen Rekord auf, indem er 1.275 Minuten ohne Gegentor blieb. Überraschend Grund zur doppelten Freude gab es in der Spielzeit 1996/'97: Unter dem Serben Radomir Antić holte die Mannschaft um Diego Simeone, José Luis Caminero und Kiko zum ersten und einzigen Mal in der

* *Vgl. Grund 9: Weil jede Geschichte ihren Anfang hat – Die aktuelle Rechtsform des Vereins.*

Vereinsgeschichte die »doblete«.* Trotz hoher Ausgaben für prominente Spieler und Trainer (u. a. Christian Vieri, Jimmy Floyd Hasselbaink, Arrigo Sacchi und Claudio Ranieri) gelang es nicht, diesen Erfolg zu konservieren. Mehr noch: In der Saison 1999/2000 bekam die Elf kaum ein Bein auf den Boden und stieg in die Segunda División** ab. *(A.K.)*

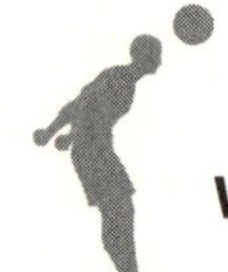

7. GRUND

Weil jede Geschichte ihren Anfang hat – die 2000er-Jahre.

Auch im spanischen Unterhaus fand sich Atlético zunächst am Tabellenende wieder und verfehlte trotz einer späteren Aufholjagd den direkten Wiederaufstieg. Dieser konnte erst in der Spielzeit 2001/2002 gefeiert werden, sodass Atlético rechtzeitig zum 100-jährigen Bestehen des Vereins, dem »centenario«, wieder erstklassig spielte. Dieser Geburtstag wurde mit einem großen Festakt zelebriert. Obgleich der Verein zur gleichen Zeit sportlich lediglich Mittelmaß darstellte, waren die Feierlichkeiten rund um das Jubiläum für viele Fans einer der größten Momente der Vereinsgeschichte dar. Im Jahr 2004 starb der langjährige Präsident Don Jesús Gil y Gil. An seine Stelle trat Enrique Cerezo, unter dem zunächst weiterhin viel Geld investiert, aber wenig sportlicher Erfolg geerntet wurde. Erst in der Saison 2007/08 kehrte Atlético unter Javier Aguirre in den Europapokal zurück und qualifizierte sich zudem erstmals für die Champions League. *(A.K.)*

* *Doblete (dt.: Dublette/Double) – Gewinn der Meisterschaft und des Pokals in derselben Spielzeit.*

** *La Segunda División (dt.: die Zweite Liga) – die zweithöchste Spielklasse Spaniens.*

8. GRUND

Weil jede Geschichte ihren Anfang hat – die 2010er-Jahre.

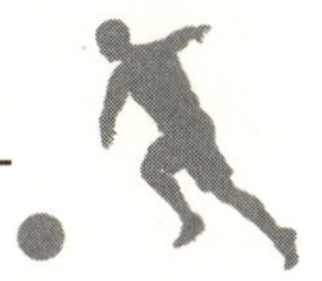

Mit dem Jahr 2010 kamen die ganz großen Erfolge zurück an den Manzanares. Nachdem es in der Champions League nur zum dritten Gruppenrang gereicht hatte, spielte Atlético in der Europa League weiter. Dort schaffte es der Klub bis ins Finale nach Hamburg, wo er nach zwei Toren von Diego Forlán, durch ein 2:1 nach Verlängerung gegen den FC Fulham aus England, seinen ersten europäischen Titel seit 1962 gewann. Im Spätsommer desselben Jahres folgte mit dem Gewinn des UEFA Super Cups gegen Inter Mailand ein weiterer internationaler Titel.

Nachdem dieser Erfolg zunächst nicht konserviert werden konnte, holte der Verein während der Saison 2011/12 seinen ehemaligen Spieler Diego Simeone als Trainer zurück und begründete damit eine bis heute anhaltende Erfolgsära. 2012 gelang erneut der Gewinn der Europa League. Der Finalgegner war diesmal der Athletic Club aus Bilbao, der in Bukarest mit 3:0 besiegt werden konnte. Das Finale des UEFA Super Cups in Monaco gewann Atlético dann gegen den FC Chelsea London mit 4:1.

Den größten nationalen Erfolg seit dem Double-Gewinn im Jahr 1996 brachten der Mai 2013, als im Copa del Rey* Finale der Stadtrivale Real Madrid im Estadio Santiago Bernabéu mit 2:1 n.V. geschlagen werden konnte, sowie der Mai 2014, als der Verein am letzten Spieltag in einem dramatischen Spiel beim FC Barcelona die spanische Meisterschaft feiern konnte.

Ebenso historisch war der zweifache Einzug ins Champions League Finale 2014 in Lissabon – ein Erfolg, der dem Verein seit

** Copa del Rey (de Fútbol) (dt.: Fußball-Königspokal) – Nationaler Pokalwettbewerb für Vereinsmannschaften im spanischen Fußball.*

40 Jahren nicht mehr gelang – und im Jahr 2016 in Mailand. Trotz jeweils großer Spiele war Atlético ein Erfolg beide Male nicht vergönnt. Vier internationale Titel in zwei Jahren sowie der zehnte Gewinn des Copa del Rey und der Meisterschaft haben Atlético Madrid zurück in die Spitzengruppe im spanischen Vereinsfußball geführt und das 2010er-Jahrzehnt bereits jetzt zu einem der erfolgreichsten Jahrzehnte in der Geschichte des Klubs gemacht. *(A.K.)*

9. GRUND

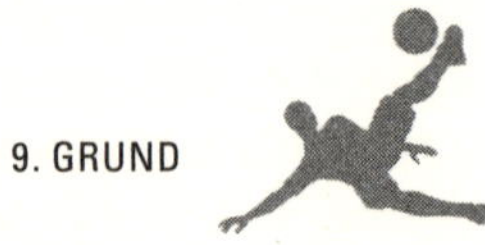

Weil jede Geschichte ihren Anfang hat – die aktuelle Rechtsform des Vereins.

Im Juli 1992 wurde, unter dem damaligen Präsidenten Don Jesús Gil y Gil, die Lizenzspielerabteilung aus dem Verein ausgegliedert. Seitdem wird dem Vereinsnamen Club Atlético de Madrid der Zusatz S.A.D. hinzugefügt. Die S.A.D. ist eine gesetzlich geregelte Sonderform der »sociedad anónima« (S.A.), einer Aktiengesellschaft nach spanischem Recht, für die in einzelnen Punkten abweichende Regeln zur S.A. gelten. Wie der Zusatz »deportiva«* bereits ausdrückt, ist die S.A.D. die Rechtsform des spanischen Privatrechts, die zur Teilnahme an professionellen nationalen Sportwettbewerben, wie zum Beispiel der spanischen Fußballliga, vorgeschrieben ist**. Die einzigen Ausnahmen von dieser Vorschrift bilden aufgrund von historischen Begebenheiten in der Liga die Vereine Athletic Club, Futbol Club Barcelona, Real Madrid Club de Fútbol und der Club Atlético Osasuna. Eine S.A.D. wird von einem Verwaltungsrat geleitet, der aus mindestens sieben Mitgliedern besteht. *(A.K.)*

* *Deportivo(-a) (dt.: sportlich) – abgeleitet von deporte (dt.: Sport).*

** *Vgl. Art. 19 Abs. 1 des »Ley 10/1990, de 15 de octubre, del Deporte«.*

2. KAPITEL

DER VEREIN

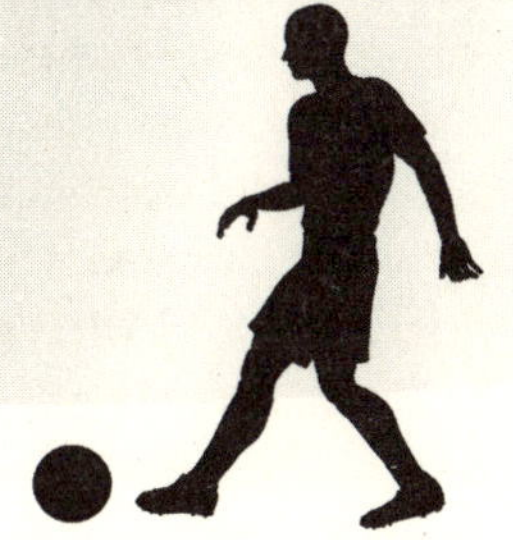

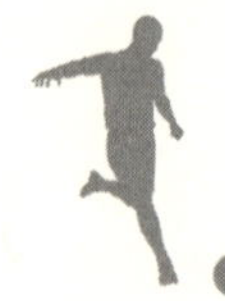

10. GRUND

Weil Atlético zwar nicht immer Rot-Weiß trug, aber immer seiner Herkunft treu blieb.

Die Geschichte ist eigentlich schon weltbekannt, daher machen wir es an dieser Stelle kurz: Der Fußballsport wurde in England geboren. Englische Mitarbeiter der Eisen- und Kupferminen brachten im späten 19. Jahrhundert den Fußball nach Südspanien, zudem gründeten nahezu zeitgleich baskische Studenten, die in Großbritannien studiert hatten, Amateurvereine im Norden des Landes. So auch unter anderem den Athletic Club aus Bilbao. Zu Beginn trug Athletic Bilbao blau-weiße Trikots, exakt wie die Blackburn Rovers, die damals sehr erfolgreich waren. Mit der Jahrhundertwende zogen manche von diesen Studenten nach Madrid, um ihre Ausbildung fortzusetzen. Dort gründeten sie einen Ableger von Athletic. Am 26. April 1903 kam es zur Spaltung innerhalb dieses Vereins und Atlético Madrid wurde geboren. Aufgrund dieser Tradition trugen die Spieler von Atlético Madrid, die Rojiblancos, also die Rot-Weißen, noch bis 1911 blau-weiße Trikots, genau wie ihre baskischen Vorfahren.

So weit, so gut, doch ab hier kommt nun der Zufall ins Spiel: Juan Elorduy, ein baskischer Student sowie Vorstandsmitglied und Spieler bei Atlético, reiste 1911 nach England, mit dem klaren Auftrag, vom Verein neue Trikots zu kaufen, diese natürlich in den gleichen Farben wie bisher, nämlich in Blau-Weiß. Juan war jedoch wahrscheinlich mit anderen Aufträgen, bestimmten Ablenkungen, die dem Studentenleben geschuldet, sind und weiteren Gedanken, die junge Männer möglicherweise umtreiben, beschäftigt, und so vergaß er den Auftrag, Trikots zu besorgen. Als der Tag der Abreise näher rückte, entsann er sich jedoch seiner Order, suchte, aber fand die gewünschte Trikots nicht. Erst in der letzten Minute, als er in Southampton einschiffte, fand er endlich zum Kauf angebotene, den Vorschriften ordnungsgemäß entsprechende Fußballtrikots. Jedoch die des lokalen Vereins. Wie jeder weiß, spielte dieser Verein aber in Rot-Weiß. Dennoch entschied er sich, diese zu kaufen, um nicht mit leeren Händen in Madrid anzukommen. Immerhin hatte Juan nun eine komplette Schiffsreise Zeit, sich eine gute Erklärung einfallen zu lassen, warum die bestellten blau-weißen Trikots nun rot-weiß werden würden. Diese fand er dann auch und so argumentierte er, dass die rot-weißen Trikots eine Hommage an die englischen Migranten wären, die den Fußball nach Spanien gebracht hatten. Eine gute Erklärung, waren es nämlich vornehmlich Leute aus Sunderland, Southampton und Portsmouth, deren Lokalvereine alle rot-weiße Jerseys trugen.

Aus Ermangelung an Alternativen oder aufgrund der guten Erklärung fand somit am 22. Dezember des Jahres 1911 das erste Spiel in den neuen Farben statt. Die Rojiblancos waren geboren. Kurz danach, bzw. zeitgleich, wie die Fans von Athletic behaupten würden, wechselte auch der Traditionsverein aus Bilbao seine Trikotfarben zu rot-weißen Leibchen. Jedoch taten sie dies mit einem deutlichen Unterschied, da die Basken von da an ihren Spieldress mit schwarzen Hosen komplettierten, ähnlich wie ihn auch die oben genannten englischen Mannschaften trugen. Böse Zungen behaupten, dass nur deshalb rot-weiße Trikots genommen wurden, weil diese sehr kostengünstig aus Matratzenbezügen hergestellt werden konnten. Wahr oder nicht – so erhielten die Rojiblancos direkt ihren zweiten Kosenamen: »Colchoneros«, spanisch für »Matratzenmacher«.

Mit Ausnahme der Jahre, in denen Atlético Madrid unter dem Namen Atlético Aviación antrat, und des einmaligen Tributs im Centenario, dem hundertjährigen Jubiläum des Vereins, ist Atlético Madrid seinen Farben treu geblieben. Gerade in der heutigen Zeit, in der viele Vereine unter dem Druck der Sponsoren und Vereinspatriarchen ihre Tradition aufgeben oder meistbietend verkaufen und Trikotfarben übernehmen, die kaum zu ertragen sind, bleibt Atlético sich selbst treu.

Sogar die Breite der Streifen kann nicht von den Designern angetastet werden, ohne dass ein Sturm der Entrüstung durch die Fanlandschaft fegt – nicht nur bei Puristen. Man war, man ist und man bleibt Rot-Weiß – Rojiblancos eben, und genau diese Loyalität zu den rot-weißen Farben ist eine Konstante im Selbstbild eines jeden Colchoneros. *(A.C.)*

11. GRUND

Weil Rot-Weiß viel fröhlicher ist als alle anderen Farben.

Der Beweis dieser These wurde bereits in den 1960er-Jahren erbracht. In der zweiten Strophe der »Himno del Metropolitano«, die sechs Jahre lang, zwischen 1966 und 1972, die offizielle Vereinshymne war, heißt es: »Qué alegres son los colores de tus rayas rojiblancas / cuando al quedar vencedores todo el público te aclama«*. Noch heute ist diese Hymne wahrscheinlich das zeitloseste, meistgeliebte und meistgesungene Lied des Publikums. Dieses Gefühl der Freude verbreitete sich zudem stark und schnell, da Spanien während dieser sechs Jahre und der folgenden Dekade sich politisch graduell öffnete und gleichzeitig einen höheren Wohlstand erreichte. Dies führte unter anderem dazu, dass Farbfernsehgeräte langsam die Wohnzimmer der spanischen Bevölkerung eroberten und damit die veralteten Schwarz-Weiß-Geräte ersetzten.

Wer nun also Fußball im Farbfernsehen schaute, sah ein Team in leuchtenden, fröhlichen, rot-weißen Trikots. Ein Umstand, der den Atlético-Fans einen besonderen Stolz einhauchte, da die Tri-

* *Qué alegres son los colores de tus rayas rojiblancas / cuando al quedar vencedores todo el público te aclama (dt.: Welch eine Freude sind die Farben deiner rot-weißen Streifen / wenn du siegst und dich die Zuschauer bejubeln).*

kots, insbesondere im Vergleich zu den Nachbarn im Norden der Stadt und anderen Rivalen, eine besondere Kraft und Freude ausstrahlen. Während sich zum Beispiel die Königlichen mit dem langweiligen und altmodischen Weiß zufriedengeben mussten, hatten die Rojiblancos mit ihren bunten, fröhlichen, modernen, rot-weißen Trikots die modische Oberhand errungen! Was für ein Paukenschlag! Die einen wirkten nun träge und reizlos in ihren weißen Leibchen, während die Rojiblancos in ihrer Spielkleidung wie Superhelden aussahen.

Die Blaugrana-Kombination des FC Barcelona veränderte sich mit dem Erlebnis des neuen Farbfernsehens auch nicht spürbar, da die Einfärbung der Trikots in diesen Zeiten noch rudimentärer, einfacher, simpler war. Vom Grau-Schwarz des alten TV-Erlebnisses rutschte man ins Dunkelrot-Dunkelblau. Kein großer Gewinn für das ästhetische Auge der Fußballfans. Athletic Bilbao, ein großer Verein der damaligen Zeit, spielte ebenfalls traditionell in Rot-Weiß, jedoch mit einem feinen, aber entscheidenden Unterschied. Die Basken setzten auf schwarze Hosen und schwarze Strümpfe und wirkten mit dieser Kombination zu martialisch, zu finster. Ein Problem, das auch andere Klubs aus dem Norden des Landes ereilte.

Atlético hingegen trug blaue Hosen und blaue Strümpfe und zeigte damit, dass diese Kombination, im Zusammenspiel mit den rot-weißen Trikots, die Hoffnung der Menschen in Spanien mit Blick auf eine strahlende Zukunft sehr treffend verkörpern konnte. Das Land erblühte, die graue, triste Zeit schien vorbei und Atlético fungierte als Lichtblick. Schärfster Konkurrent im Kampf um die fröhlichsten Farben war lediglich ein anderer Traditionsverein aus dem Süden Spaniens, Betis Sevilla. Die Grün-Weißen aus dem Süden Spaniens schafften es ebenfalls, eine optische Leichtigkeit zu generieren. Ich kann mich noch gut an den Tag erinnern, als ich Atlético zum ersten Mal in einem Farbfernseher sah. Es war Anfang der 80er-Jahre und die Rojiblancos spielten gegen Real Sociedad (blau-weiße Trikots mit weißen Hosen und blauen Strümpfen) in San Sebastian. Damals war das Stadion der »Txuriurdins«*, das Estadio de Atotxa, sehr eng. Der Zaun, der das Publikum vom Spielfeld trennte, war nicht einmal zwei Meter von der Seitenlinie entfernt. Die Heimfans machten immer einen enormen Druck auf die Gegner und das konnte ich sogar damals als Kind in der Ferne, dank der Live-Übertragung, spüren. Zudem war es ein typischer Samstagabend, im Spätherbst, und das heißt in San Sebastian Regen, Regen und nochmals Regen. Der Platz, besser das Feld, war voller Schlamm und es herrschte ein auch politisch gespanntes Klima. Ich schaute also zum Fernseher und da lief ein Spieler der Rojiblancos grazil über den Acker. Er beschleunigte, drehte sich blitzschnell, sodass der Verteidiger weder ihm folgen noch den Ball erobern konnte, und beschleunigte dann wieder. Er lief nahezu unverschämt an der Seitenlinie entlang und ich musste mich zwangsläufig in diese fröhlichen Streifen verlieben. Der Angriff endete zwar torlos, jedoch war mein Herz für immer erobert. Es ging und geht bis heute um die Attitüde, um die Haltung in der Fremde, um den Stolz der Farben. Genau das also, was alle Atlético-Fans immer anerkennen: Wir verzeihen allen, die unsere rot-weißen Streifen tragen, ihre Fehler, aber niemals einen Mangel an Hingabe, Freude und Stolz, diese Farben, unsere Farben, tragen zu dürfen. *(A.C.)*

12. GRUND

Weil die fünf Hymnen von Atlético Größe, Demut und Bravour widerspiegeln.

Fünf offizielle Hymnen erklangen in der Geschichte von Atlético Madrid bisher. Die aktuelle wurde von José Aguilar Granados und Ángel Curras García 1972 komponiert. Interessanterweise hatte

* *Txuriurdins (dt. (baskisch für) weiß-blau).*

Granados bereits das nicht mehr aktuelle Vereinslied des Erzrivalen fast 20 Jahren zuvor aufgenommen. Doch bei der Hymne für Atlético ist der Ton anders, ganz anders. Das Lied, das im Calderón beim Einlaufen der Spieler erklingt, prahlt nicht. Im Gegenteil, es verleiht dem Stolz auf die wichtigen Tugenden des Vereins und die meisterhaften Leistungen der Spieler, unter allen Umstände, Ausdruck.

So heißt es bereits im ersten Satz der ersten Strophe: »Peleas como el mejor«. Übersetzt bedeutet es eben nicht, wie bei anderen Vereinen üblich, »wir erwarten, dass du der Meister wirst« oder »du bist der Beste«, sondern »du bemühst dich wie der Meister«.

Diese Demut wiederholt sich in allen Lobliedern Atléticos. Es ist die Idee, alles zu geben, Titel zu erkämpfen, und dem Erfolg gegenüber würdig zu sein. Es geht darum, »un equipo de verdad« zu sein, also eine treue, ehrliche Mannschaft, die die wahren Werte des Sports – Würde, Mut, Einsatz, Brüderlichkeit – repräsentiert.

Ebenso steht dem eine Fangemeinde zur Seite, die »se estremece con pasión / cuando quedas campeón«, voller Leidenschaft ist, vor allem natürlich wenn die Mannschaft Meister wird. Die aber ebenso zu zigtausenden gen Stadion pilgert, weil sie einfach die aufregende, herzergreifende, atemberaubende Atmosphäre erleben will und diese zu schätzen weiß. Es ist natürlich eine Konstante in den Texten, dass Atlético Meister wird, aber eben nicht aus bloßer Amtspflicht heraus. Auch in der »Himno del Metropolitano«, die so heißt, da sie in der Zeit bis 1972 im alten Stadion Metropolitano gesungen wurde, findet man die gleiche Grundhaltung. Da ist Atlético das Größte nicht wegen seiner Titel, sondern aufgrund seiner »juego sin igual«, seiner unnachahmlichen, unvergleichbaren und stattlichen Spielweise. Daher ist Atlético allzeit der Sieger.

Bereits Ende der 1940er-Jahre gab es einen offiziellen Lobgesang, der eher den Weg zur Meisterschaft als den Titel selbst ehrte. Begehrt wird natürlich das Ziel aller Mannschaften im Wettbewerb, die Meisterschaft, aber am wichtigsten ist, dass man als »Bruder und

Gefährte« mit »erhabenem Gebaren« und »Bravour« seine Ziele erreicht. Diese Tugenden stehen immer vor dem eigentlichen Erfolg.

Schon in den 1920er-Jahren hatte Atlético eine als offiziell anerkannte Hymne, die als ein Aufmunterungsruf in sieben Reimen daherkam. Immer noch als »Athletic madrileño« angefeuert und im Lied bezeichnet, basierte sie eigentlich auf dem Aufschrei »Alirón«, ein baskisches Wort ohne direkte deutsche Übersetzung. Es bedeutet in etwa »den Meistertitel erringen« oder einfach nur »Errungenschaft«. Dabei gibt der letzte Satz den entscheidenden Hinweis: »El Athletic madrileño / llegará a ser campeón«, sprich »Atlético wird mal Meister«. Eine zutreffende Prophezeiung, denn Atlético war bisher zehnfacher spanischer Meister, zehnfacher Pokalsieger und sogar einmal Weltpokal-Gewinner! 1, 2, 3, 4, doch wo ist die fünfte Hymne? Die fünfte Hymne des Vereins ist das Lied von Joaquin Sabina, der Lobgesang zum 100. Jubiläum des Vereins, herausgegeben im Jahre 2003, dem Jahr des Centenario. Diese Hymne wird wegen ihrer Länge und ihres Redestroms im Stadion nicht gesungen und ist eher ein Almanach über Spieler und Ereignisse in der Geschichte des Vereins. Gerade in diesem Lied, wie vielleicht in keinem zweiten Song in der Welt des Fußballs, werden die bereits geschilderten Tugenden Atléticos deutlich: Größe, Demut und Bravour. *(A.C.)*

13. GRUND

Weil im Wappen das Wahrzeichen Madrids dargestellt ist – Teil I: Fakten.

Atlético Madrid zeigt in seinem Wappen die Liebe zur Region und Heimat sowie die Zuneigung für die Stadt, deren Namen das Team mit Stolz und Wurde trägt. Ohne königliche Krone, ohne Schnickschnack und ohne Wenn und Aber. Puristen könnten sich in dieses Wappen verlieben, denn es scheint nur das Echte und Wesentliche zu zählen. Die Stadt Madrid wird von einem Bären, der versucht, auf einen Erdbeerbaum zu klettern, und sieben weißen Sternen vor blauem Hintergrund repräsentiert. Die Chronik jener Zeit erzählt, dass im XIII. Jahrhundert die Heerscharen von Madrid ein Banner wehen ließen, der einen Bären vor versilbertem Hintergrund zeigte. Zu jener Zeit gab es in der Gegend rund um Madrid noch sehr viele Bären. Im Laufe der Zeit veränderte sich dieses Bild und der Bär trug sieben Sterne auf seinem Rücken. Eine deutliche Anspielung auf den »osa mayor«, das Sternbild des Großen Bären (bzw. Großen Wagens).

Im Laufe der Zeit änderte sich der Platz der Sterne, sodass sie den Bären über einem blauen Hintergrund umrahmten. Jeder dieser Sterne hat zudem fünf Spitzen, die für die fünf an Madrid grenzenden Provinzen Ávila, Segovia, Cuenca, Toledo und Guadalajara stehen. Die blaue Farbe hingegen repräsentiert den legendären, atemberaubenden Himmel über Madrid, der das Sternbild des Großen Bären so deutlich am Firmament erkennen lässt. Ein madrilenisches Sprichwort dazu besagt: »De Madrid, al cielo«, was so viel bedeutet wie »Von Madrid in den Himmel«.

Der Erdbeerbaum als Bestandteil des Wappens kam später hinzu, als die Stadt Madrid die königlichen Rechte für die Abholzung und die Jagd erhielt. Dass der Bär sich über den Baum aufrichtet, zeigt die Macht, die Madrid durch diese Rechte gewann. *(C.G.)*

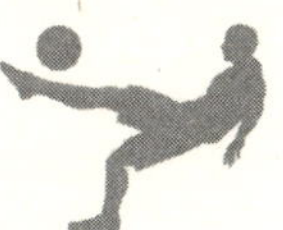

14. GRUND

Weil im Wappen das Wahrzeichen Madrids dargestellt ist – Teil II: Mythen.

Nachdem uns das (Stadt-)Wappen von (Atlético) Madrid beschrieben und erklärt wurde, folgt hier nun eine Ergänzung aus der Welt der Gerüchte, Mythen und netten Anekdoten, denn bei dem Wappen ist bei Weitem nicht alles so klar und eindeutig, wie es auf den ersten Blick scheint. Ein im Übrigen typischer Charakterzug für die Stadt Madrid sowie für den Verein Atlético.

Wie bereits erwähnt, vergab Alfonso VIII. im XIII. Jahrhundert der Stadt Madrid die Abholzungs- und Jagdrechte. Doch wie so oft geht so ein Vorhaben, wo es um Privilegien, Reichtum und Macht geht, nicht so einfach über die Bühne. In diesem konkreten Fall entzündete sich ein Streit über die Abholzungsrechte, vielmehr über das Land, auf dem die abzuholzenden Bäume standen. Denn nicht nur der (Stadt-)Adel, sondern auch der Klerus beanspruchte das Land für sich. So kam es, wie es kommen musste: Es entbrannte ein 20-jähriger Kampf um die Nutzungsrechte.

Am Ende stand eine Lösung, die dem Klerus die Besitzrechte für das Land und die Berge rund um Madrid zusprach sowie der Stadt die Nutzungsrechte für die Abholzung und die Jagd bewilligte. An dieser Stelle kommen nun der Bär und der Baum ins Spiel.

Den Bären fügte der Adel ins Stadtwappen ein, um symbolisch zu zeigen, dass die Stadt die Rechte an der Jagd innehatte. Dies wiederum stieß dem Klerus auf, der das ursprüngliche Wappen mit einem Bären, der auf einem Feld Gras frisst, ganz im Sinne des Adels also, abändern ließ. Es war die Geburtsstunde des Baumes, an dem sich der Bär aufrichtet, ja aufrichten muss, um an die Früchte zu gelangen. Auch hier wieder ein klarer, bildlicher Hinweis auf die Machtverhältnisse in und um Madrid. Der Bär brauchte nun den Baum um fressen und stehen zu können. Aus Sicht des Adels jedoch ebenfalls deutbar als Emanzipation. Als Symbol für den Umstand, majestätisch auf eigenen Beinen stehen zu können. So konnte am Ende der Streit beigelegt werden und seitdem repräsentiert das Wappen, als Symbol der Einigkeit zwischen Adel und Klerus, die Stadt Madrid. Eine weitere Version der Entstehung des Wappens bezieht sich auf die Herkunft des Namens Madrid.

Ursprünglich, bereits zu Zeiten der Römer, wurde die Stadt Maderit genannt, wahrscheinlich abgeleitet von dem lateinischen

Wort »matricem«, was so viel wie »Quelle (eines Baches)« bedeutet. Ebenfalls denkbar wäre die Herkunft des Stadtnamens aus der Zeit der arabischen Herrschaft, da Madrid vom arabischen Namen »mayrit«, was so viel bedeutet wie »Mutter aller Wasser« oder des Wortes »madschra«, was mit »Flussbett« übersetzt werden kann, ableitbar ist. Sowohl in der arabischen wie auch in der lateinischen Version wird auf die Wasserquellen der Stadt angespielt. Was wir jedoch sicher wissen, ist, dass nach der Reconquista, der Rückeroberung Spaniens durch die Christen, der Name Madrid übernommen wurde.

Warum aber hier der Exkurs in die Wortetymologie Madrids?! Ganz einfach: Eine weitere populäre Geschichte besagt, dass man den Erdbeerbaum im Stadtwappen platziert hat, um den Namen Madrid buchstäblich fest zu verwurzeln. Der Erdbeerbaum (wissenschaftlicher Name: Arbutus unedo) heißt im Spanischen »madroño». MADerit – MADroño – MADrid. Abschließend muss zum Erdbeerbaum erwähnt werden, dass in der Wissenschaft noch der Beweis aussteht, dass es sich tatsächlich um einen Erdbeerbaum handelt. An diesem zentralen Punkt des Wappens gibt es nämlich im fachwissenschaftlichen Diskurs noch Diskussionsbedarf.

Doch nicht nur um den Erdbeerbaum ranken sich Legenden und Mythen. Denn ebenfalls ins Reich der Legenden muss die bisher erzählte Geschichte des Bären geschickt werden. Im Stadtwappen von Madrid ist nämlich gar kein Bär zu sehen. Natürlich werden Sie jetzt sagen, was soll denn das bitte sonst sein?! Nun ja, wer genau hinsieht, kann den kleinen, aber feinen Unterschied erkennen.

Zu sehen ist zwar ein »Ursus arctos«, ein Braunbär, jedoch handelt es sich hier eindeutig um eine Bärin. Frauenpower wurde in Madrid also schon früh großgeschrieben. Neben den vielen positiven Zuschreibungen, wie zum Beispiel Macht und Stärke, die sowohl für den männlichen wie auch den weiblichen Bär gelten, steht die Bärin symbolisch nämlich noch für etwas anderes, nämlich die Fruchtbarkeit, denn das Land rund um Madrid war dank seines

Umlandes und des vielen Wassers eine sehr fruchtbare Gegend, sodass dieses ebenfalls im Wappen seinen Ausdruck finden sollte.

Im Wappen von Atlético Madrid hingegen symbolisiert die Bärin die Frauenfußball-Sparte des Vereins. Ein kleiner Seitenhieb an den Konkurrenten aus dem Norden der Stadt, der keine Damenteams in seinem Verein hat. Frauenfußball in Madrid gibt es halt bei Atlético, die Bärin zeigt es deutlich an.

Was auch immer noch für weitere Enthüllungen auf uns warten – für einen echten Madrilenen steht fest: Bär(in) und Erdbeerbaum gehören zusammen, wie Atlético und Madrid. Apropos gehören zusammen. Ein Sprichwort in Deutschland besagt: Jeder Mann soll im Leben ein Haus bauen, ein Kind zeugen und einen Baum pflanzen.

Mein Haus, inklusive rot-weißem Arbeitszimmer und Atlético-Vitrine, ist gebaut, meine Tochter, seit dem ersten Atemzug Mitglied im Verein, ist geboren, und auch mein Baum ist gepflanzt. Dreimal dürfen Sie raten, was für ein Baum dies ist … Einen Hinweis bekommen Sie: Der Baum beginnt im Spanischen mit den Buchstaben MAD … *(A.K.)*

15. GRUND

Weil die Wappen immer Tradition, Elan und Verwurzelung repräsentierten.

In der über 115-jährigen Geschichte des Vereins gab es verschiedene Wappen, deren Vorstellung nicht fehlen darf, repräsentieren sie doch wie kaum etwas anderes die große Geschichte eines großen Vereins. Das erste Wappen des Athletic Club de Madrid aus dem Jahre 1903 hat die Form eines Gürtels und als einziges Vereinswappen der Historie setzte es sich aus den Farben Blau und Weiß zusammen, die die damaligen Trikotfarben des Athletic Club de Madrid repräsentierten. In der Mitte befanden sich die Initialen des

Klubs. 1911 hielten dann die bekannten rot-weißen Streifen Einzug in das Wappen des Vereins. Die Rojiblancos waren geboren.

Die Verbindung mit der Stadt Madrid, en détail der Bär, die Sterne und der blaue Hintergrund, in der oberen Hälfte und die ersten rot-weißen Streifen (vier weiße und vier rote) in der unteren Hälfte des Wappens, folgte im Jahre 1917. Dieses Wappen zeigt bereits die traditionelle, gleichmäßige, fünfeckige Form, mit der Spitze nach unten, die bis zum heutigen Tage erhalten geblieben ist. 1932 wurde dieses Wappen dann durch insgesamt sechs rote und sechs weiße Streifen ergänzt. Der größte optische Einschnitt folgte im Jahr 1939 nach der Fusion des Vereins zu Atlético Aviación. Es kann als Weiterentwicklung des Wappens von 1917 betrachtet werden, ergänzt durch zwei seitliche Flügel, welche das charakteristische Symbol der Aviación Nacional waren.

Später wurde dieser Teil der Geschichte aufgegriffen, als das damals noch in der dritten spanischen Liga beheimatete Reserveteam Atlético Madrid C, auch Atlético Amorós genannt, zwischen 2000 und 2005 sich ebenfalls in Atlético Aviación umbenennen ließ, als Hommage an das Team, dass in den Vierzigern zwei Ligatitel geholt hatte. Ihr Wappen hatte viel Ähnlichkeit mit dem Vereinswappen aus dem Jahr 1939. Bis 1942 spiegelte sich im Wappen von Atlético Madrid die Verbindung zu Atlético Aviación wider, indem das Wappen die zwei seitlichen Flügel behielt. In den Jahren 1939 bis 1947 trug das Wappen sogar eine königliche Krone, die jedoch samt Flügel entfernt wurde, als sich der Verein vom Ministerio del Aire* trennte.

Die Verbindung zur Stadt Madrid und zur Heimat, ist bis zum heutigen Tag geblieben, genauso wie die charakteristische fünfeckige Form und die rot-weißen Streifen (die jedoch wieder auf nunmehr vier rote und vier weiße abgeändert wurde), die Atlético Madrid auszeichnen. Beide Darstellungen, also das Wappen der Stadt

* *Ministerio del Aire (dt.: Luftfahrtministerium).*

Madrid sowie das Wappen des Vereins, werden von einer goldenen Linie umrahmt, was die Verbindung zwischen Stadt und Verein noch einmal optisch unterstreicht. *(C.G.)*

16. GRUND

Weil, auch wenn es emotional betrachtet von Zeit zu Zeit enorm düster aussieht, die Zukunft Atléticos immer noch rosig ist.

Die ehemaligen Wappen Atléticos haben sich an deren Zeiten angepasst und Stolz, Authentizität und Wahrhaftigkeit gezeigt. 1903, als neu geborene Fußballmannschaft, hatte unser Wappen nur das Notwendige: zwei Anfangsbuchstaben, einen Fußball, eine Bekleidung. 1917 war das Wappen bereits wie ein Teenager ausgestattet: frech, bunt und mit der prägnanten Eigenschaft, die für immer bleiben würde, nämlich die Verbundenheit mit der Heimat, ausgedrückt durch die rot-weißen Streifen des Trikots und die sieben Sterne, die Madrid mit dem Himmel verbinden. 1939 kamen die Krone und die Flügel dazu, weil Atlético die Luftwaffe »heiratete« und sie das Land beherrschte. Und schließlich, 1947, das Reifezeugnis: prunklos, aber prächtig, ohne Dekor oder Schmuck, dafür echt und tapfer. Nun, rund siebzig Jahren später, haben die Verantwortlichen von Atlético entschieden, dass es Zeit für ein neues Wappen sei. Es soll auf das neue Fußballpanorama eingestellt sein, sprich moderner und globaler. Völlig unnötig meiner Meinung nach, aber eine gute Tarnung für den großen finanziellen Coup: den Stadionwechsel.

Vielleicht auch einfach zwangsweise angenommen, da die neuen großen finanziellen Mächte der Fußballwelt aus Fernost kommen und sich in den letzten Jahren so stark gemacht haben, dass man sie zufriedenstellen muss. Insbesondere Atlético, deren neuster Investor aus China kommt. Darum wohl die Schönheitsoperation. Eine so unnötige und wagemutige, dass sie rasch großen Widerstand in der öffentlichen Meinung fand, vor allem in den sozialen Netzwerken. Unter dem Hashtag #ElEscudoNoSeToca, was man mit »Finger weg vom Wappen« übersetzen kann, im klaren Zusammenhang mit dem mythenhaften Satz von Luis Aragonés »Und treten Sie nicht auf dieses Wappen!«, erzürnten sich via Twitter und Facebook fast zwei Wochen lang die Fans über die Vorstellung des neuen Wappens. So groß war die Empörung, dass der Designer sich zur Wehr setzen musste und eine Menge Branchenkollegen ihn von einem professionellen Standpunkt aus verteidigen wollten.

Die Designer hatten grundsätzlich kein Gefühl dafür, was die besondere Mentalität Atléticos bedeutet, ebenso wenig für die Heraldik, wie sich später erweisen sollte. Zum einen meinten sie, niemand interessiert sich mehr für ein Wappen und dass es reichen würde, mit einem einfach zu druckenden, kostengünstigen Logo zu arbeiten. Insbesondere dieser Aspekt wurde als Beleidigung und Affront aufgenommen, vor allem, weil das neue Logo aussah wie das erste Schild von Comic-Superheld Captain America, der keinerlei spanische Wurzeln oder Verbindungen hat.

Zum anderen drehten sie die Bärin im Wappen um, sodass diese plötzlich nach links statt nach rechts schaute. Im Gegensatz also zum Wappen der Stadt Madrid und Atléticos Wappen bis dato. Die Verdrehung eines etablierten Symbols in der Heraldik bedeutet jedoch, dass dessen Träger ein Bastard ist. Wer genau hier damit gemeint sein soll, wissen wir nicht und wollen es auch nicht wissen.

Andere Kleinigkeiten ließen das neue Logo ebenfalls nicht besser aussehen, sodass viele Fans gerade vor Weihnachten das Gefühl hatten, man hätte etwas verloren. Als ob die Historie des Vereines missachtet wurde und eine glänzende Epoche mit unnötigen Erneuerungen ruiniert werden sollte: ein neues Stadion, ein neues Wappen und dazu die, im Fußballgeschäft wohl einmalige, Vertragsverkürzung mit Diego Simeone.

Mit Fug und Recht haben sich die Fans also beschwert. Warum also sollte dann dieses neue Wappen ein Grund sein, Atlético-Fan zu werden? Weil, auch wenn es emotional betrachtet von Zeit zu Zeit enorm düster aussieht, die Zukunft Atléticos immer noch rosig ist. Wir haben gezeigt, dass wir alle hinter der Mannschaft stehen, auch wenn die Zeiten schlecht sind. Wir haben auch bewiesen, dass vor Geld und Ruhm auf unserer Werteskala Stolz, Wahrhaftigkeit und Verbundenheit stehen. Wir haben gezeigt, dass wir anders sind. Und hey, sind wir ehrlich, das neue Wappen sieht eigentlich in rosa auf schwarz, wie im zukünftigen Auswärtstrikot, gar nicht so schlecht aus. Schwarz und rosa, das ist wie die Vergangenheit Atléticos, gepaart mit einem hoffnungsvollen Ausblick auf die rosige Zukunft des Vereins in einer neuen Ära. *(A.C.)*

17. GRUND

Weil Atlético Weltmeister ist!

Wie, dass wusstet ihr nicht? Ja ja, Atlético Madrid ist Weltmeister! Es war 1974, also technisch gesehen eigentlich bereits 1975, als Atlético Madrid den Weltpokal gegen den argentinischen Verein C.A. Independiente de Avellaneda, beheimatet in einem industriellen Vorort von Buenos Aires, gewann. Seitdem gehören die Colchoneros dem elitären und ziemlich exklusiven Klub der 25 Teams an, die dieses Kunststück vollbracht haben und sich Weltmeister nennen dürfen.

Umso erstaunlicher in einer Zeit, als die Fußballmannschaften aus Südamerika noch besonders stark waren und als stahlhart galten. Damals konnten es sich die Mannschaften aus Südamerika noch leisten, ihre Superstars zu behalten, und feierten daher dank dieser grandiose Leistungen auf der Fußball-Weltbühne Erfolge. Bei den damaligen Weltpokalfinalspielen ging es nicht um das große Business, wie es heute bei der FIFA-Klub-Weltmeisterschaft üblich ist, sondern darum, herauszufinden, wer die beste Fußballmannschaft der Welt ist. Welt bedeutete in diesem Fall die beiden Welten, die auf Augenhöhe konkurrierten: Europa und Südamerika.

Zur kurzen Einordnung: Beim Weltpokal, dem sogenannten Copa Intercontinental, spielten jedes Jahr zwischen 1960 und 2004 der Sieger des Landesmeisterpokals, später der Champions League und der Sieger der Copa Libertadores gegeneinander. Bis 1979 wurde dies mit einem Hin- und Rückspiel ausgefochten. Erst im Jahr 1980, bis zum Ende 2004, änderte sich dies und es wurde nur noch ein Spiel im »neutralen« Tokyo durchgeführt. Der Gewinner jeder Edition war demnach der unbestreitbare Fußballweltmeister der Vereine des jeweiligen Jahres. Viele wissen jedoch gar nicht, dass Atlético Madrid Weltmeister ist, denn viele können sich so einen Triumph des zu Unrecht als Pechvogel geltenden Teams schlicht nicht vorstellen.

Dabei wirkt vieles mit, sodass sogar ein Atlético-Fan niemals über diesen Titel protzen würde, wie eigentlich über keinen Titel. Einerseits, weil wir im Gegensatz zu anderen Weltmeistern, bescheiden und anständig sind. Andererseits, weil man im Fall der Weltmeisterschaft 1974 zugeben muss, dass sich die Chance auf den Titel erst aufgrund einer außergewöhnlichen Situation ergab.

Ende der sechziger und Anfang der siebziger Jahre war die Weltlage politisch sehr gespannt. Der Kampf zwischen Altem und Neuem, Demokratien und Diktaturen, Reichen und den Kolonien sorgte an vielen Punkten des Erdballs für turbulente Zeiten. In Spanien herrschte eine militärische, faschistische Diktatur. In Südamerika versuchten verschiedene Länder vergeblich, ihre Kolonialherren abzuschütteln und Demokratien aufzubauen. Argentinien verzeichnete dabei die radikalsten politischen Drehungen und Kehrtwendungen. So etablierte sich im Oktober 1973 der umstrittene, faschistisch anmutende Juan Domingo Perón, mit Hilfe seines Militärregimes, wieder an der Macht. Dies führte weltweit zu begründeten Ängsten um Argentiniens Zukunft, zu Repressalien und Protesten. Deshalb verzichtete auch der amtierende Landesmeister aus Europa, Ajax Amsterdam, offiziell aus »finanziellen Gründen«, den Weltpokal gegen den amtierenden Südamerikameister C.A. Independiente, im November 1973 zu spielen. Juventus Turin wurde als Sieger des UEFA Cups als Ersatz nominiert und sie akzeptierten unter einer Bedingung: Das Finale musste in Europa gespielt werden, um die Einmischung der Politik in den Fußball in Argentinien und die ungebremste Gewalt gegen die argentinischen Spieler im eigenen Land zu verhindern. So wurde also eine Ausnahme geschaffen und am Ende setzten sich die Argentinier im Olympia Stadion von Rom mit 1:0 durch.

Im Sommer 1974 war zum dritten Mal in Folge der C.A. Independiente aus Avellaneda Meister der Copa de Libertadores, jedoch die sozialen Unruhen und die politische Situation in Argentinien waren, trotz des Todes Perons noch genau so problematisch. Bayern München, die den Landesmeister-Pokal gegen Atlético gewannen, brachte Terminkollisionen vor und verzögerte monatelang seine Teilnahme. Schließlich verzichtete im November 1974 die bayerische Mannschaft auf den Weltpokal und damit auf das Duell gegen die Argentinier. Ersatzweise wurden die Madrilenen eingeladen. Das Regime Francos und das Regime des »Peronisten« José López Rega hatten kein Problem damit und somit war der politische Weg frei für Atlético Madrid.

Nach einer hervorragenden Saison 1973, die mit der spanischen und europäischen Vizemeisterschaft endete, startete Atlético unsicher in die neue Saison. Die neue Saison brachte einige schlechte Spiele, die für Unmut unter den Fans und im Vorstand sorgten. Darum wurde der Coach Carlos Lorenzo im November entlassen und der Spieler Luis Aragonés umgehend als Trainer engagiert. Als die Einladung zur Copa Intercontinental kam, waren die Rojiblancos also wieder in Schwung. Angst vor den argentinischen Spielern musste man ebenfalls nicht haben, da bei Atlético schon argentinische Spieler wie Ramón Heredia oder Rubén Ayala in der Startelf aufliefen.

Das Hinspiel fand jedoch erst am 12. März 1975 statt. Es wurde im Hexenkessel des »Stadions der Befreier Amerikas« in Avellaneda abgehalten. Jedoch passierte erst einmal nichts Besonderes, obwohl die sprichwörtliche Härte der Argentinier wieder einmal eindrücklich unter Beweis gestellt wurde. Am Ende siegten die Hausherren aus Südamerika mit einem einzigen Tor durch Balbuena. Am 10. April kam es dann im Calderón zum Rückspiel, welches gebührend zelebriert wurde.

Vor dem Spiel wurde Kapitän Adelardo für seinen 500. Auftritt mit Atlético gefeiert. Mit der Startelf überraschte Luis Aragonés alle. So ließ er zum Beispiel den Torwart und Superstar Miguel Reina einfach auf der Bank. Die Elf lautete folglich: Pacheco; Melo, Eusebio, Heredia, Capón; Adelardo, Alberto (in der 69. Minute durch Salcedo ersetzt), Irureta; Aguilar, Gárate und Ayala. Ein Team für die Ewigkeit. Irureta erzielte in der 22. Minute das 1:0. Das 2:0 kam jedoch erst in der 85. Minute aus den Schuhen Ayalas. Atlético war und ist damit Weltmeister! Ein Bild, was noch heute in den Erinnerungen des Vereins unauslöschlich ist: Adelardo, der den Pokal in den Himmel stemmt und selber von seinem Kameraden Capón in die Luft erhoben wird. Höher wurde diese Trophäe nie zuvor und nie danach in die Luft gestemmt. Jedoch, wie gesagt, ein Colchonero protzt nicht mit den Titeln seines Vereins. Ebenso wenig müssen wir irgendjemanden irgendetwas beweisen. Warum?! Weil wir Weltmeister sind. *(A.C.)*

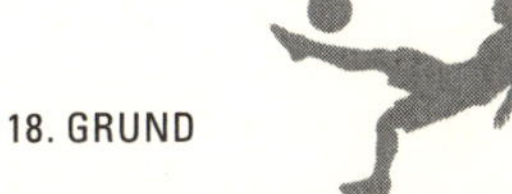

18. GRUND

Weil Atlético das längste Turnier der Geschichte gewann.

Atlético Madrid hat in seinem vereinseigenen Museum einige Pokale und Trophäen zu zeigen. Einer davon, ein eigentlich eher unspektakulärer, ist jedoch einmalig, denn es ist der Pokal, dem wohl das längste Turnier der Geschichte vorausging. Gemeint ist der Copa del Presidente de la Federación, der im Jahre 1941 begann und erst im Jahr 1947 beendet werden konnte.

Alles fing in der Saison 1940/41 an, als die spanische und die portugiesische Föderation vereinbarten, ein gemeinsames Turnier zu veranstalten, an dem die besten vier Teams beider Länder teilnehmen sollten. Torneo Ibérico, iberisches Turnier, sollte es heißen. Die Daten waren festgelegt, doch die Unterschriften fehlten.

Die spanischen Vereine zeigten wenig Interesse an der Veranstaltung und nach etlichen Verhandlungen kamen sie zu dem Entschluss, lieber das Torneo de los Cuatro – worunter es in Madrid bekannt wurde – beziehungsweise den Copa Clasificación – so genannt in Barcelona – zu veranstalten. Die vier Bestplatzierten der Liga (mit dem Meister Atlético Aviación, Athletic Bilbao, dem FC Valencia und dem FC Barcelona) waren sich einig, die Kosten der Trophäe, ca. 4.000 Peseten, zu übernehmen. Einen Tag vor Turnieranfang musste die spanische Föderation jedoch Subventionen zusagen, was zu der Namensänderung führte: Copa del Presidente de la Federación.

Schon am ersten Tag begannen die Probleme. Das Turnier war als eine Liga angedacht, wo jeder gegen jeden spielte und der Erste sich klassifizierte. Am 6. März 1941 wurde das erste Spiel zwischen Atlético Aviación und Valencia abgesagt, da Valencia ein Freundschaftsspiel gegen Real Madrid vorzog. Viele sahen darin den Versuch von Real Madrid, das Turnier zu torpedieren, da sie nicht mit dabei waren.

Das Turnier lief bis zum 4. Mai 1941 weiter, ohne dass das Spiel Atlético gegen Valencia nachgeholt wurde. Doch dieses Spiel war entscheidend. Valencia führte zu diesem Zeitpunkt mit 7 Punkten und Atlético befand sich auf dem zweiten Platz mit 6 Punkten. Die Partie wurde daher als eine Art Finale betrachtet. Doch so unglaublich wie es scheint, ist die Wahrheit, dass die Copa Presidente ganze sechs lange Jahre über vergessen wurde!

Erst am 14. September 1947, nach einer Initiative des damaligen Präsidenten, Muñoz Calero, wurde dieses Spiel nachgeholt. Allerdings nur mit fünf Spielern der damaligen Teams: Aparicio für Atlético und Juan Ramón, Asensi, Amadeo und Mundo für Valencia.

Atlético Madrid gewann mit 4:0 und wurde somit der Sieger des längsten Turniers in der Geschichte Spaniens! *(C.G.)*

19. GRUND

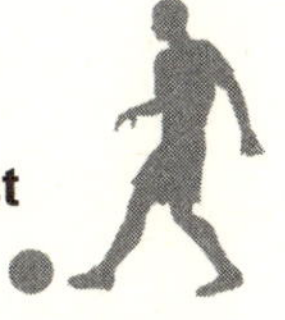

Weil auch Atlético B genauso einzigartig ist wie die erste Mannschaft.

Wenn jemand an Atlético Madrid denkt, denkt er vermutlich an Diego Simeone, an das Estadio Vicente Calderón oder an die Erfolge der letzten Jahre. Atlético hat jedoch einiges mehr zu bieten als das. Steigt man in der Innenstadt in ein Taxi (wobei nicht garantiert ist, dass man auch ankommt, denn wir hatten öfters mal einen Taxifahrer, der den Weg nicht kannte) oder in Moncloa in einen der Vorort-Busse, kommt man nach Majadahonda. Dort findet man die sogenannte Ciudad Deportiva, das Trainingszentrum des Vereins, inmitten eines durchaus noblen Teils der Stadt. Neben der Möglichkeit, dort vom Zaun aus Kiebitz zu spielen und die Mannschaft beim Training zu beobachten, finden dort auch die Spiele der diversen Jugendmannschaften und der Damen statt. In der Regel sonntags um 12 Uhr spielt dort insbesondere die zweite Mannschaft, Atletico B genannt. Als Mitglied oder Dauerkarteninhaber ist der Eintritt zu diesen Spielen gratis, sodass manche Fans gerne einmal den Sonntagvormittag dort verbringen, um sich anzusehen, wer denn möglicherweise ein Kandidat für die erste Mannschaft sein könnte. Ebenso verbinden viele Fans den Ausflug damit, einen Besuch beim Training der ersten Mannschaft zu machen, um Autogramme der Spieler zu bekommen, oder mit dem Besuch eines Spiels der wichtigsten Nachwuchsmannschaften.

Großartigen Fußball sollte man aber nicht erwarten. Nach längerer Zeit in der Segunda B, der trotz des verwirrenden Namens dritten Liga Spaniens, ist der Verein vor zwei Jahren in die Tercera, die vierte Liga abgestiegen. Bereits in der dritten Liga waren Spiele der B-Mannschaft manchmal schwere Kost, doch die vierte Liga lässt sich vom Niveau her noch weniger mit der deutschen Regionalliga vergleichen, als die Dritte Liga mit seinem deutschen Pendant. Mein letzter Besuch bei der B-Mannschaft war ein Spiel gegen Unión Collado Villalba. Der Verein, bei dem in der laufenden Saison 13 Spieler ihre Verträge mit dem Verein aufgrund eines großen finanziellen und institutionellen Chaos auflösten. Die Gäste hatten in den vorherigen 26 Partien genau null Punkte geholt und hätten bei dem Spiel beinahe die Sensation geschafft, ein Unentschieden zu holen, hätten die Spieler Villalbas nicht in der 75. Minute angefangen, Krämpfe zu kriegen, sodass Atleti B noch zwei Tore machen konnte. Aber nicht nur die Gästekicker hatten Krämpfe, das Spiel war für alle ein Krampf.

Der geneigte Leser wird sich nun sicher fragen, warum das ein Grund sein soll, sich freiwillig das »Gegurke« anzuschauen. Die Antwort ist die gleiche, die auch für die Erste Mannschaft galt, als Atlético nicht erfolgreich war und Spiele im Vicente Calderón definitiv in einer anderen Sportart stattfanden als Fußball: Weil der Verein etwas Besonderes ist. Aus den Tiefen der Cantera Atleticos sind viele Spieler hervorgegangen, die heute ein erfolgreicher Teil des (Profi-)Fußballs sind: Koke, Lucas Hernández, Álvaro Domínguez, Mario Suárez und Fernando Torres, um nur einige zu nennen. Würde der Verein nicht etwas so Besonderes sein, würde man die Jugendspieler, die nicht mehr dort sind, sicher nicht öfter mal bei einem Spiel des Vereins antreffen. Ich bin mir zudem sicher, Atlético B hat (s)einen großen Anteil daran. Sie alle standen in ihrer Findung dieses Gefühls auf dem Rasen des Cerro del Espino und spielten in der »Knochenmühle der Unterklassigkeit«. Und gerade weil sie von dort kommen, lieben die Fans sie so sehr.

Das Estadio Cerro del Espino ist ein kleines Stadion. Drei Seiten unbedacht und eine Art Zeltkonstruktion über der Haupttribüne. Die Verpflegung besteht aus einer kleinen Bar, an der man sich mit Softdrinks, alkoholfreiem Bier und belegten Brötchen ausrüsten kann. Der VIP- und Pressebereich zeichnet sich dadurch aus, exakt so auszusehen wie der Rest des Stadions. So verfügt dieser über identische Plastiksitze und wird nur durch ein rot-weißes Flatterband vom Rest der Tribüne getrennt. Jedoch, wirklich halten tut sich niemand daran. Selbst die VIPs nicht. Man setzt sich einfach irgendwo hin, wo gerade Platz ist oder ein netter Gesprächspartner auf einen wartet. Da einige der Spieler und Funktionäre des Vereins sich gerne nach dem Sonntagstraining das Spiel angucken, kann es dann durchaus vorkommen, dass man vor Sportdirektor Caminero sitzt oder drei Plätze neben einem der Spieler der A-Mannschaft. Voll ist das Cerro del Espino leider nie. Einerseits liegt das Stadion doch ein ganzes Stück außerhalb der Stadt und andererseits bringen die Gastvereine meist außer einer hartgesottenen Truppe von Fans, Freunden und Verwandten der Spieler auch nicht wirklich Fans mit.

Dennoch ist es immer unterhaltsam. Da alle Plätze sehr nah am Rasen sind, bekommt man das Gemecker der Trainer über ihre Spieler genau so hautnah mit wie die Kommunikation der Spieler untereinander. Sehr spaßig ist ebenfalls der Bereich hinter den Toren, denn dort, hinter der Brüstung, ist direkt die Hintertorlinie. Das führt mitunter zu einigen witzigen Situationen, denn die Spieler hören beim Eckstoß alles, was man ihnen entgegenwirft. Einmal, bei dem kleinen madrilenischen Derby gegen Real Madrid Castilla, führte das sogar dazu, dass einer der Spieler der Weißen meinte, auf Grund einer verbalen Schmähung durch einen meiner spanischen Freunde, er sei sogar zu schlecht für die B-Elf von Getafe, diskutieren zu müssen. Der Disput mündete also in einen intensiven Meinungsaustausch zwischen ihm und dem besagten spanischen Freund, mitten im Spiel, was jedoch den Schiri nicht besonders interessierte.

Aber das beste Feature bei Atleti B ist eine Gruppe, die ein bekannter Groundhopper mal als »Rentnerkombo mit Megaphon« bezeichnete. Die »Frente Madrileño« hat alles, was eine typische Ultragruppierung braucht: Eine Zaunfahne, ein Megaphon, eine große Trommel und Sangesfreudigkeit. Allerdings ist die Gruppierung, die bei allen Spielen mit Frau und Kind oder Tochter und Enkel präsent ist, der Generation 50plus zuzuordnen und besteht aus lediglich 10 bis 20 Personen. Das tut ihrer Sangesfreude jedoch keinen Abbruch. Sie hat nur ein Problem: Da in der Regel nicht so viele Leute da sind, singen sie ihre Liedchen fast allein. Das führt dazu, dass sie das über Megafon tun, statt Lieder nur anzustimmen, damit der Rest singt. Es steht also einer dort und singt ein Lied über Megafon, während leise ein paar Leute mitsingen, was man als seltsam, aber liebenswürdig bezeichnen kann. Genauso seltsam und liebenswürdig wie Atleti selbst. *(S.O.)*

20. GRUND

Weil Fußball bei Atlético Madrid nicht nur Männersache ist.

Wenn man an Spanien denkt, kommt bei vielen die Idee, es wäre ein sehr katholisches Land, in dem die Frauen eine noch nicht so bedeutende Rolle spielen würden. Das Macho-Klischee ist in Spanien, leider Gottes, noch sehr ausgeprägt. Atlético Madrid hat als Verein der Menschen immer gegen Vorurteile gekämpft und mit Taten, nicht nur mit Worten, gezeigt, dass er viel mehr als nur ein Verein ist. Seit den 80er-Jahren besitzt der Verein ein Frauenteam, damals mit dem Namen Atlético Villa de Madrid. Dieses Team wurde im Jahr 1990 Meister und 1991 Vizemeister. Leider war dieses Team zum Scheitern verdammt, als die Subventionen von Jesús Gil y Gil, dem damaligen Präsidenten, eingestellt wurden. Die Mehrheit der Spielerinnen ging daraufhin zu Oroquieta Villaverde, einem anderen Team aus Madrid, das zum besten Frauenfußballteam der 90er-Jahre wurde. Die »Wiedergeburt«, genauer gesagt das heutige Atlético Madrid Femenino, gibt es wieder seit 2001.

Der Coslada CF Femenino, aus einem Vorort Madrids, verschwand, und die damalige Trainerin, María Vargas, eine ehemalige Atlético Villa de Madrid Spielerin und die Torhüterin, Lola Romero, zusammen mit 36 Spielerinnen aus der ersten und zweiten Mannschaft von Coslada, konnten den Vorstand von Atlético Madrid überreden, wieder ein Frauenteam ins Leben zu rufen.

María Vargas wurde Kapitänin und Lola Romero Präsidentin und so fing das ursprünglich so genannte Atlético Féminas in der Saison 2001/02 an, wieder in Rot-Weiß zu spielen. Zu Beginn waren sie noch nicht als Teil des offiziellen Organigramms von Atlético Madrid vorgesehen, doch der Verein stellte ihnen von Anfang an die offizielle Ausrüstung, das Wappen und einen Trainingsort zur Verfügung. Die erste Zeit trainierten sie in die Mehrzweckhalle von Vicálvaro und suchten sich ihre eigenen Sponsoren. Frauen Power war also angesagt! Gemäß den Regeln der RFEF, der Real Federación Española de Fútbol, mussten sie in der untersten Liga des Frauenfußballs starten: der Primera Regional.

Langsam verbesserten sich die Rojiblancas, bis sie es 2002/03 in die Primera Nacional schafften. Ihre Mühen und ihre Arbeit wurden belohnt, als Atlético Madrid sie endlich in die Organisation einfügte und den Namen in Club Atlético de Madrid Féminas änderte. Eine einzige Saison, 2005/06, reichte, um in die Superliga aufzusteigen, wo sie den zweiten Platz belegten, direkt hinter Sporting de Huelva. Heutzutage ist Atlético Madrid Femenino, neben Rayo Vallecano, dem FC Barcelona Femení, Athletic Bilbao, Español und Levante, eine Referenz für die spanischen Frauen-Fußballteams. Unsere Spielerinnen werden regelmäßig in die spanische Nationalelf berufen, was die Fans von Atlético natürlich sehr stolz macht, insbesondere, da andere selbst ernannte beste Vereine der Welt keine Frauenfußballmannschaft unterhalten. *(C.G.)*

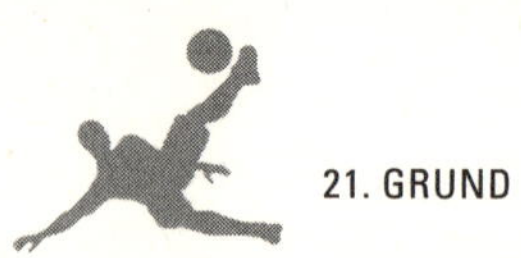

21. GRUND

Weil Atlético auch das Spiel mit der Hand beherrschte.

Neben dem Fußball betrieb Atleti über Jahre hinweg auch eine erfolgreiche Handballmannschaft. Gegründet wurde die Handballsparte des Vereins, der »Club Atlético de Madrid de balonmano« bereits in den 1920er-Jahren. Er trat jedoch erst ab 1947 offiziell in Erscheinung. Ab Anfang der 1950er-Jahre entwickelte sich der Verein zudem zu einem der erfolgreichsten spanischen Handballklubs. Stolze elf Mal konnte die spanische Meisterschaft sowie zehn Mal der Pokal gewonnen werden.

1992 fiel die Handballsparte dann jedoch, zum Unverständnis vieler Fans, dem Rotstift von Präsident Jesus Gil y Gil zum Opfer, der die Unwirtschaftlichkeit der Handballer nicht länger mittragen wollte. Einige Mitglieder der Handballsparte übernahmen daraufhin selbst das Zepter und machten sich an die schwierige Aufgabe, den Verein zu übernehmen.

Der Verein durfte das Wappen, die Farben sowie den Namen behalten und firmierte, unter Mitnahme des gesamten Nachwuchsbereichs und mit Zustimmung von Atlético, um zu »Atlético Madrid Alcobendas«. Der Verein war jedoch institutionell und finanziell komplett unabhängig von Atlético Madrid. Leider schaffte es Atlético Madrid Alcobendas nicht die finanziellen Schwierigkeiten zu überwinden und wurde 1994 offiziell aufgelöst.

Zur Freude vieler Fans, die es bedauerten, dass der Verein außer Fußball nichts mehr anbot, konnte Atlético Madrid im Jahr 2011 die Rückkehr in den Handballsport vollziehen. Die spanische Handballliga ASOBAL ist von der Qualität der Mannschaften her leider sehr unausgeglichen und viele Vereine in der spanischen Handballliga stehen unter anderem daher auch vor großen finanziellen Problemen. So erging es auch Balonmano Ciudad Real, aus der gleichnamigen Stadt, ca. 200 Kilometer südlich von Madrid.

Den Verein drückten finanzielle Sorgen, die sich insbesondere dadurch verstärkten, dass die Spiele der Handballmannschaft nicht besonders gut besucht waren. So entschied sich der Verein im Jahr 2011 für einen Umzug in die spanische Hauptstadt. Dort ging die Entität in den neuen »Club Deportivo Básico Balonmano Neptuno« über. Die Leitung dieses Vereins konnte wiederum mit Atléticos Führungsetage eine Einigung, über eine Sponsorenschaft durch Atlético erzielen. Der »Club Balonmano Atlético de Madrid« war (wieder) geboren.

Zunächst war dieses Agreement für beide Seiten von großem Vorteil. Atléticos Fans freuten sich über einen Handballverein, was der durchaus unbeliebten Führungsetage einen kleinen Sympathieschub verpasste und die Marke Atlético Madrid konnte ebenfalls, auch auf dem europäischen Markt, abseits des Fußballs, gestärkt werden. Der Handballverein freute sich unterdessen über eine Kapitalspritze und erhöhte Zuschauerzahlen. Insbesondere weil Atlético Madrid seinen Dauerkarteninhabern einen kostenfreien Besuch bzw. rabattierte Karten ermöglichte, stiegen die Zuschauerzahlen beim Handball stark an.

Auch sportlich enttäuschte Atléti Balonmano nicht und konnte zwischen 2011 und 2013 zwei Mal die Copa del Rey im Handball, einmal den Supercup und eine Klubweltmeisterschaft gewinnen. In der spanischen Liga wurde man zwei Mal Zweiter und Zweiter in der Handball Champions League.

Letzteres war tatsächlich mein erster Kontakt zu Atlético Balonmano, denn das Final Four Turnier der Handball Champions League fand zu der Zeit traditionell in der Lanxess Arena in Köln statt, was es für mich als Rheinländerin quasi zu einem Heimspiel machte. Einige meiner spanischen Freunde waren durchaus handballaffin und kündigten ihren Besuch an. Auch wenn mich das durchaus vor Sprachprobleme stellte, denn der einzige von ihnen, der Englisch sprach, musste kurzfristig absagen, und mein Spanisch war zu der Zeit immer noch eher als rudimentär zu umschreiben.

Ich muss offen bekennen, vom Handball nicht besonders viel Ahnung gehabt zu haben, aber das Turnier reizte mich schon. Warum also nicht. Die Final Four gingen über zwei Tage. Da mit dem THW Kiel und den Füchsen Berlin gleich zwei deutsche Vereine qualifiziert waren, war die Arena erwartungsgemäß klar in deutscher (Fan-)Hand. Ich war jedoch überrascht, wie viele Spanier tatsächlich gekommen waren und wie lautstark diese ihr Team unterstützten. Mich, als Atlético Fan, machte das natürlich stolz und animierte mich auch zum Mitsingen. Die anderen deutschen Fans waren jedoch sehr erstaunt, dass die kleine Gruppe es teilweise schaffte, den Gegner in Grund und Boden zu singen. Handball scheint auf jeden Fall ein eher friedliebender Sport zu sein, denn im Vergleich zum Fußball gab es zwar den Fans zugeteilte Blöcke, aber keine Trennung der verschiedenen Vereine, kaum Polizei und jenseits der Sprachbarrieren unterhielt man sich im Stadionumlauf gerne ein bisschen miteinander.

Es führte sogar dazu, dass die Atlético-Fans irgendwann zum Erstaunen der Fans des THW Kiel in deren Fangesänge einstimmten. Das passierte jedoch insbesondere aus einem witzigen Sprachfauxpas heraus, denn für einen Spanier ist die Buchstabenkombination THW ein »Te hache uve doble» und klingt nicht mal ansatzweise wie der deutsche Anfeuerungsruf: »T-H-W«. Für die Spanier klang das Ganze eher wie »Leganés«, was wiederum ein Vorort von Madrid ist. Entsprechend fingen die Spanier irgendwann an, immer dann, wenn die deutschen Fans ein »THW« anstimmten, »Leganés« mitzusingen und sich königlich zu amüsieren.

Atlético Balonmano wurde zur Zufriedenheit aller Beteiligten Zweiter und der Frust über das verlorene Finale hielt sich in Grenzen. Ich persönlich hatte, aufgrund fachkundiger Regeleinweisung einiger Spanier, verstanden, worauf es beim Handball ankommt, mein Spanisch verbessert und gelernt, dass die Gruppe Europe, die vor dem letzten Spiel und vor der Siegerehrung auftrat, tatsächlich mehr Lieder auf Lager hat als *The Final Countdown*. Insbesondere hatte ich mich aber mit dem Handball angefreundet. Das führte dann sogar dazu, dass der Besuch beim Handball-Team, dessen Arena nur gute 15 Minuten zu Fuß vom Estadio Vicente Calderón lag, ein fester Bestandteil meiner Madrid-Besuche wurde.

Leider war die Freude über den Handball nur von kurzer Dauer. Im Hintergrund liefen bereits Überlegungen, die Handballsparte wieder richtig in den Verein einzubinden, als im Jahr 2013 die finanziellen Probleme den Klub wieder einholten. Trotz guter Besucherzahlen und des sportlichen Erfolges, war der Verein weiterhin defizitär. Eins der Probleme war die Arena, in der der Verein seine Spiele austrug. Der Palacio Vistalegre hatte eine Kapazität von 15.000 Plätzen und beheimatet oftmals Konzerte großer internationaler Stars. Auch wenn Atlético einige Male die 10.000 Besucher bei einem Spiel überschreiten konnte, war diese einfach um einiges zu groß für den Handballsport in Spanien. 2013 klaffte entsprechend ein großes Loch in der Kasse des Vereins, das u.a. aus Steuerschulden in Höhe von über einer Million Euro bestand und bei deren Tilgung Atlético nicht unterstützend eingreifen wollte. Dies zwang den Verein dazu, den Spielbetrieb einzustellen, Insolvenz zu beantragen und damit für immer zu verschwinden.

Was jedoch für immer bleibt, sind die Pokale und ein Grinsen immer dann, wenn ich irgendwo das Wort »THW« lese. *(S.O.)*

22. GRUND

Weil die größte Fiesta Madrids rot-weiß war.

Am 26. April 2003 feierte Atlético Madrid das Jubiläum seines 100-jährigen Bestehens. Es war ein außergewöhnliches Fest, das lediglich aus sportlicher Hinsicht leicht eingetrübt wurde; wie so oft bei Atlético. Dennoch, für über einhunderttausend Colchoneros war es ein unvergesslicher Tag. Der Tag fing mit der »caravana atlética« an, bei der knapp 100.000 Colchoneros die größte Fahne der Geschichte durch die Stadt trugen. Sie wurde in Alcantarilla (Murcia) hergestellt, war 1.500 m lang und 8,5 m breit, was eine Gesamtfläche von 12.750 m² ergab! Natürlich durchgehend in Rot-Weiß gehalten, stand sie somit im Guinness Buch der Rekorde als größte Fahne, die jemals produziert wurde. Die Karawane der Fans startete um 12:00 Uhr vom Neptuno Brunnen aus und führte durch die Stadt, vorbei an der Bahnstation Atocha sowie Piramides, hin zum Stadion Vicente Calderón, wo der Menschenzug gegen 15:30 Uhr eintraf. Die Straßen von Madrid waren rot-weiß. Sei es durch die vielen Fans mit ihren Trikots oder Schals oder durch die eben beschriebene riesige Fahne. Der passende Schlachtruf der Fans folgte auf dem Fuße: »¡Madrid entera se siente colchonera!«*.

Die Stimmung war einmalig! Friedlich, fröhlich und voller Anfeuerung für Atlético. Die Atlético-Gesänge waren überall zu hören, ein wahres Fanfest. Bei der Ankunft im Stadion wurden drei Stücke Stoff aus der Flagge geschnitten, eines davon ca. 80 m² groß und die anderen mit jeweils einer Fläche von ca. 40 m². Diese Stücke wurden symbolisch von Spielern von Atlético Madrid B im Innenraum zu den beiden Fondos, also der Nord- und Südtribüne, gebracht sowie die größere Fahne vor der Haupttribüne positioniert. Der Rest der Flagge wurde zunächst in einem Industriegebiet monatelang aufbewahrt. Später wurde sie in kleine Stücke geschnitten und zusammen mit der CD von Joaquín Sabina *Motivos de un sentimiento* die Hymne unseres Centenario, verkauft. Diese Stücke der Fahne sind heute heiß begehrt und werden in Internetportalen für einen sehr hohen Preis angeboten. Das Stadion öffnete um 17:15 Uhr seine Pforten, doch das Fest fand schon seit Stunden draußen statt. Es wurde eine gigantische Paella mit über 600 kg Reis vorbereitet, die mehr als 6.000 hungrige Fans sättigen sollte.

* *¡Madrid entera se siente colchonera! (dt.: Ganz Madrid fühlt sich rot-weiß!).*

Als Kontrast zu den Fans im Park saßen die ehemaligen Spieler und Legenden von Atlético im Stadion und aßen ein Menü, das zwei der besten Köche Madrids extra für sie vorbereitet hatten: Lucio und Esteban. Um 18:00 Uhr spielten dann Legenden-Teams von Atlético Madrid und Athletic Bilbao ein Freundschaftsspiel, das unter dem Motto »1903 – 2003 Atleti somos todos«, »Atlético sind wir alle«, stand. Danach bot die Musikkapelle des Luftfahrtministeriums ein wunderschönes Konzert dar, in dem auch die Hymne von Atlético zu hören war. Gleichzeitig wurde das Video »Unsere 100 Jahre« auf den großen Anzeigetafeln gezeigt, was bei allen für Gänsehaut sorgte.

Schlag auf Schlag ging es dann weiter. Als Nächstes landeten Fallschirmspringer im Stadion, behängt mit der spanischen National- und einer Atlético-Flagge. Eine Parade der Luftpatrouille »Aguila« erinnerte zudem daran, dass in den 40er-Jahren Atlético »Atlético Aviación« hieß. Die Hymne des Centenarios wurde vorgestellt und übertraf sofort alle Erwartungen. Über dieses besondere Liebeslied wird in diesem Buch berichtet, daher nur so viel: Keine Hymne kann besser erzählen, was wir Colchoneros fühlen, wenn unser Team spielt. Es ist auch eine bedingungslose Liebeserklärung von Joaquín Sabina, einem der bekanntesten Liedermacher Spaniens und Lateinamerikas, an den Verein seines Herzens.

Das Centenario strahlte über Madrid hinaus. Sogar in den nationalen Nachrichten wurde Atlético bedacht. So trug der Sprecher der Sportnachrichten eine rot-weiß gestreifte Krawatte als Hommage an das, wie er es selbst bezeichnete, »Team mit Würde aus der Hauptstadt«. Diese Aktion hat ihm danach viel Ärger beschert, sodass er danach bei einem Privatsender anheuern musste. Ja, ja, der »weiße Schatten« ist lang und allgegenwärtig. Als krönender Abschluss war das Ligaspiel gegen Osasuna eingeplant, in dem unsere Spieler das extra für diesen Anlass entworfene Centenario-Trikot trugen. Atlético kämpfte damals um den Traum, wieder europäisch spielen zu können, doch dafür musste ein Sieg her.

Es sollte also das Sahnehäubchen eines perfekten Tages werden, alles war angerichtet … Atlético verlor das Spiel mit 0:1. Nach dem Spiel gab es noch ein furioses Feuerwerk, von dem viele sagten, dass es das größte Feuerwerk war, das die Stadt Madrid bisher gesehen hatte! Der Tag endete mit diesem besonderen Atlético-Gefühl, das bei jedem Sieg oder jeder Niederlage mitschwingt und das es den Fans möglich machte, dass das Fest bis zum Ende ein Fest blieb. *(C.G.)*

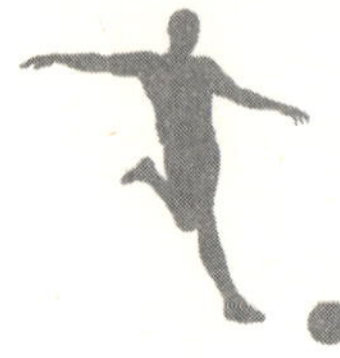

23. GRUND

Weil bei Atlético Sprache, Mode und Fußball perfekt kombinieren.

Atlético hatte mit großer Regelmäßigkeit großartige Angreifer in den eigenen Reihen, auch wenn das Team nicht immer die entsprechende Flankierung an Personal vorweisen konnte. So augenfällig sind diese Merkmale Atléticos und seiner überragenden Angreifer, dass viele sich fragen, ob Atlético heutzutage mit einem vollwertigem Neuner mehr Titel holen könnte. Das ist jedoch unfair, da die Erfolge von Atlético immer eine Frage des Kollektivs waren und weil wir im Moment Weltklassestürmer wie Griezmann oder Fernando Torres in den eigenen Reihen haben. Es zeigt aber, wie bemerkenswert es ist, dass bei Atlético hochkarätige Stürmer in jeder Zeit, so also auch heute, spielten: Gárate, Luis Aragonés, Kiko, Vieri, Falcao, Forlán, Kun Agüero und Diego Costa, um nur einige wenige zu nennen. Schon in den vierziger Jahren hatte Atlético hervorragende Stürmer. Diese wurden »La Delantera de Seda«, »Der Seidenangriff«, genannt. Warum jedoch Seide?

Nun, die Fußballspieler tragen ja Stutzen, also eine besondere Art Strümpfe. Ähnlich verhält es sich bei den Frauen im desolaten Nachkriegs-Madrid, die ebenfalls, teils aus Koketterie, teils als Keuschheit, lange Strümpfe und Strumpfhosen trugen. Sie trugen diese zwar nicht, wie die Fußballspieler, aus grober Wolle, dennoch war unter den vielen verschiedenen Materialen die Seide natürlich die begehrteste, aufgrund ihrer hohen Qualität. Nach einem Spiel im Pokal 1947 gegen Valencia, in dem Atlético mit 4:1, aufgrund einer ausgezeichneten Leistung in der Offensive, gewann, verglich der Sportjournalist Jose Maria Ubeda in der offiziellen Zeitung des Regimes, *Pueblo*, die Gewandtheit der Rojiblancos mit der Sanftheit von Seide. So kam es, dass diese Spieler Atléticos als »der Seidenangriff« verewigt wurden: Juncosa, Vidal, Silva, Escudero und Campos sagen Dir, hoch verehrter Leser, vielleicht nichts, aber die (heute) ältesten Fußballfans Spaniens können sich gut an diese einmalige Konstellation erinnern. Sie erlangten zwar nie den Meistertitel, aber sie verloren auch kein Spiel im eigenen Stadion, dem Metropolitano – weder in der Liga, noch im Pokal. Von den 73 Toren Atléticos in der Saison machten sie 63 unter sich, darin inkludiert ein historisches 5:0 gegen Real Madrid.

Zwei Jahren später kamen neue, noch begehrtere Strümpfe auf den Markt. Es waren die sogenannten Kristallstrümpfe. So benannt, da sie eine glänzende Außenschicht hatten, die Kristall ähnelten. Mittlerweile waren bei Atlético nur noch der Links- und Rechtsaußen des Seidenangriffs, Juncosa und Escudero, unter Vertrag. Sie wurden aber mit anderen, hochkarätigen Spielern ergänzt: Ben Barek (ab 1948), Carlsson (ab 1949) und Pérez-Paya (ab 1950). Mit diesen drei Verpflichtungen entstand im Sommer 1950 ein glanzvoller Angriff, der im Laufe der Saison 1950/'51, mit Helenio Herrera als passenden Trainer, den entsprechenden Name: »La Delantera de Cristal«, also »Der Kristallangriff«, verliehen bekam. Diese Offensive erzielte 87 Tore, in gerade einmal 30 Spielen. Am Ende konnte die Meisterschaft imposant gewonnen werden. Auch hier ist ein historisches Ergebnis von 6:3 gegen Real Madrid inkludiert – und das Ganze im Stadion der Erzrivalen! Dieses herausragende Team erzielte in der darauffolgenden Saison 1951/52 wieder 80 Tore und gewann wiederholt die Meisterschaft. Dank diesem Kristallangriff, der 80 % der Tore in diesen zwei Spielzeiten machte, war Atlético Madrid Anfang der fünfziger Jahre, neben dem FC Barcelona, mit vier Meistertiteln das zweiterfolgreichste Team Spaniens, nur geschlagen von Athletic Bilbao mit fünf Titeln. Und natürlich war Atlético die Nummer Eins Madrids, da Real im Jahre 1954 gerade einmal zwei Meistertitel auf der Habenseite hatte. Ja, Atlético Madrid herrschte in der Hauptstadt Spaniens, bis Real die offizielle Elf der Diktatur wurde und sich die Geschichte änderte.

Wenige Jahre später wurde Atlético durch »El Ala Infernal«, die »höllische Flanke«, wieder weltberühmt. Joaquín Peiró und Enrique Collar bildeten ab 1955 die linken Innen- und Außenstürmer Atléticos. Sie waren zu der Zeit wahrscheinlich europaweit die beste linke Flanke im Fußballgeschäft. So schnell und geschickt, dass sie den Namen von ihren brasilianischen Kollegen erhielten. Die beiden guten Freunde auf und neben dem Spielfeld verstanden sich blind. Peiró, wegen seines sehr langen Laufschrittes der »Windhund des Metropolitanos« genannt, hatte ein nahezu unaufhaltsames Dribbling und ein unvergleichbares Torgespür. Collar, kleiner und kräftiger, aber ebenso schnell, hatte eine ständige Präsenz in der Offensive und einen extrem präzisen Fuß. Ihre Kombination(en) brachten viele unvergessliche Nächte für die Fangemeinde. Trotzdem stand damals die Übermacht von Real Madrid in der Liga über allem, sodass Peiró und Collar nie einen Meistertitel gewinnen konnten, jedoch immerhin Vizemeisterschaften. Dennoch schafften sie es, das angeblich allmächtige Team der Puskas, Di Stefanos und anderer überbewerteter Spieler im Finale des Pokals in ihrem eigenen Stadion zweimal (!) zu bezwingen: 1960 mit 3:1 und natürlich Toren von Collar (51'), Jones (76') und Peiró (86') sowie 1961 mit 3:2 und Toren von Peiró (20' und 46') und Mendonça (69'). Die Tagediebe Reals konnten das naturgemäß nicht auf sich sitzen lassen und übernahmen den Namen »Ala Infernal«, aus unerklärlichen Gründen, später für durchschnittliche, nicht harmonisch verknüpfte Spieler, die ihre linke Flanke besetzten.

Die Kombinationen von hervorragenden Spielerpaaren hat seitdem Atlético immer wieder geprägt. So zum Beispiel in den Siebzigern mit Luis und Gárate, die natürlich von Ayala, Adelardo und Irureta exzellent unterstützt wurden. Oder in den Neunzigern mit Futre und Manolo, an deren Seite Schuster und Donato spielten. Alle diese großen Stürmer gewannen den spanischen Königspokal im Stadion des Erzrivalen. Forlán und Kun Agüero schrieben derweil ihre Geschichte mit dem Europa-League-Sieg 2010. Bis heute finden wir diese Merkmale bei Atlético Madrid: Nun heißen die beiden Stürmer im Fokus Griezmann und Gameiro, sie bilden das sogenannte »G-Team«. Und Torres?! Unser »El Niño« ist einfach der beste spanische Stürmer aller Zeiten, egal wer an seiner Seite spielt. *(A.C.)*

24. GRUND

Weil Atlético Erfolge immer als Team erringt.

Viele behaupten, die Brasilianer hätten die beste Nationalmannschaft der Welt, da sie öfter als alle anderen Nationen die Weltmeisterschaft gewonnen haben. Ich teile diese Meinung nicht, Brasilien hat und hatte nicht die beste Mannschaft, das beste Team. Die brasilianische Nationalelf hatte aber immer die besten Spieler gehabt, jedoch bedeutet das nicht, dass sie als Mannschaft die Besten waren. Das gleiche Phänomen kann man in Spanien mit Real Madrid beobachten. Real hat stets die vermutlich besten Spieler unter Vertrag genommen, zu mindestens aber die teuersten. Jedoch garantiert dies alleine nicht, dass sie immer gewinnen und auch nicht, dass sie die beste Mannschaft bilden.

Bei Atlético ist dagegen jeder Erfolg das Ergebnis einer kollektiven Zusammenarbeit. Die rot-weiße Erfolgsformel steht für Atlético daher seit den fünfziger Jahren fest in Stein gemeißelt: Ein Trainer mit Charakter und einem klaren System sowie ein fleißiger, hart arbeitender Kader von guten Spielern, die wie Pech und Schwefel zusammenhalten. Das verstanden alle bei Atlético in den siebziger Jahren und übertrugen es auf das Spielfeld. Später klappte die Formel auch unter Trainer Luis Aragonés und seinen Spielern wie Donato, Futre und Schuster in den frühen 90er-Jahren. Heutzutage setzte dies »Cholo« Simeone um, mehr noch, er hievte den Verein auf ein neues Niveau und setzte Maßstäbe. Leider schien Atlético in der langen Zeit zwischen Luis und Simeone diese Formel vergessen zu haben, oder vielleicht wurde sie vergeblich gesucht, jedoch nicht gefunden. Mit einer Ausnahme: das Jahr des Doubles, »el Doblete«.

Im Sommer 1995 engagierte der Verein vom Manzanares Radomir Antić als neuen Trainer. Der Serbe hatte eine relativ erfolgreiche Karriere Anfang der achtziger Jahre als Verteidiger genossen sowie sich am Ende des Jahrzehnts als Trainer beim mittelklassigen Real Saragossa, der sich unter seiner Führung für den UEFA Cup qualifizierte, seine Sporen verdient. Später folgte ein Engagement bei Real Madrid, in dem er 1990/91, in turbulenten Zeiten, den Kader wieder normalisierte und 1991/92 zum Seriensieger mache. Überraschenderweise, nach seiner ersten Niederlage in der Liga, nach seiner Rekord-Sieges-Serie und das ausgerechnet gegen Atlético Madrid, wurde er entlassen. Nach einem dreijährigen Aufenthalt beim Fahrstuhlteam des FC Oviedo, mit immerhin beachtenswertem Erfolg, das Team schaffte es drei Jahren in Folge unter die Top 10, erhielt Radomir Antić zwei große Offerten: die erste vom FC Valencia und die zweite von Atlético Madrid. Zum Glück entschied er sich für die zweite. Damit übernahm er eine Mannschaft, die völlig aus der Wucht geraten war, jedoch qualitativ gut aufgestellt schien. Atlético hatte Spieler wie »Cholo« Simeone, José Luis Pérez Caminero und Francisco Narváez, kurz »Kiko«, in seinen Reihen. Dennoch zeigte diese Mannschaft in den vorherigen vier Jahren sehr schwache Leistungen und konnte sich drei Mal gerade so nur knapp vor dem Abstieg retten. Auch schien Atlético als Klub im Sommer 1995 im Umbau, deutlicher im Untergang, zu sein. Die verrückte und inkonsistente Leitung des Jesus Gil, seine unregelmäßigen, heimlichen Zahlungen an die Spieler, seine widersinnigen Einstellungen und Entlassungen zahlreicher Trainer, unter anderem sechs Coaches in einer Saison, schienen die Weichen dafür gestellt zu haben.

Die neuen Verpflichtungen sorgten auch eher für Verwunderung: Der Torwart und Innenverteidiger des abgestiegenen Albacete, Molina und Santi, die beide mit furchtbaren Leistungen in den Relegationsspielen aufgefallen waren, der »Klotz« Luboslav Penev, Stürmer vom FC Valencia, und der völlig unbekannte Spielmacher des Panionios FC namens Milinko Pantić, sorgte nicht für Euphorie. Niemand hätte gedacht, dass dieses Team auch nur ein Freundschaftsspiel oder ein Vorbereitungsturnier gewinnen würde. Trotzdem überzeugten sie mit erfolgreichen Spielen. Dennoch, die Liga, der richtige Wettbewerb, wäre eine andere Geschichte; so dachten viele damals. La Liga, auf Grund eines politischen Eingriffs und eines Krieges zwischen den Fußballvereinen und dem Verband, ging zum ersten Mal in der Geschichte mit 22(!) Teilnehmern an den Start. Zudem gab es eine spannende Neuerung. So zählten ab sofort die Siege drei Punkte, statt zwei wie zuvor. Für ein Remis gab es einen Punkt, in Anlehnung an das System der englischen Premier League.

Im sonnigen Vicente Calderón startete Atlético mit einem unerwarteten 4:0 Sieg gegen Real Sociedad, dem ein ebenso starkes 4:0 in Santander folgte. Athletic Bilbao, damals der Tabellenführer, unterlag Atlético mit 0:2. Ebenfalls zwei Tore kassierte Sporting Gijon. Während das Clásico 1:1 endete, spielte Atlético in Sevilla unentschieden und fiel auf den zweiten Platz zurück. Am nächsten Spieltag gewann Atlético allerdings gegen den neuen Tabellenführer RCD Espanyol mit 2:1 und holte sich den ersten Platz zurück. Celta, Deportivo und Valladolid erlitten auch verdiente Niederlagen. Nur das 1:1 Unentschieden im Vicente Calderón gegen Aufsteiger Mérida erschien als Beweis, dass diese Serie bisher nur eine Glückssträhne war und Atletico bald, wie in den Vorjahren, ins Niemandsland der Tabelle abrutschen würde. Es folgten jedoch ein Sieg in Saragossa, ein Remis in Vallecas und dann auch die erste Niederlage, ausgerechnet gegen den Erzrivalen Real Madrid. Atlético verlor den ersten Platz an den FC Barcelona. Am nächsten Spieltag jedoch gewann Atlético und erlangte dadurch den Platz an der Sonne wieder zurück: Nach diesem 14. Spieltag sollte Atlético die Führung nicht mehr abgeben.

Sieg um Sieg holte die Elf Atléticos und war damit der Presse und den Fans wohl bekannt. Antić vertraute seiner Startelf und so konnten die Fans die Helden in Rot-Weiß schon auswendig vor der Weihnachtspause besingen: »Molina, Geli, Solozábal, Santi, Toni, Vizcaíno, Simeone, Pantic, Caminero, Penev und Kiko«. Die Startelf wurde sogar zum nahezu dogmatischen Mantra, so groß war das Vertrauen in diese Männer. Mit einem 4-4-2, in dem Vizcaíno und Simeone als Vorstopper und Pantić und Caminero als Spielgestalter agierten, zeichnete sich der Stil des Teams durch ein intensives Pressing, ein schnelles Umschaltspiel nach vorne und einem kollektiven Angriff aus. Aus dieser Geschlossenheit resultierte das Leitmotiv: »La mejor defensa, un buen ataque«*. Unter anderem auch deshalb wurde Molina zum besten Torhüter der Saison gekürt. Mehr als die Hälfte aller Tore wurden durch Mittelfeldspieler und Verteidiger erzielt. Zudem bereitete ein Spieler nahezu alle Tore vor. Dieser Spieler war geboren für diese Strategie und hatte ein goldenes Füßchen: Milinko Pantić. Seine Eckstöße und Freistöße waren so gefährlich, dass die Fangemeinde jede Standardaktion anspornte und bejubelte. Nie traf ein Spieler mehr Tore in einer Saison per Freistoß als Pantić in dieser Spielzeit. Der kleine, unbekannte Serbe gewann so seinen Platz in den Geschichtsbüchern Atléticos. Unvergessen die 102. Minute des Pokalfinales gegen den FC Barcelona, als er mit einem Kopfball das 1:0 und damit das Siegtor erzielte.

Gegen den ärgsten Verfolger FC Barcelona gelang Atlético der definitive Coup. Im Camp Nou, am 20. April 1996, vor allem dank

* *La mejor defensa, un buen ataque (dt.: Die beste Verteidigung, ein guter Angriff).*

eines unglaublichen Dribblings von José Luis Pérez Caminero gegen den weltbekannten Barça-Verteidiger Miguel Angel Nadal, heute eher bekannt als Onkel des Tennisstars Rafael Nadal. Tausend Mal wurde diese Szene im Fernsehen wiederholt und noch heute ist dieser Moment auf der Retina der Colchoneros fest eingebrannt. Wie sich Caminero von Nadal löste und dann den Ball so passgenau vorlegte, dass Roberto Fresnedoso das 3:1 für Atlético erzielen konnte. Ja, auch Fresnedoso war so ein Unbekannter. Zwar konnten alle dank Antić die Namen der ersten Elf im Schlafe aufsagen, doch auch die Ergänzungsspieler hatten ihren Anteil am Erfolg. Der skurrile Biagini, als Ersatz für Stürmer Penev, der unberechenbare Fresnedoso oder der feurige und rassige Rechtsverteidiger López, sie alle trugen mit ihren Einsätzen zum Erfolg des Teams bei.

Auch wenn durch individuelle Klasse das eine oder andere Spiel entschieden wurde, war es doch die Mischung des Teams, die den Erfolg ausmachte: Der stahlharte Simeone, der ruhige Molina, der talentierte Caminero, der magische Kiko, sie alle fungierten als Teile einer gut geölten Maschine, weil Erfolge bei Atlético immer Teamarbeit sind. Als Beweis können wir heute und immer mal wieder ausrufen (und bitte machen Sie laut mit mir mit): »Molina, Geli, Solozábal, Santi, Toni, Vizcaíno, Simeone, Pantić, Caminero, Penev und Kiko« *(A.C.)*

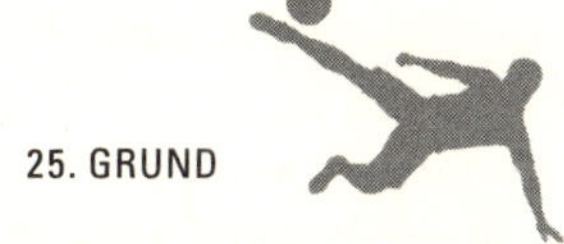

25. GRUND

Weil man die Colchoneros nachts im Himmel sieht.

Der Bogenschützen-Jubel bei Atlético Madrid ist legendär und mit vielen Interpretationen und Geschichten umgeben. Er ist ein Mythos, den nur besondere Spieler bei Atlético zeigen (sollten). Kiko machte den Jubel in den 90ern berühmt. Nach jedem seiner Tore zeigte er ihn. Für Fernando Torres war Kiko ein Vorbild. Er nahm seinen Platz ein und wusste, wie man eine Legende bei Atlético würdigt. Er imitierte den Bogenschützen-Jubel Kikos. So verschmolzen die Tore beider, auch dank des Bogenschützen-Jubels, zu ganz besonderen, legendären Atlético-Toren. Heute ist Fernando Torres selbst eine Legende und im Herbst seiner Karriere. Als Fernando Torres 2015 zu Atlético Madrid zurückkehrte, begrüßten ihn seine neuen Mitspieler mit der Bogenschützen-Figur.

Antoine Griezmann, vielleicht auch einmal eine rot-weiße Legende, feiert schon Tore wie ein Bogenschütze und ehrt damit Kiko und Fernando Torres. Neben Griezmann zelebriert auch Diego Godín schon einige seiner Tore auf diese Art und Weise. Godín gilt als einer der besten Innenverteidiger der Welt und schoss Atlético 2014 mit seinem Tor in Barcelona zum Meistertitel. Damit ist Godín eine Atlético-Legende und darf den Bogenschützen als Jubel natürlich präsentieren. Der Schütze ist auch ein Sternzeichen. Man kann seinen Pfeil und Bogen ganz leicht am Firmament erkennen. In der griechischen Mythologie ist der Schütze ein Zentaur, ein Halbgott aus Mensch und Pferd. Die Charakteristik eines Mythos zeigt sich auch daran, dass er sich verselbstständigt und die Spieler dazu eigentlich wenig beitragen. Wenn man sie fragt, wird aus dem Jubel nichts anderes als ein gewöhnlicher Jubel oder der Grund für diese »Figur« hat persönliche Hintergründe.

Kiko zum Beispiel sagte in einem Interview nach seiner aktiven Karriere, dass sein Jubel gar keinen Bogenschützen darstellen sollte, sondern er nur mit seinen Armen auf die Fans zeigen wollte, um mit ihnen zu feiern. Er lehnte auch die Behauptung ab, dass er mit diesem Jubel Pfeile abschießen wollte. Auch Godín erklärte nach einem seiner Tore, in diesem Fall war es in Levante, dass er mit diesem Jubel einen Freund grüßen wollte, der auf der Tribüne saß. Das alles kann durchaus so sein und trotzdem ist der Bogenschützen-Jubel ein traditioneller Jubel der Colchoneros, den man außerhalb dieses Klubs sehr selten sieht und nur Atlético Madrid vorbehalten scheint. Dabei ist es egal, ob damit nun Pfeile abgeschossen werden, die Fans oder auch nur ein spezieller Freund begrüßt werden sollen. Die Gestik ist einzigartig und daher auch für sich allein schon legendär. Doch auch außerhalb des Fußballs wusste man den genialen Einfall Kikos für sich zu nutzen. Usain Bolt, seines Zeichens der schnellste Mensch der Welt auf 100 m, machte diesen Jubel auch außerhalb des Fußballs weltberühmt. Im American Football hat dieser Jubel sogar biblische Ausmaße angenommen. Er ist dort Brandin Cooks von den New Orleans Saints vorenthalten. Dieser sagte, den Bogenschützen-Jubel habe er aus der Bibel entnommen. Er erinnerte ihn an die Geschichte Ismaels, Sohn des Abraham, der auch ein guter Bogenschütze war. Sternzeichen, griechische Mythologie oder die Bibel: Für Atlético Madrid und seine Fans ist das sicherlich egal, denn die Gestik der Spieler bei dem Bogenschützen-Jubel verbindet Jung und Alt, das Vergangene mit dem Heutigen und die Spieler mit den Fans. *(C.W.)*

26. GRUND

Weil für Atlético alles etwas schwerer, aber dadurch auch wahrhaftiger und wertvoller ist.

Die meisten Fußballer sind, wie viele andere nach Erfolg strebende Personen auch, Menschen, die am Ende auf eine maximal erfolgreiche Karriere zurückblicken wollen. Das gleiche Streben findet man bei Ingenieuren, Bankern oder Wissenschaftlern.

Bei allen diesen Personen, spielt der Ehrgeiz eine wesentliche Rolle. Die Mentalität ist die gleiche: Jeder will bei der besten Firma arbeiten, an der renommiertesten Universität studieren, bei der höchstbezahlenden Bank angestellt sein oder am historisch erfolgreichsten Forschungszentrum forschen. Viele von diesen Personen glauben, dass sie die Besten oder die Talentiertesten sind und verdienen es deshalb, mit den ebenfalls Besten ihrer Zunft zu arbeiten, zu verhandeln oder zu spielen. Selten jedoch waren und sind die

Spieler von Atlético die besten der Welt, zumindest nicht in dem Moment, in dem sie zum Verein stoßen. Einerseits war Atlético nie der reichste Verein der Welt, insbesondere in der lokalen Wirtschaft und Politik Madrids traf Atlético eher auf Geringschätzung und Paternalismus als auf richtige Unterstützung und Partnerschaft. Andererseits war und ist Atlético der »unangenehme Nachbar« des selbsternannten »best club of the world«. Dies bedeutet natürlich ebenfalls, dass Real Madrid, mit all seiner Macht, seinen Verflechtungen in die Wirtschaft und Politik und all seinem Gewicht immer versucht hat und versuchen wird, seinen angestammten Platz auf keine Art und Weise von dem »kleinen Brüderchen« gefährden zu lassen. Eine echte Sisyphusarbeit also für Atlético. So wissen die Spieler, dass Erfolge mit Atlético einer größeren Anstrengung bedürfen, da weder die Presse noch die TV-Medien, noch die Schiedsrichter, noch ein großer Teil des Publikums im Aus-, aber vor allem auch im Inland, an ihrer Seite stehen werden.

Die haltlosen Gerüchte über angebliche Wechselabsichten und Transfers von Atlético-Spielern, dies gilt insbesondere für die Stars des Teams, zu anderen großen, angeblich größeren Mannschaften wiederholen sich mit schöner Regelmäßigkeit immer einige Tage vor dem Spiel gegen eben genau diese anderen großen Mannschaften. Die Spieler von Atlético, obwohl sie oftmals außerordentliche Leistungen erbringen, werden in den Zeitungen und in der spanischen Sportschau nicht so betrachtet, geschätzt und gewürdigt, wie die ab und an durchschnittlichen Leistungen der sogenannten Superstars anderer Teams, insbesondere von Real Madrid oder vom FC Barcelona. Es ist für die Spieler vom Manzanares zudem deutlich schwieriger, in der Nationalmannschaft einen Platz zu finden. Zudem werden sie zu oft als angriffslustig, abgestumpft und kunstlos beschimpft, auch wenn sie dies augenscheinlich nicht verdient haben. Zudem könnten wir allein über himmelschreiende Schiedsrichter-Ungerechtigkeiten ein eigenes Buch schreiben – »111 Situationen, in denen Atlético betrogen wurde«.

Genau hier liegt wahrscheinlich der Zauber, den Cholo Simeone in den letzten Jahren erschaffen hat: mit Spielern, die nicht zu den Besten gehören, die aber die vielleicht beste Mannschaft Europas der letzten Jahre gebildet haben. Er hat sie zu den Besten gemacht, ihr Potenzial erkannt und dieses gefördert, bis diese Spieler mental und körperlich sich in nahezu jedem Spiel übertroffen haben. Er hat ihnen eingeimpft, dass Atlético nichts geschenkt wird, es aber trotzdem eine Ehre, ist für Atlético spielen zu dürfen. Alle großen Spieler, die das nicht ertragen konnten und daher ihrer Wege gingen, haben in ihren neuen Vereinen nicht mehr an ihre Leistungen und an die Erwartungen anknüpfen können, mit einer Ausnahme: Raul García. Der Kapitän verließ Atlético ungewollt, aus familiären Gründen, und machte aus seiner Sympathie für die Colchoneros auch in seiner neuen Heimat Bilbao kein Geheimnis.

Doch auch in anderen Epochen haben die Spieler von Atlético dies gewusst. Getreu dem Motto: Hier ist alles möglich, aber nichts selbstverständlich. Darum sind alle Erfolge Atléticos für seine Anhänger wertvoller als für viele andere Fans, da sie die direkte Folge eines engagierten Kraftaktes sind. Erfolge kommen bei Atlético nicht per Zufall, sondern nur, wenn bestimmte Faktoren dies erlauben und den Verein belohnen wollen. Nur wer das Tal kennt, kann den Gipfel genießen, und so schmecken die Erfolge der Rot-Weißen viel süßer, da sie härter zu erreichen sind – sie schmecken wahrhaftiger! *(A.C.)*

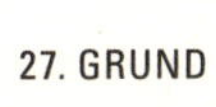
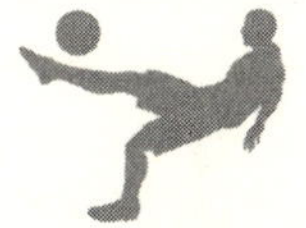

27. GRUND

Weil bei Atlético das ganz, ganz große Kino Schlange steht.

Es wurde in diesem Buch bereits erwähnt, wie oft Atlético Madrid, das Stadion Vicente Calderón oder die Colchoneros allgemein in Filmen und Fernsehserien eine tragende Rolle innehatten. Unsere Liebe und enge Beziehung zu der Filmindustrie zeigt sich jedoch am Besten in der Saison 2004/05. Kurz zuvor waren wir aus »der Hölle«, der zweiten spanischen Liga, zurückgekehrt, hatten den Trainer gewechselt (Gregorio Manzano als Nachfolger von Luis Aragonés) und schafften es sogar, uns für den leider heute nicht mehr existierenden UEFA Intertoto Cup, auch bekannt als UI-Cup, zu qualifizieren. Es war de facto ein Sommerturnier, bei dem der Gewinner eine letzte Chance für die Teilnahme am UEFA-Pokal erhielt. Wir wurden jedoch Siebter, uns fehlte nur ein Punkt, aber der FC Sevilla nahm unseren Platz ein. Für die Saison unterschrieb Atlético Madrid einen Vertrag mit der amerikanischen Filmproduktionsfirma Columbia Tristar Pictures. Der Vertrag mutete sonderbar an, denn der Klub verpflichtete sich, die Titel der aktuellen Filme auf der Vorderseite des Trikots zu tragen. Der Name der Produktionsfirma hingegen war nie zu sehen! Jeder Kinofilm wurde einen Monat lang beworben und nach dieser Zeit wechselte der Titel und eine andere Kinopremiere wurde präsentiert.

Bei dem ersten Film handelte es sich um *Dos policías rebeldes 2*, in Deutschland bekannt als *Bad Boys II*. Der Clou war jedoch die offizielle Vorstellung mit Will Smith, der direkt das Trikot von Atlético Madrid anzog und auf der Pressekonferenz präsentierte. Die Aktion lief so gut, dass der Vertrag um ein weiteres Jahr verlängert wurde und nahezu alle Hollywoodgrößen nach Madrid reisten, um ihren Film, stilecht im Atlético-Trikot, zu promoten. So verwandelte sich unser Trikot in eine wahre Litfaßsäule, auf der unter anderem Titel wie *Spiderman 2*, *Hellboy*, *Peter Pan* und *Terminator 3* zu sehen waren. Fernando Torres, »Mono Burgos« und Diego Pablo Simeone waren einige der Spieler, die diese Trikots trugen.

Insgesamt wurden 27 verschiedene Trikots getragen, die noch heute heiß begehrte Sammlerstücke sind. Viele der Hauptdarsteller, wie Harrison Ford, Samuel L. Jackson, Will Smith oder Halle Berry besuchten im Rahmen dieser Zusammenarbeit zwischen Columbia Tristar Pictures und Atlético das Calderón und posierten im rotweißen Atlético-Trikot. Nicht wenige entdeckten dabei sogar eine zaghafte Liebe für den europäischen Fußball und für den Klub vom Manzanares. *(C.G.)*

28. GRUND

Weil das Leben in Rot-Weiß kein Mainstream-Pop-Song, sondern purer Rock 'n' Roll ist.

Atlético Madrid steht neben dem Fußball auch für Extravaganz in der Musik-, Kultur- und Filmszene und hat schon längst viele Herzen in der Kunstszene erobert. So ist es wohl auch kaum ein Zufall, dass der gegenwärtige Präsident des Vereins, Enrique Cerezo, einer der bekanntesten und erfolgreichsten Filmproduzenten Spaniens ist. Viele intellektuelle Prominente aus der Filmbranche, der Musikszene und anderen Kunstkreisen bekennen sich regelmäßig in der Öffentlichkeit zu den Colchoneros.

Ein Wort kennzeichnet und verbindet sie alle: Leidenschaft.

Ein zweites definiert und beschreibt sie: Beharrlichkeit.

Wenn sie über Liebe singen, umfassen ihre Werke die größten (Liebes-)Geschichten. Wenn sie das Leben verfilmen, sind die Figuren voller großer und vorbildhafter Tugenden, mit denen sie die größten Widerstände und Herausforderungen meistern. Kurzum, Atlético Madrid steht für Pathos. Doch neben diesen Kunstformen repräsentiert insbesondere der Rock'n'Roll den Geist von Atlético.

So kommt es, dass man regelmäßig auf renommierter Stars der Rockszene im Stadion Vicente Calderón trifft. Einer der bekanntesten ist wohl der Musiker Rosendo Mercado. Rosendo wurde 1954 in Carabanchel geboren, dem Stadtbezirk im Südwesten in unmittelbarer Nähe zum Vicente Calderón. Rosendo verließ trotz einer sehr erfolgreichen Karriere sein ärmliches Stadtviertel nie. Seinen größten Erfolg erlebte er in den achtziger Jahren mit seinen Rockgruppen Leño und Ñu sowie später dank seiner Solokarriere. Sein Lied

*Maneras de vivir** etablierte sich in Fankreisen sogar als inoffizielle Hymne. Uneinig mit dem Management Atléticos seit 1987, dem Jahr der Übernahme des Vereins durch Jesús Gil y Gil., weigerte sich der Urban Rocker, Lieder für seinen Verein zu schreiben oder für diesen zu arbeiten. Seine Stringenz und sein festes und konsequentes Wertebild machten ihn zur Kultfigur. Aufgrund seiner klaren und fundierten Stellungnahmen gegenüber den Mächtigen und den Herrschenden, im Sinne einer Sozialkritik, wird Rosendo auch außerhalb der rot-weißen Kreise, insbesondere nach der Wirtschaftskrise, respektiert und seine Überzeugungen werden geschätzt.

Ein weiterer Rock 'n' Roller ist Coque Malla, Frontmann der Band Los Ronaldos. Der Name der Band versteht sich als direkte Bezugnahme auf den 40. US-Präsidenten Ronald Reagan, der von 1981 bis 1989 im Amt war. Wie Rosendo ist auch Coque Malla jeden zweiten Sonntag im Vicente Calderón anzutreffen. Große Hits wie *Sí, sí*, *Por las noches* oder *Idiota*, in bester Manier der Rolling Stones, prägten in den 1980er-Jahren ein rebellierendes Spanien. Als Sohn populärer Schauspieler trat auch Coque Malla in den 1990er-Jahren eine Karriere als Darsteller und Produzent an, mit der er noch heute erfolgreich ist.

Neben Coque Malla und seinen Los Ronaldos gab und gibt es noch weitere Rockgruppen wie zum Beispiel Glutamato Ye-Yé oder Los Petersellers, die bis zum Ende des Jahrhunderts mit humorvollen und provokanten Texten erfolgreich waren und sich auf Konzerten und bei Fernsehauftritten deutlich als Atlético-Fans zu erkennen gaben. Neben all diesen bekannten Bands gibt es natürlich noch viele weitere Gruppen, die sich zu den Colchoneros bekennen.

Rock 'n' Roll gibt es seit 2011 bei Atlético auch an der Seitenlinie. Doch nicht der emotionale Chefcoach Diego Simeone sorgt dafür, sondern sein Co-Trainer Germán Burgos. Der ehemalige Torhüter machte sich nicht nur als Spitzen-Keeper einen Namen, so spielte

* *Maneras de vivir (dt.: Lebensweisen).*

er unter anderem 35 Mal im Nationaldress Argentiniens, 94 Mal für River Plate sowie 63 Mal für Atlético Madrid, nein, auch als Musiker ist »Mono« Burgos eine Berühmtheit. Bereits in seiner aktiven Zeit als Kicker nahm er drei Alben mit seiner Band The Garb auf. Sein Stil kann getrost als frech, energiegeladen, humorvoll und mutig charakterisiert werden, genauso, wie ihn die Fans als Spieler schätzen und lieben gelernt haben. Die heutige rechte Hand von Cholo Simeone auf der Trainerbank ist auch an den letzten großen Erfolgen Atléticos mitverantwortlich und wird von Fans und Spielern gleichermaßen geliebt.

Der jedoch bekannteste Atlético-Fan aus der Musikbranche ist ohne Frage Joaquin Sabina. Der musikalische Riese komponierte die offizielle Lobeshymne zum 100-jährigen Jubiläum des Vereins, dem Centenario. Sein Song *Motivos de un Sentimiento** ist mehr als nur eine kleine musikalische Anekdote in der rot-weißen Vereinsgeschichte, es ist ein Song, der wie kein anderer den Mythos Atlético Madrid erklärt, ehrt und transportiert. Auch hier ehrte der Liedermache die rockige Seite Atléticos, indem sein Lied als Rock-Version aufgenommen wurde.

Der allseits bekannte und geschätzte Liedermacher hat sich von Anfang an mehrfach als Colchonero bekannt und seine teils melancholischen, teils wehmütigen, teils dreisten, teils galanten Texte haben die Herzen und Gemüter von drei spanischen Generationen begleitet und aufgewühlt. Seine Ästhetik des Versagens trat mit dem Atlético der 1990er- Jahre in eine einzigartige Symbiose. Hier wurde eine Identität erschaffen, beschrieben und angenommen, die bis heute die Vorstellung des Musikers, aber auch das Selbstbild aller Atlético-Fans treffend wiedergibt.

Joaquin Sabina hat sich immer vielseitig gezeigt und viele verschiedene musikalische Richtungen ausprobiert und sich ihrer bedient und trotzdem: Immer, wenn er sich Atlético gewidmet hat,

* *Motivos de un Sentimiento (dt.: Gründe für eine Leidenschaft).*

hat er dies mit Hilfe der Rockmusik getan. Stets komponierte er für die Rojiblancos Rocklieder und entfernte sich damit bewusst von den Mainstream-Melodien der Pop-Musik. Der Rock scheint besonders gut zu Atlético zu passen, da diese Musikrichtung wohl am besten den Charakter, die Stärke, den Widerstand und das Wohlgefallen des Vereins beschreibt, die ihm selbst in den schlechten Zeiten eigen sind. So ist der Atlético, so sind seine Fans: Unabhängig, frech und rebellisch, genau wie der Rock 'n' Roll. *(A.C.)*

29. GRUND

Weil Atlético ein Verein mit großem Herzen ist.

Der rot-weiße Verein aus Madrid hat ein großes, solidarisches Herz. So trägt die Stiftung von Atlético Madrid, die Fundación Atlético de Madrid, unter anderem die renommierten Fußball-Sommercamps aus und finanziert Fußballschulen in der Dominikanischen Republik. Doch für die Stiftung liegt der eigentliche Fokus beim Engagement für Kinder mit Problemen, die zu unterstützen man sich auf die Fahnen geschrieben hat. Besonders beliebt und im Fußball womöglich einzigartig ist in diesem Zusammenhang der »Calendario Solidario«.

Was im Jahr 2003 als einmalige Aktion startete, ist mittlerweile zu einer Tradition und Institution in unserem Verein geworden und dient als Beispiel für viele andere ähnliche Aktionen der Stiftung. Auslöser war, dass die Stiftung von Atlético Madrid schon länger mit diversen Hilfsorganisationen und anderen gemeinnützigen Stiftungen zusammenarbeiten wollte. Im Fokus sollten dabei immer die Kinder stehen, denn der Zweck bestand von Anfang an darin, ihnen direkt zu helfen und auf ihre Probleme und Schwierigkeiten aufmerksam zu machen. Damals wandte sich eine Stiftung, die sich für Kinder mit Wachstumsproblemen einsetzt, an Atlético

Madrid. Der Verein zögerte keinen Moment und zusammen entschieden sie, einen »Calendario Solidario«, einen »solidarischen Kalender«, herauszubringen.

Die Kinder waren damals wie heute die Hauptdarsteller. So auch Antón, damals vier Jahre jung, aus Galizien, und Javier, damals 10 Jahre jung aus Madrid. Sie wurden in die Ciudad Deportiva von Atlético Madrid eingeladen, wo Leo Franco und Fernando Torres auf sie warteten. Am ersten Tag waren zwar nur diese zwei Spieler anwesend, doch die ganze Mannschaft war von diesem Projekt derart begeistert, dass sie alle unbedingt mitmachen wollten. Jeder von ihnen wollte sich mit den Kindern ablichten lassen, ihnen Zuneigung und Nähe geben und ein klares Zeichen der Integration und Solidarität setzen. So geschah es dann auch.

Miguel Ángel López, der Präsident der Stiftung López Hidalgo, konnte es einfach nicht fassen: »Es gibt unbezahlbare Sachen im Leben, und diese bedingungslose Hilfe ist eine davon.« Mit den Bildern wurde gezeigt, was man von Anfang an beabsichtigte, nämlich dass diese Kinder ein normales Leben führen können und ein selbstverständlicher Teil der Gesellschaft sind. Die Foto-Shootings liefen so harmonisch und gut ab, dass alle Mitwirkenden (Fotograf, Mannschaft, Techniker und Kinder) so begeistert waren, dass die Kinder gebeten wurden, auch Schulfreunde mitzubringen. An dieser Aktion nahmen daher Kinder aus ganz Spanien teil. »Nicht alle waren Atlético-Anhänger, aber ab jetzt bestimmt!«, versicherte López. Der Kalender wurde Mitte Dezember veröffentlicht und war sofort restlos ausverkauft. Diese einfache, aber ausgesprochen schöne Geschichte, die sich seitdem jedes Jahr wiederholt, sorgt für viel Stolz auch und insbesondere bei den Anhängern. Jeder, vor allem die Spieler selbst, freuen sich auf den Kalender und auf die Kinder, die mit ihnen posieren.

Verschiedene Assoziationen wie die »Plena Inclusión«, eine Stiftung für noch zu erforschende Krankheiten, Kindheit ohne Grenzen, Fundela, eine Stiftung für ALS-Betroffene sowie eine Stiftung für vom Down-Syndrom Betroffene, haben bereits teilgenommen. Jedes Jahr, ohne Ausnahme, ist der Kalender ein Riesenerfolg. Jeder will ihn haben und wenn man nicht schnell genug ist, ist er bereits vergriffen! Das Geld geht selbstverständlich an die Organisationen und Stiftungen, die jedes Jahr an dem Kalender mitwirken. Atlético Madrid ist ohne Zweifel ein Verein mit Herz. Ein wichtiger, wenn nicht vielleicht der wichtigste Grund, diesen Verein bedingungslos zu lieben! *(C.G.)*

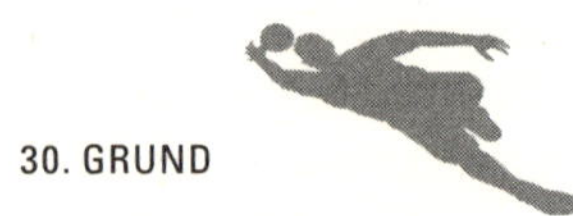

30. GRUND

Weil man uns nicht einmal im Tode trennen kann.

Ewige Treue, ewige Liebe, ewige Verbundenheit. Was bei anderen Vereinen nichts weiter als blutleere Floskeln sind, ist bei Atlético Madrid eine gelebte Tatsache. Seit dem 31. Oktober 2008 ist das »ultimative Projekt« von Atlético Madrid Realität geworden. Auf Wunsch vieler seiner Mitglieder hat der Verein an GIEM Sports, Marktführer und Pionier im Bereich der letzten Ruhestätten in Sportarenen, den Auftrag vergeben, ein Konzept für die Ewigkeit für Atlético-Fans zu erdenken.

Der Memorial Bereich im Stadion Vicente Calderón wurde an jenem Tag offiziell, unter Anwesenheit von Miguel Ángel Gil Marín (leitendes Verwaltungsratsmitglied), Don Lázaro Albarracín (Vizepräsident für soziale Angelegenheiten), Felipe Hernanz Gaona (Präsident des rot-weißen Senats), Juan Carlos Moya (wirtschaftlicher Generaldirektor) und Fernando Fariza (Generaldirektor für soziale Angelegenheiten), eingeweiht. GIEM Sports wurde von José Huertes (Präsident) und Santiago Bach (leitendes Verwaltungsratsmitglied) repräsentiert. Des Weiteren waren Kenny McLeod (Manager von Celtic Glasgow) und Adelardo Rodríguez (ehemaliger Spieler von Atlético Madrid) anwesend.

Das Vicente Calderón ist damit das erste Stadion der Welt, dass es ermöglicht, die Asche seiner Mitglieder oder deren Verwandten in der dafür vorgesehenen Gedenkstätte aufzubewahren. Somit haben sie den Traum vieler Atlético-Anhänger verwirklicht, die seit Jahren dem Verein ihr Anliegen nahebrachten, nämlich ihre Asche nach dem Ableben im Calderón aufbewahren zu dürfen. Was auf den ersten Blick unheimlich anmutet, ist in Wahrheit eine sehr schöne Geste. Das Memorial ist ein warmer, gemütlicher und schöner Bereich, in dem die Angehörige ihrer geliebten Menschen gedenken können. Das gesamte Areal wurde in dem Bereich der alten Turnhalle errichtet, im Komplex »grada sur«, der für diesen neuen Zweck komplett saniert wurde. Das Memorial ist in verschiedene Zonen aufgeteilt: Auf einer Fläche von 290 m^2 befindet sich das Kolumbarium, in dem sich die Urnen befinden. Eine kleine, rund 100 m^2 große Kapelle befindet sich direkt am Eingang, neben einem Foyer von ebenfalls rund 210 m^2 Fläche. Insgesamt steht also eine Fläche von rund 600 m^2 mit Platz für 2.490 (Einzel) und 425 (Familien) Kolumbarien zur Verfügung, die eine Kapazität für 4.210 Urnen besitzen. Die Kosten pro Kolumbarium belaufen sich zwischen 1.500 und 4.000 €, je nach Größe für eine, zwei oder vier Urnen. Die Unterhaltskosten betragen zwischen 50 € und 150 € pro Jahr.

Die Urnen sind aus Keramik und werden alle hinter einer Mauer, die mit Atlético-Motiven dekoriert ist, platziert. Jedes Kolumbarium hat selbstverständlich ein exklusives Schloss, was die Privatsphäre garantiert. Die Urnen können personalisiert werden und dürfen bis zu 25 Jahre dort verbleiben, verlängerbar bis zu insgesamt 50 Jahren.

Der Bereich ist jeden Tag geöffnet und kann besichtigt werden. José Huertes sagte bei der Eröffnung, dass Atlético Madrid besonders dafür geeignet ist, einen solchen Service für seine Mitglieder anzubieten. Atlético ist mehr als ein Verein: Er ist ein Gefühl, eine Lebensphilosophie, die viel tiefer geht als die Titel. Er bietet den

Mitgliedern die Möglichkeit, ihre letzte Ruhe nahe an dem zu finden, was sie im Leben geliebt haben und was wichtig in ihrem Leben war. Einen Ort, an dem sie gefeiert, aber auch gelitten haben. Es ist auch für die Hinterbliebenen wichtig, diese Verbindung nicht zu unterbrechen. Damit unterstützen sie diese wahrhaftige, ewige Liebe.

Es bietet sich zudem auch für ein Land an, in dem über 40 % der Verstorbenen eingeäschert werden. Andere Vereine der spanischen Liga de Fútbol Profesional, der Premier League, der italienischen Calcio und der Japan Soccer League haben schon ihr Interesse an einem solchen Memorial bekundet. Aber wie bei vielen anderen Sachen auch war Atlético Madrid der erste Verein, der seinen Mitgliedern ihren letzten großen Wunsch ermöglichte. Getreu dem Motto: »Ni la muerte nos va a separar.«* *(C.G.)*

* *Ni la muerte nos va a separar (dt.: Nicht einmal im Tode kann man uns trennen).*

3. KAPITEL

DIE STADIEN

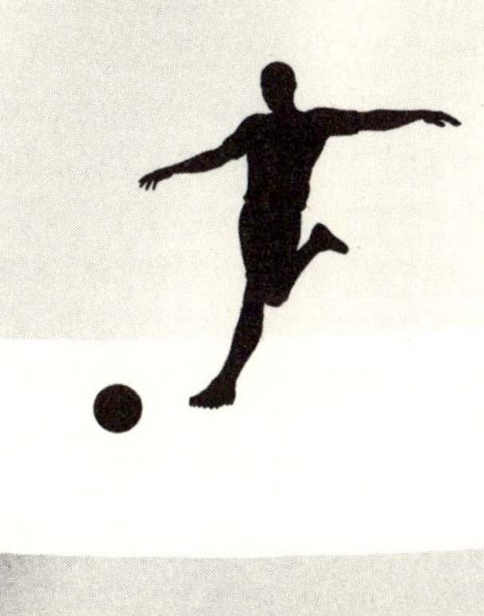

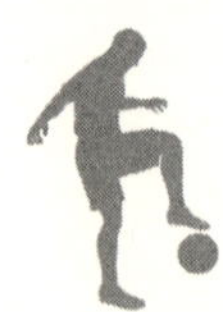

31. GRUND

Weil jede große Familie ein Zuhause braucht – der Beginn im Campo O'Donnell.

Die Straße O'Donnell ist eine große Einkaufsstraße zwischen den Madrider Vierteln Salamanca und Retiro. Der Namensgeber ist Leopoldo O'Donnell, ein spanischer Militär und Politiker aus dem 19. Jahrhundert. O'Donnell hatte irische Vorfahren. Daher rührt auch sein nicht-spanischer Nachname. Ende 1912 baute Real Madrid ein kleines Stadion mit einer Kapazität von 5.000 Zuschauern und ohne Spielfeldeinzäunung an eben diese Straße und durfte es Estadio O'Donnell nennen.

Einen guten Monat später, im Februar 1913, stellte Atlético Madrid genau auf der anderen Straßenseite, gerade mal einen Steinwurf von dem Stadion der Weißen entfernt, sein Stadion fertig. Dieses Stadion hatte eine Kapazität von 10.000 Zuschauern und galt zu seiner Zeit als das beste und modernste Stadion in ganz Spanien. Atlético nannte sein Stadion Campo de O'Donnell. Campo bedeutet Fußballfeld. Campo als Unterscheidung zu Estadio? Das kann sein.

In Wikipedia ist sehr wohl das Estadio O'Donnell von Real Madrid in deutscher und spanischer Version aufgeführt. Auf der englischen Wikipedia-Seite ist jedoch das Real-Stadion unter Campo O'Donnell zu finden. Was sind das für Fake-News und Alternative Facts in Bezug auf die historischen Tatsachen. Dabei wurde im wahren Campo O'Donnell, der Heimat von Atlético Madrid bis 1923, sogar das erste offizielle Länderspiel in Madrid ausgetragen. Es fand 1921 gegen Portugal statt. Aber was sage ich Campo, es war damals DAS spanische Fußballstadion überhaupt.

Das Thema Wikipedia ist aber noch nicht vom Tisch, denn das muss korrigiert werden. Das erste Stadion von Atlético hat da korrekterweise zu stehen. Ja ja, die Madrider Fußballrivalität findet wahrlich überall statt, so auch im Netz.

Wer gerne einmal an die Stelle möchte, wo dieses ehrwürdige Atlético-Stadion stand, geht bitte die Calle O'Donnell entlang, bis er sich zwischen den Querstraßen Narváez und Lope de Rueda befindet. Das Stadion erstreckte sich in seiner Länge bis zur Calle Menorca, der übernächsten Parallelstraße der O'Donnell, natürlich auf der Retiro-Seite, also auf der Seite der O'Donnell, die an den Retiro-Park grenzt. Eine der Neuigkeiten im damaligen Stadionbau war, dass das Spielfeld eingezäunt war, was dem Verein erlaubte, Eintrittskarten zu veräußern. Der Campo O'Donnell wurde am 9. Februar 1913 mit einem Spiel gegen den »Mutterverein« Athletic Bilbao eingeweiht, das die Basken mit 4:0 für sich entscheiden konnten. Nach und nach gewann Atlético Madrid immer mehr Ansehen, was den Verein dann 1923 bewog, in eine größere Spielstätte, in das Estadio Metropolitano, umzuziehen, um auch dem immer größer werdenden Fan-Andrang gerecht zu werden.

Neben der Umzäunung des Spielfeldes, der ersten dieser Art in Spanien, stach das Campo O'Donnell noch mit einer perfekten Sicht von jedem Zuschauerplatz aus auf das Feld hervor. Außerdem konnten auf dem Platz auch andere Sportarten wie Hockey oder Baseball praktiziert werden – ein Umstand, den es so vorher auch noch nicht gab. Dies alles ersann und ermöglichte der damalige Präsident von Atlético Madrid, Julián Ruete, was einen außerordentlichen Fortschritt im Sportstättenbau der damaligen Zeit bedeutete. Für mich ist klar: Atlético Madrid hat seit über 100 Jahren immer die schönsten und interessantesten Stadien in ganz Spanien besessen, so auch schon 1913, als Atlético ein besseres Stadion als der Erzrivale hatte. *(C.W.)*

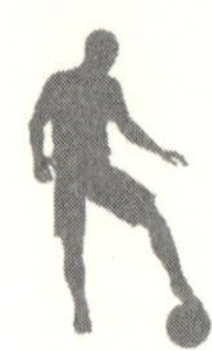

32. GRUND

Weil jede große Familie ein Zuhause braucht – die Vergangenheit im Metropolitano.

Das Estadion Metropolitano war über vier Dekaden lang unser Zuhause, dort ereigneten sich historische Kapitel der rot-weißen Geschichte. Von Anfang an sah das Stadion die Geburt der spanischen Liga, die ersten Titel, Höhen und Tiefen, »Caballeros«, »Eiserne Vorhänge« in der Verteidigung, »Mosqueteros«* im Mittelfeld sowie Angreifer »Seide und Kristall«.

Das Stadion Metropolitano war eine Idee der Gebrüder Otamendi, Erschaffer der »Compañía del Metropolitano Alfonso XIII«, der Metro. José Maria Otamendi war auf Besuch in London gewesen und hatte das Empire-Stadion in Wembley, welches sich damals noch im Bau befand, besucht. Er überzeugte seine Brüder davon, in Madrid ein Stadion zu bauen, zumal sich keine öffentliche Institution dieser Angelegenheit annehmen wollte. Mit dem Bau begann man im Jahr 1922 unter der Leitung des Architekten José Maria Castell. Man hatte sich eine Freifläche am Ende des Paseo Reina Victoria im Stadtviertel Cuatro Caminos ausgesucht und das Bauwerk sollte innerhalb eines Jahres fertig gestellt werden.

Man nutze eine natürliche Mulde, um die enormen Sitzreihen des Ostblocks, die sogenannte »Gradona«, zu platzieren. Dies ermöglichte einen grandiosen Blick über das Spielfeld. An einer Ecke errichtete man eine kleine Hütte, die als Büro, Lager und Umkleide diente. Die Spieler liefen von dort aus auf das Spielfeld. Die Haupttribüne war zu Beginn nicht überdacht und die Anzeigetafel befand sich an deren höchster Stelle, die seitliche Tribüne, bekannt als »La Grillera«, war den Mitgliedern vorbehalten.

* *Los mosqueteros (dt.: Die Musketiere).*

Gespielt wurde auf einer Rasenfläche von 110 x 73 m, zur damaligen Zeit noch ziemlich ungewöhnlich. Der Platz wurde von einer 7,5 m breiten Laufbahn ummantelt, die das Gelände auch offiziell zum Stadion machte. Die Gesamtzahl der Zuschauerplätze betrug 25.000 sowie weitere rund 20.000 Plätze auf dem freien Gelände. Es wird jedoch behauptet, dass dort bis zu 75.000 Zuschauer Platz fanden. Die Sondertribüne, der »palco regio«, hatte zudem 26 weitere, elitäre Sitzplätze.

Die Pläne der Stadion-Gesellschaft des Metropolitano in Bezug auf die Nutzung waren von Anfang an klar und deutlich: Alle Madrider Teams, also Athletic Club, Real Sociedad Gimnástica Española, Racing Club, Unión Sporting und Real Madrid, sollten dort spielen. Doch schon bald kam es zu Schwierigkeiten, sowohl wirtschaftlicher wie auch sportlicher Natur. Real Madrid verabschiedete sich schnell von dem Gedanken der gemeinsamen Nutzung und versuchte, mit dem Besitzer eine Vereinbarung für die eigene Nutzung zu treffen, was für die anderen, nachvollziehbarerweise, inakzeptabel und nicht verhandelbar war. Abgesehen von diesen Streitigkeiten liefen parallel die Vorbereitungen zur Einweihung des Stadions. Die ursprüngliche Idee sah ein Spiel zwischen dem Athletic Club und Real Madrid vor, welches jedoch nicht stattfand, weil sich die Weißen dafür eine Menge Geld bezahlen lassen wollten.

Die Einweihung des Stadions wurde für den 13. Mai 1923 um Punkt 17:00 Uhr geplant. Die Eintrittskarten waren an der Plaza del Rey zu kaufen und kosteten je nach Platz fünf, sechs oder acht Peseten. Man machte sich Sorgen, nicht allzu viele Besucher ins neue Stadion locken zu können, denn am selben Tag gab es noch Stierkämpfe mit Chicuelo und Fortuna, beides angesagte Toreros jener Zeit, sowie ein Fußfallspiel in Ciudad Lineal zwischen Real Madrid, die damit die Einweihung des Metropolitano boykottieren wollten, und Moravia. Zudem fand zeitgleich noch ein Pferderennen statt.

Doch die Einweihung mit einem Spiel zwischen Real Sociedad de San Sebastian und dem Athletic Club, mit Francisco Contreras als

Schiedsrichter, war vor 18.000 Zuschauern ein großer Erfolg! Mit von der Partie waren unter anderen Königin Maria Cristina, Infantin Isabel sowie die Prinzen Juan, der den Ehrenanstoß ausführen durfte, und Gonzalo. Für Athletic Club spielten Mata, Olalquiaga, Pololo; Marín, Fajardo, Burdiel, Bustillo, Gomar, Triana, Ortiz de la Torre und Olaso. Monchín Triana erzielte das erste Tor und nach dem Ausgleich von Real Sociedad war Gomar derjenige, der das entscheidende Tor für Athletic Club schoss. Das erste Spiel im Metropolitano ging also schon einmal an uns.

Am Anfang der Saison 1923/24 versuchte die Gesellschaft erneut, mit den fünf Vereinen Madrids die gemeinsame Nutzung des Stadions zu regeln. Doch die schon legendäre Unbeugsamkeit von Real Madrid, die verlangten, dass die Arena auf ihren Namen getauft würde, machte eine Vereinbarung unmöglich. Also unterschrieben die vier restlichen Klubs einen Vertrag, in dem nach einer Auslosung beschlossen wurde, dass die neue Spielstätte den Namen der Gimnástica tragen sollte. In dieser Saison fanden praktisch alle Spiele des »Campeonato Regional« im Metropolitano statt, mit Ausnahme der Partien, in denen Real Madrid das Heimrecht besaß, diese Spiele fanden im Campo de la Ciudad Lineal statt. Am 20. Juni 1924 unterschrieb Juan de Estefanía, Präsident von Athletic, schließlich einen Mietvertrag zur exklusiven Nutzung des Stadions.

Es mussten noch einige Jahre vergehen, bis Athletic das erste »Alirón, was umgangssprachlich so viel wie »Titelgewinn« bedeutet, im Metropolitano feiern konnte. Am 22. Februar 1925 war es dann endlich soweit, Athletic wurde Meister, nach einem 3:1 Sieg gegen Sociedad Gimnástica Española. Dies war der zweite Titel für die rot-weißen Vitrinen, nach der ersten Meisterschaft in der Saison 1920/21 im Campo de O'Donnell. Das Team, das diesen ersten Titel im Metropolitano errang, wurde als »Equipo de los Caballeros«, die »Mannschaft der Gentlemen«, bekannt.

In den folgenden Jahren erreichten sie zudem das Viertel- und Halbfinale des Pokals. Ihre Namen lauteten: Barroso; Pololo, Alfonso Olaso; Marín, Tuduri, Burdiel; De Miguel, Triana, Palacios, Ortiz de la Torre und Luis Olaso. Am 14. Februar 1928 erlebte das Metropolitano eines seiner traurigsten Kapitel: Die Verbandsfunktionäre beschlossen, dass das Spielfeld des Stadions ungeeignet wäre und erklärten dies öffentlich. Dies führte in der Folge dazu, dass Präsident Luciano Urquijo für zwei Jahre gesperrt wurde, nachdem einige Anhänger lauthals gegen den Verband und gegen die Strafen gegen drei Athetic-Spieler protestiert hatten. Doch man war sich bewusst, dass die Vergeltungsmaßname(n) des Verbands andere Gründe hatten als das Spielfeld. Es ging um einen Konflikt aus den ersten Zeiten der Liga, zwischen den »Minimalistas«, die forderten, dass die Liga nur aus Meistern und Pokalsiegern bestehen sollte und die vom Verband repräsentiert wurden, sowie den »Maximalistas«, die eine breite Aufstellung forderten und vom Präsidenten von Athletic repräsentiert wurden.

Ein Jahr später, am 17. Februar 1929, öffnete das Metropolitano jedoch wieder seine Pforten und startete mit dem Spiel Athletic gegen Real Sociedad, es ging 0:3 aus, in die Liga. Zu dieser Zeit versuchte Luciano Urquijo, das Gleichgewicht zwischen Sport und Wirtschaft auszuloten, und mit viel Fantasie und Hartnäckigkeit führte man vier Kategorien für Mitglieder und Zuschauer ein: Alsdann gab es die »localidad de preferencia con asiento«, einen Vorzugs-Sitzplatz, die »preferencia de pie«, einen Vorzugs-Stehplatz, die »general con asiento«, einen normalen Sitzplatz, und die »general de pie«, einen normalen Stehplatz. Am 15. Mai jenes Jahres fand dann im Stadion ein historisches Ereignis statt: Die spanische Nationalmannschaft gewann gegen England mit 4:3. Die Tore erzielten Rubio (2), Lazcano und Goiburu. Dies war die erste Niederlage der »Three Lions« gegen eine Nationalmannschaft außerhalb Britanniens.

Finanziell waren es schwierige Zeiten, sodass nicht immer die geforderte Miete aufgebracht werden konnte, so geschehen in den Jahren 1929, 1930 und 1934. Aus diesem Grund mussten die Colchoneros mit ihren Spielen und dem Trainingsbetrieb nach Vallecas ausweichen, auch ins Chamartín oder ins El Parral, dem Platz vom Club Deportivo Nacional.. So viele Veränderungen verwirrten die Fans enorm. Man war sich oft nicht einmal mehr sicher, wo Athletic am Wochenende spielen würde. Am 13. März 1932 feierte man dann die Rückkehr ins Metropolitano. Zu diesem Anlass wurden die Tribünen überdacht, jedoch sollten die Stahlsäulen, die das Dach trugen, zum Ärgernis jener werden, die sich während der Spiele hinter ihnen befanden, denn deren Sicht war extrem eingeschränkt. An jenem Tag spielte Athletic gegen Betis, immerhin Meister der 2. Liga. Mit dem klaren Ergebnis von 10:1 zählt diese Begegnung zu den größten Torfestivals der Liga-Geschichte. Ein neuer Mietvertrag wurde am 10. August 1935 mit dem Stadion Metropolitano mit einer Laufzeit von fünf Jahren unterschrieben.

Mit dem Präsidenten José Luis del Valle Iturriaga wurde zudem eine neue Kategorie eingeführt, die »los socios populares«, für einfache Mitglieder, die zwei bis drei Peseten alle 15 Tage bezahlten, um die Spiele auf der »Gradona de Fondo« sehen zu dürfen. Mit dieser Entscheidung und mit der sportlichen Rückkehr in die División de Honor, wurden viele neue Mitglieder von Racing, Gimnástica und Unión Sporting gewonnen. Diese Bemühungen führten zu einem spektakulären Zuwachs an rot-weißen Mitgliedern, die dann auch treu und zuverlässig bei jedem Spiel anwesend waren.

Doch die dunklen Seiten der spanischen Geschichte machten auch vor dem Metropolitano nicht halt und hinterließen ihre Spuren: Durch den Bürgerkrieg wurde aus dem Stadion praktisch eine Ruine. Das zwang Athletic dazu, seine Heimspiele wieder in Chamartín oder Vallecas auszutragen. Die Colchoneros hatten wieder kein Zuhause! Im Herbst 1941 wurde das alte Stadion von der Waisen-Stiftung der Luftwaffe erworben und es wurde unmittelbar mit dem Wiederaufbau begonnen. Atlético Aviación unterschrieb einen Vertrag mit dem Luftfahrtministerium über dessen Nutzung. Nur ein Pokalfinale hat das Estadio Metropolitano gesehen: das zwischen Athletic Bilbao und Real Madrid (1:0, Torschütze: Zarra) am

20. Juni 1943. Knapp eine Woche später, am 26. Juni 1943, um 23:00 Uhr (!), fand das erste Nachtspiel in der Spielstätte statt. Zwölf leistungsstarke Scheinwerfer wurden dafür in Position gebracht, doch das illuminierte Ergebnis befriedigte weder die Spieler noch das Publikum. Atlético Aviación verlor 1:4 gegen den FC Valencia.

Das Thema Beleuchtung wurde somit erst einmal ad acta gelegt und erst am 18. Februar 1945 wieder aufgegriffen. An diesem Tag fand das erste Training unter Kunstlicht statt. Sowohl die Spieler als auch die Techniker waren von der Installation und der Helligkeit auf dem Rasen begeistert. In diesen Tagen schrieben zudem die Madrider Zeitungen Sonderartikel über das Stadion und die verschiedenen Möglichkeiten, dorthin mit den öffentlichen Verkehrsmitteln zu gelangen. Man musste das der Fangemeinde des Metropolitano wieder in Erinnerung bringen, denn das Stadion hatte seit 1936 brach gelegen. Am 21. Februar wurde das Stadion wieder eingeweiht, mit einem Ligaspiel zwischen Atlético Aviación und Real Madrid. 40.000 Zuschauer waren anwesend und sahen einen 2:1-Heimsieg der Colchoneros. In der Saison 1946/47 musste Real Madrid das Metropolitano als Heimstätte nutzen, da das Nuevo Chamartín renoviert wurde. Die einzige Bedingung, die Atlético für die Nutzungsüberlassung stellte war, dass den Mitgliedern der Rojiblancos freier Eintritt gewährt würde – auch für die Spiele von Real Madrid. Dieser Kniff bescherte dem rot-weißen Verein Tausende von neuen Mitgliedern und Fans. Atlético Madrid, mit Cesáreo Galíndez als Präsident, wurde am 15. April 1950 zum endgültigen Hausherren des Estadio Metropolitano. Für einen Kaufpreis von 11.800.000 Peseten sicherten sich die Colchoneros die Besitzrechte.

In jenem Jahr schrieb Atlético Geschichte. Erneut wurde man Meister der Liga, dank des Ausgleichstores von Ben Barek im entscheidenden Spiel gegen Sevilla, in dem ein Remis zur Meisterschaft reichte. Die wilde Entschlossenheit und der gute Fußball zeigten sich vor allem in zwei Spielen: Dem 6:3-Auswärtssieg in einem spektakulären Spiel in Chamartín gegen den Erzrivalen und dem 7:0 gegen Valladolid, mit damals sieben Spielern der Nationalelf, im Metropolitano. Bis heute behaupten viele Experten, dass dies das beste Spiel von Atlético bis dato war. Vom Kauf des Metropolitano war noch ein Betrag von fünf Millionen Peseten offen, zudem benötigte man für eine Sanierung weitere sechs Millionen Peseten. Im Juni 1954 konnte man mithilfe eines Bankkredits in Höhe von 15 Millionen Peseten den Rest des Kaufpreises begleichen und die Umbaumaßnahmen beginnen.

Diese Sanierung hatte es in sich: Man vergrößerte die Kapazität um weitere 14.000 Plätze, davon 5.000 reine Sitzplätze. Somit bot das Stadion Platz für nun knapp 50.000 Zuschauer. Die Laufbahn wurde entfernt und an deren Stelle wurden zwölf neue Sitzreihen montiert. Dafür musste das Spielfeld etwas abgesenkt werden und zudem etwas in Richtung »Gradona« verschoben werden. Dies führte dazu, dass die Haupttribüne seitdem nicht mehr mittig ausgerichtet war. Diese Besonderheit blieb bis zum Abriss des Stadions erhalten und war wohl einmalig im Fußball. Die Arbeiten konnten über den Sommer hinweg zügig durchgeführt werden und schon in September fanden wieder die ersten Ligaspiele im fertigen Stadion statt. Am 19. September 1954 öffnete ein verwandeltes Metropolitano seine Pforten. Vormittags fand eine heilige Messe statt, an der 10.000 Personen teilnahmen, und nachmittags spielte Atlético Madrid gegen Málaga. Das Spiel endete 2:2. Das erste Spiel in einem europäischen Wettbewerb fand am 17. September 1958 statt, da Atlético im Vorjahr Vizemeister wurde. Atleti präsentierte sich mit einem Tor-Festival im Metropolitano: 8:0 hieß es am Ende gegen den irischen Meister Drumcondra, dank der Tore von Peiró (2), Vavá (2), Mendoza (2) und Collar (2). Atlético kämpfte sich bis ins Halbfinale, in dem erst im dritten Entscheidungsspiel, ausgetragen in Saragossa gegen Real Madrid aufgrund einer 2:1-Niederlage Schluss war.

18 Jahre nach dem ersten Spiel unter Flutlicht musste eine neue Lichtinstallation angeschafft werden, da diese für die Teilnahme an europäischen Wettbewerben zwingend notwendig war. Anders hät-

te man an Werktagen, zu später Stunde, nicht spielen können. Das erste Spiel unter Kunstlicht fand dann am 9. September 1961 statt. Atlético Madrid traf auf Betis Sevilla und siegte, dank eines Treffers von Domínguez, mit 1:0. Die Technik funktionierte dieses Mal von Anfang an blendend, im übertragenen und nicht wörtlichen Sinne und wurde somit erfolgreich eingeweiht.

Schon im Jahr 1957 äußerte der damalige Präsident, Javier Barroso, jedoch seine Besorgnis bezüglich der Ausstattung und der Perspektiven des Metropolitano. Er war davon überzeugt, dass das Stadionumfeld einer optimalen wirtschaftlichen und sportlichen Entwicklung des Vereins nicht genügen würde. Zunächst überlegte man, das Stadion erneut zu vergrößern, doch diese Idee gab man schnell wieder auf. Man bemühte sich außerdem, ein Gelände, das neben dem vorhandenen Stadion, in der Ciudad Universitaria, lag, zu kaufen. Es gab dort jedoch keine freien Flächen mehr in der gewünschten und benötigten Größe. Stattdessen entschloss man sich daher, ein Gelände am Ufer des Manzanares zu erwerben, auf dem mit der Errichtung eines neuen Stadions begonnen werden sollte.

Doch der Bau des »Estadio del Manzanares« entpuppte sich als viel teurer als ursprünglich gedacht. Die Schwierigkeiten wurden noch größer, als man merkte, dass sich der Verkauf des Metropolitanos nicht so einfach gestaltete, wie prognostiziert. Javier Barroso trat im Januar 1964 zurück und Vicente Calderón, damals dritter Vizepräsident, wurde amtierender Präsident, bis zum März, in dem er als einziger Kandidat zum Präsidenten gewählt wurde. In September des Jahres wurde der Verkauf des Metropolitano an die Immobiliengesellschaft Vista Hermosa für 95 Millionen Peseten bekanntgegeben. Man vereinbarte ein Nutzungsrecht für die Zeit bis zur Fertigstellung des neuen Stadions. Wie damals Calderón sagte: »Iremos directamente del Metropolitano al Manzanares.«* Am

* *Iremos directamente del Metropolitano al Manzanares (dt.: Wir werden direkt vom Metropolitano an den Manzanares wechseln.).*

25. März 1966 lief die letzte Frist für die möglichen Käufer ab. Im Hotel Palace fand die Übergabe der Schlüssel statt, ein symbolischer Akt. Die Immobiliengesellschaft zeigte sich sehr großzügig und erlaubte Atlético, das Stadion bis zum Saisonsende zu nutzen.

Atlético verabschiedete sich vom Metropolitano am 7. Mai 1966 mit einem Pokalspiel gegen Athletic Bilbao. Atlético gewann 1:0. Es oblag Cardona, als letzter Torschütze des Metropolitanos Geschichte zu schreiben. Wenige Tage später, am 18. Mai 1966, begannen die Abrissarbeiten des legendären Metropolitano. Für die Colchoneros war es sehr schwer, den Platz zu verlassen, an dem sie so viele glorreiche Tage mit ihrem Verein erleben durften. Während der Zeit im Metropolitano spielte Atlético Madrid dort 515 offizielle Heimspiele, erzielte 1.496 Tore und gewann folgende Titel:

Europapokal der Pokalsieger: 1961/62
Drei Meisterschaften*: 1949/50, 1950/51, 1965/66
Drei Copa del Reys: 1960, 1961, 1965
Zwei Campeonatos Regionales: 1924/25, 1927/28 *(C.G.)*

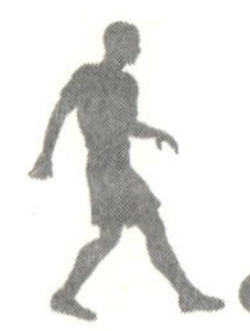

33. GRUND

Weil das Metropolitano unsterblich ist und in uns weiter lebt.

Sehr oft wird in diesem Buch von meinem Vater die Rede sein. Auch dieses Mal ist seine Expertise nötig, weil ich selber keinerlei Erinnerungen an das Metropolitano habe, ich war beim Abriss nicht einmal geboren. Für mich ist das Metropolitano Spanien aus Zeiten des Schwarz-Weiß-Fernsehens, mein Vater hingegen hat vie-

* *Für die 1939/40 und 1940/41 gewonnenen Meisterschaften musste man nach Chamartín und Vallecas ausweichen, da das Metropolitano nach dem Bürgerkrieg in Schutt und Asche lag.*

le lebendige Erinnerungen an die einstige Spielstätte. Anfang der 60er-Jahre ging mein Vater, wie viele Spanier dieser Tage, als Gastarbeiter ins Ausland und kehrte nach Madrid zurück, als es das Calderón schon gab. Seine Erinnerungen liegen also zwischen 1945 und 1960. Damals war Madrid ganz anders. Die Metro, um die uns heutzutage viele Metropolen der Welt beneiden, hatte zu jener Zeit nur eine Linie, die 1. Um zum Stadion zu gelangen, baute man extra eine Straßenbahnlinie, die Cuatro Caminos mit dem Stadion Metropolitano verband. So brauchte man von Sol, dem Zentrum der Stadt, bis zum Stadion nur rund 12 Minuten. Diese Straßenbahn wurde genau einen Tag vor der Inbetriebnahme von Señor Nicoli eingeweiht und zirkulierte mit der Nummer 50.

Diese Straßenbahn benutzte nur die rechte Seite der Straße, denn man besaß nur eine Bahn, die auf diesem Gleisstück hin- und herfuhr. Sie fuhr nur an Spieltagen und dennoch gingen die meisten lieber zu Fuß, denn die zwei Waggons waren immer bis zum Bersten gefüllt, ein Umstand, den man auch heutzutage nicht immer und überall so richtig in den Griff zu bekommen scheint. Zudem war man zu Fuß auch noch schneller. Mein Vater schwört, nie für diese rund ein Kilometer lange Strecke bezahlt zu haben, weil die Bahn, wie gesagt, immer voll und die Entfernung zu kurz war, sodass der Schaffner es nie schaffte, bei allen zu kassieren bzw. zu kontrollieren. Von der Kreuzung Calle de Andrés Mellado und Reina Victoria baute man extra eine 50 m lange Straße, die auf einem großen Platz vor dem Stadion endete. Hier konnte man die Kutschen und die wenigen bereits vorhandenen Autos parken. Diese Straße nannte man im Laufe der Jahre den »Elefantenpfad«, weil die Colchoneros nach schlechten oder verlorenen Spielen mit gesenktem Kopf dort entlang trotteten und dabei immer »Dieses Atleti … dieses Atleti!« murmelten. An Spieltagen war dies die bunteste Straße der Stadt: Alles war voller Flaggen und die Stimmung war stets einmalig. Ganze Familien pilgerten zum Stadion, es wirkte alles sehr authentisch, wahr und ehrlich.

Mein Vater erzählte, dass auf der linken Straßenseite unzählige Tische mit allem Möglichen zu finden waren: Hütchenspieler, Imbissstände (die »bocadillos de calamares« kosteten damals lediglich 20 Céntimos), Süßigkeiten (vor allem Lupinen und geröstete Kichererbsen) und Knabbereien, wie zum Beispiel Flusskrebse. Die Zuschauer hatten immer einen »bota de vino« dabei, einen Weinschlauch, und dieser wurde, genau wie die Zigaretten, unter den Zuschauern weitergegeben, was dazu führte, dass es wichtig wurde, seinen Weinschlauch mit dem eignen Namen zu versehen. Die Eintrittskarten kaufte man direkt am Stadion und für ein Ligaspiel kosteten sie in der Regel 2 Peseten. Es gab jedoch noch eine günstigere Möglichkeit, das Spiel zu sehen, und zwar aus den »Tendido de los Sastres« heraus. Dieser war von der Straße nur durch einen sehr rudimentären Zaun getrennt und viele kletterten auf ebendiesen, um das Spiel gratis zu sehen. Des Öfteren mussten sie jedoch schleunigst herunterspringen und weglaufen, wenn die Guardia Civil vorbeischaute und die Kiebitze verjagte. Viele kamen mit Stühlen oder Hockern dorthin, um sich auf die zu stellen. Mein Vater erinnert sich, dass dort auch große Bäume standen, auf die die Kinder wegen der guten Aussicht kletterten.

Das neue Stadion wurde schnell zu einem der angesagtesten, kultigsten Orte Madrids. Neben der Tribüne wurde später das »Restaurante del Stadium Metropolitano« installiert, in dem sich die Crème de la Crème und die Hautevolee Madrids traf. Dort wurden »amerikanische Speisen« serviert und regelmäßig lebhafte Feste auf der geräumigen Terrasse durchgeführt. Sogar Hunderennen fanden im Stadion statt. Die Neuheit, diese Rennen mit mechanischen Hasen zu veranstalten, wurde im April 1930 vorgestellt. König Alfonso XIII. weihte dieses neue,technische Meisterwerk ein und so fungierte das Metropolitano bis Ende der 40er-Jahre auch als Hunderennbahn. Damals wie heute musste man sich bei Kälte etwas einfallen lassen, um Fußball schauen zu können. Viele Fans bewahrten daher warme Steine in den Jackentaschen auf, um die Kälte etwas erträglicher zu machen. Im Winter lag die Seite der Tribüne fast immer in tiefem Frost, weil dort die Sonne nicht hinkam. Die Mannschaftskapitäne von Atlético wählten deswegen immer die andere Seite zu Beginn, weil in der zweiten Halbzeit der Boden nicht mehr so hart war. Die Stimmung im Stadion war immer großartig: Die Zuschauer waren sehr nah bei den Spielern und diese nahmen diese Nähe auch wahr und setzten diese um. Dann jedoch änderte Atlético den Ort seiner Spielstätte, nach 43 Jahren im Metropolitano.

Es hieß adiós zu sagen zu der populären Gradona. Adiós zu der Tribüne Lateral, die viele nur die »Grillera« oder, wie die Real-Madrid-Anhänger sie nannten, die »Jaula« war. Adiós zu der Tribüne mit ihren furchtbaren Säulen und mit dem »Paseo«, diesem großzügigen Flur zwischen der hohen, überdachten Tribüne und der niedrigen und offenen Tribüne, in dem man vor den Spielen und in den Pausen spazierte und sich unterhielt. Adiós zum »Tendido de los Sastres« und seinen Gratis-Plätzen und adiós zu dem rot-weißen Pilgerweg, der von der Metrostation Cuatro Caminos bis zum Ende des Paseo de la Reina Victoria verlief. »Es war ein herzloser Verkauf«, sagt mein Vater noch heute. Es handelte sich um eine sehr rationale, kalte Operation, die kein Platz für Sentimentalitäten ließ. Direkt nach dem Saisonende trafen die Baumaschinen ein und hinterließen innerhalb weniger Tage ein leeres, planiertes Areal, vorbereitet für den Wohnungsbau. Dort, wo einst das Metropolitano war, existiert heute noch nicht einmal eine Gedenkplatte, die daran erinnert, dass dies das Zuhause von tausenden Colchoneros war. Dass dies der Platz war, an dem sich die Tribüne erhob, um Collar laufen zu sehen, die saubere Technik von Ufarte zu bewundern oder mit Olé-Rufen zu huldigen und die Tore von Escudero zu bejubeln. So viele große Erinnerungen und alles ohne eine entsprechende Würdigung heutzutage! Es war der Platz, auf dem kein europäisches Team Atlético Madrid je besiegen konnte.

Die einzige heute noch sichtbare Hommage ist die Metrostation, die immerhin noch den Namen des Stadions würdigt: Metropolitano. Es ist jedoch unmöglich, so viele Erinnerungen und Geschichten zu vergessen. Man muss nur genau aufpassen, dann sieht man es sofort: Die Straßen, die heutzutage das ehemalige Areal des Metropolitano begrenzen (Beatriz de Bobadilla, Juan Montalvo, Santiago Rusiñol und Juan XXIII), bilden ein unverwechselbares Pentagon, die Form des Wappens vom Club Atlético de Madrid, des damaligen Besitzers.

Zum Abschluss gebe ich Euch an dieser Stelle die für meinen Vater »historische Elf von Atlético« mit auf den Weg: Madinabeytia, Rivilla, Aparicio, Calleja, Adelardo, Silva, Juncosa, Ben Barek, Escudero, Peiró, Collar – was für Namen, was für Emotionen, was für Erinnerungen! *(C.G.)*

34. GRUND

Weil jede große Familie ein Zuhause braucht – die Gegenwart im Estadio Vicente Calderón.

Im Süden der Innenstadt von Madrid gelegen, direkt am río Manzanares und an der Stadtautobahn M-30, befindet sich auf einem 35.000 m^2 großen Areal das »Estadio Vicente Calderón«, die Heimstätte des Clubs Atlético de Madrid S.A.D.

Eingeweiht am 2. Oktober 1966, nach einer fünfjährigen Bauzeit, unter dem Namen »Estadio del Manzanares, bietet das Stadion derzeit 54.851 Zuschauern Platz. Alle Plätze sind Sitzplätze, von denen 18.850 sich auf der Haupttribüne befinden und überdacht sind. Das Stadion erfüllt zudem die UEFA-Normen für Sportstätten, sodass es als »Fünf-Sterne-Stadion« ausgeschrieben ist, was die Möglichkeit eröffnet, Europapokalendspiele wie z. B. das Champions-League-Finale austragen zu dürfen.

Das erste Spiel fand bei ausverkauften Rängen vor 62.000 Zuschauern am 02. Oktober 1966 statt. Gegner war der FC Valencia;

die Partie endete unentschieden. Am 14. Juli 1971 erfolgte zu Ehren des damaligen Präsidenten Don Vicente Calderón Pérez-Cavada die Umbenennung des Stadions in »Estadio Vicente Calderón«, an die noch heute die Anfangspassage der offiziellen Vereinshymne erinnert, die 1972 von José Aguilar und Ángell Curras verfasst wurde.

Yo me voy al Manzanares,
al estadio Vicente Calderón,
donde acuden a millares,
*los que gustan del fútbol de emoción.**

Nach Modernisierungsarbeiten wurde die Spielstätte am 23. Mai 1972 in Anwesenheit des damaligen Staatschefs, Diktator Francisco Franco, und dem damaligen Prinzen und ehemaligen König von Spanien, Juan Carlos I., mit einem Länderspiel zwischen Spanien und Uruguay, das die Gastgeber mit 2:0 gewannen, eingeweiht.

Die traditionsreiche Geschichte, die Lage und die architektonischen Besonderheiten ließen das Stadion schnell zur Kultstätte der Atlético-Fans avancieren. So führt zum Beispiel direkt unter der Haupttribüne des Stadions die fünfspurige Stadtautobahn M-30 hindurch und auch die beiden offenen Ecken des Bauwerks sind einzigartig in der Stadionwelt Europas. Zudem beherbergt das Stadion den »Megastore 1903«, den offiziellen Fanshop des Vereins, das vereinseigene Museum »Museo Atlético de Madrid«, den »IndiPark«, ein Spielparadies für die kleinen Besucher, sowie die Sport-Bar »1903 Sport Arena«. Darüber hinaus befinden sich im Stadion die Verwaltung des Vereins sowie weitere Büroräume der Angestellten.

Die Tage des Calderóns sind jedoch gezählt. Zur Spielzeit 2017/18 wird Atlético Madrid in das »Wanda Metropolitano« im Norden der Stadt und in unmittelbarer Nähe zum Flughafen umziehen. Die neue Spielstätte wird dann 67.500 Zuschauer fassen und ein Areal von 88.150 m^2 umfassen. *(A.K.)*

* *Dt. Übersetzung: Ich gehe zum Manzanares, zum Stadion Vicente Calderón, zu dem Tausende hingehen, denen der leidenschaftliche Fußball gefällt.*

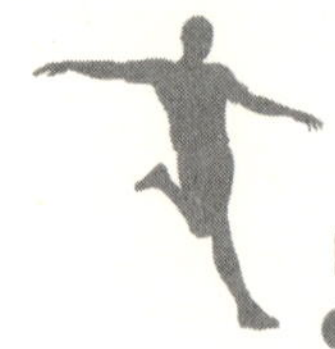

35. GRUND

Weil man in einem Tempel nicht nur Fußballemotionen erfährt, sondern nahezu religiöse Erlebnisse.

Als Fußballfan habe ich viele Fußballstadien besucht, bevor ich zum ersten Mal in das Vicente Calderón eintrat. Ja, es gibt prächtige Stadien wie das Camp Nou, massive wie das Bernabéu oder glänzende wie die bayerische Allianz-Arena. Unbekannte wie die Spielstätten in abseits gelegenen spanischen Städten oder kultige wie das weltbekannte brasilianische Maracaná. Sie alle sind aber nur Stadien. Dort, wo Atlético Madrid seit 1966 mehr als 50 Jahre lang gespielt hat, handelt es sich jedoch um einen Tempel. Nicht nur weil der Glaube, ein Köhlerglaube, um genau zu sein, dort jahrelang beheimatet war; nicht nur, weil der Standort noch heute sinnbildlich ist: am Rande des Flusses Manzanares, mitten in den bescheidenen Quartieren der alten, gediegenen Stadt Madrid, gerade an der Grenze der »Mandel«, wie die Madrilenen die von der M-30-Autobahn umringte innere Stadt nennen. Aber vor allem, weil es von den damaligen Vereinsgesellschaftern Atléticos durch die Zeichnung von Obligationen finanziert wurde – so wie ein Münster. Der Tempel wurde mit den Geldern der Gemeinde gebaut. Der Boden wurde am 07. Dezember 1958 gesegnet und die Kultstätte im Sommer 1966 fertiggebaut.

Namenlos eingeweiht am 02. Oktober 1966, von der Fangemeinde schlicht Manzanares genannt, wie der Fluss zu seinen Füßen. Da durch den Bau Atlético in große finanzielle Not geriet und der neue Präsident, Don Vicente Calderón, überlebensnotwendig für den Verein wirkte, entschied der Verein 1971, dem Tempel offiziell den Namen des Präsidenten zu verleihen. Aus diesem Grund stehen in der offiziellen Hymne beide Namen, und so startet das Loblied Atléticos noch heute: »Ich gehe zum Manzanares-Fluss, in das Stadion

Vicente Calderón, wohin es uns zu Tausenden zieht, denen der Fußball mit Emotionen gefällt.«

Wie viele dieser Tausende habe ich den Tempel zum ersten Mal Mitte der neunziger Jahre besucht. Zufälligerweise hat gerade heute, im März 2016, der Trainer Diego Simeone in der Presse perfekt beschrieben, welche ersten Eindrücke ich damals gewonnen hatte:

»Das Vicente Calderón hat eine sehr große Besonderheit. Wenn wir um vier oder fünf am Nachmittag spielen und auf den Platz treten, wirft von links die Sonne ihr Licht auf die andere Seite der Tribüne und das Rot-Weiß erstrahlt in einer gewaltigen Art und Weise. Pass auf: Um 16:15 Uhr, wenn die Sonne scheint, ist der Glanz enorm. Und man sieht, wie Menschen Fahnen schwenken. Die Atmosphäre, die sie kreieren, und die Energie, die sie übertragen – hoffentlich können wir das in das neue Metropolitano übertragen.«

Die Sonne hat tatsächlich an jenem Nachmittag 1994 kräftig geschienen: Anfang September in Madrid kann es in der Sonne wirklich heiß werden. Man musste die Augen mit den Händen vor der Sonne abschirmen, die Kleider fast bis zur Unterhose ausziehen und die Nase vor der trockenen Luft im Zigarettenqualm schützen. So habe ich mit meinem allerbesten Freund, er allerdings kein Atlético-Fan, das erste Ligaspiel der Saison gegen den FC Valencia gesehen. Trotz der erwähnten Unannehmlichkeiten und Atléticos Niederlage war für uns beide das erste Mal ein erstes Mal, als ob wir einen Fußballtempel besucht hätten, wo die Anhänger nicht nur vibriert, sondern auch ständig wie Brüder zusammen gesungen, gepfiffen, geseufzt und gebrüllt haben. Auf dem Fußballfeld haben Caminero und Simeone, Kunst und Kraft, Messdiener und Pfarrer alles versucht um zu gewinnen – vergeblich. Aber die Pfarrgemeinde haben sie, ja auch in so einem elenden Jahr, mit ihrem Einsatz und Glauben erleuchtet und erleichtert.

Für die nächste Saison hat mein Vater für ihn und mich Saisontickets gekauft. Die Saison, in der wir das Double schafften: Liga und Pokal. So war der Tempel nicht nur ein Ort für das Gebet und die Zurückgezogenheit, sondern auch für Feiern und Gloria. Im Vicente Calderón wurde Atlético Madrid 1975 Weltpokalsieger, mit einem 2:0 gegen den CAI Avellaneda aus Argentinien, mehrmals spanischer Meister – insbesondere 1996 am letzten Spieltag mit 2:0 gegen Albacete (Tore von Kiko und Simeone), einmal spanischer Superpokalsieger und kurioserweise nie Pokalsieger. Apropos, neun der zehn Königspokale hat sich Atlético im Erzrivalenstadion Santiago Bernabéu ergattert, den verbleibenden 1996 gegen den FC Barcelona im Stadion La Romareda von Saragossa.

Aber nicht nur Atlético hat dort seine Feiern zelebriert. Jahrelang sammelten sich die Zeugen Jehovas einmal pro Jahr, im Sommer, um mit ihren Riten Gott hochzupreisen und ihre Taufen abzuwickeln. Fairerweise muss man sagen, dass sie für die zwei ganzen Tage das Stadion für eine angemessene Gebühr genutzt haben und nachher die ganze Anlage aus eigener Kraft und in so einer Art und Weise geputzt und gewischt haben, dass der rot-weiße Glanz der Sitzplätze wieder unübertrefflich war.

Auch die großen Idole der Pop-Kultur haben den Tempel betreten: Madonna, U2 oder die Rolling Stones haben immer das Vicente Calderón für ihre riesigen Gigs in Madrid ausgewählt. Die außergewöhnliche Bauform des Stadions, mit einer frei stehenden, überdachten Haupttribüne und einem gegenüberliegenden offenen Tribünenhalbrund, strahlte den perfekten Wohlklang für die Gitarren und Töne der größten Superstars aus. Der freie Himmel ließ auch die Sterne ganz oben tanzen und sich widerspiegeln. Noch 2005 habe ich Mick Jagger auf der Bühne im Calderón toben gesehen, als ob er ein Linksverteidiger Atléticos bei einer Flanke wäre.

Kein Wunder, dass die Atlético-Fans am Anfang mehrheitlich gegen den Umzug Atléticos in ein neues Stadion waren: »El Templo«*, wie die Fans das Vicente Calderón auch nennen, war und ist kein normales Fußballstadion. Es ist koscher, eine Kultstätte, ein

* *El Templo (dt.: Der Tempel).*

Symbol in der Skyline der Stadt Madrid und ein markantes Merkmal in dessen Luftbildern. Das Vicente Calderón wurde schon seit Beginn als Elitestadion betrachtet und mit seiner umfangreichen Ausstattung 2010 sogar von der UEFA in die Kategorie 4, die höchste, eingeordnet. Der Tempel hat die Vergesslichkeit der Behörde, die Misshandlung durch die Klubleitung und seine eigenen Gesundheitsprobleme nach unzählig kalten, nassen Nächten am Fluss überstanden. Die Umgebung wurde in den letzten Jahren saniert und mit dem Projekt »Madrid Rio« von Parks und schönen Aufenthaltsorten umgegeben. Die Autobahn, die unter der Tribüne noch entlangläuft, wurde fast gänzlich untertunnelt. Gute und schlechte Entwicklungen rundherum haben das rot-weiße Denkmal einfach beliebter, malerischer gemacht.

Und doch ist die Modernisierung des Fußballes unabwendbar, die Flüsse der Gelder, die mit zusätzlichen Mitteln Konkurrenz machen, sind unaufhaltsam, und so haben die Leitung, die Medien und die Behörden einen Zwangsumzug, auch aus finanziellen Gründen, erzwungen. Geplant ist der Umzug im Sommer 2017, und der Tempel Vicente Calderón, 50 Jahre alt, wird mit all seinen quasi religiös-fußballerischen und künstlerischen Erlebnissen in seinem Leib durch das neue Stadion »Wanda Metropolitano« ersetzt. Vor 50 Jahren ersetzte das Manzanares das alte Metropolitano, heute wird es von dem neuen Metropolitano abgelöst. Doch was sich der Cholo heute, ja was wir uns alle heute fragen, ist noch unbeantwortet: Werden der Geist, die Seele und ihr Glanz, ihr Gemüt, ihre Größe in das neue Stadion hinübertransportiert werden? Ob so oder so, der Tempel wird der Tempel bleiben. *(A.C.)*

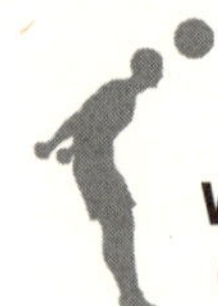

36. GRUND

Weil jede große Familie ein Zuhause braucht – die Zukunft im Estadio Wanda Metropolitano.

Die neue Heimat von Atlético Madrid ist bereits im Bau und wird rund 67.500 Zuschauer fassen, also rund 12.000 mehr als die bisherige Heimat der Rot-Weißen, das Calderón. Doch nicht nur mehr Fans wird das Stadion Platz bieten, es wir auch sonst neue Maßstäbe setzen. Als besonderes Highlight wird die außergewöhnliche Dachkonstruktion zum Schutz vor Wind und Wetter dienen, die weit sichtbar und markant die neue Heimat der Colchoneros ankündigen wird. 14 Kilometer Stahlkabel, 6.000 Tonnen Stahl und 83.000 m^2 Glasfasermembranen wurden im Dach verbaut. Zudem schwebt das Dach bis zu 57 m über dem Spielfeld. Sage und schreibe 46.500 m^2 werden von ihm überdacht. Damit hat das Dach eine Dimension von 286m, gemessen von Norden nach Süden sowie respektive 248 m von Westen nach Osten. Ein Dach der Superlative!

Ein weiteres Erlebnis der besonderen Art wird die Illumination hervorrufen, die die Firma Philips Lighting übernommen hat. So werden in Zukunft bis zu 16 Millionen Farben das Stadion in einen optischen Augenschmaus verwandeln. Das neue Stadion wird ein reines Fußballstadion sein, ohne Laufbahn, sodass die Fans noch näher an das Spielfeld heranrücken. Lediglich 5,89 m trennen die Fans im Nordwesten des Stadions dann noch von der weißen Linie der Spielfeldbegrenzung. Doch auch im Osten mit 6,07 m bis maximal 9,95 m Distanz rücken die Fans ein deutliches Stück heran an das Geschehen. Zum Vergleich: Im Calderón betrug die Entfernung zum Spielfeld immerhin 10,72 m am kürzesten Punkt bis hin zu 13,46 m am entferntesten Punkt der ersten Sitzplatzreihe.

Gespielt werden soll im neuen Stadion bereits in der Saison 2017/18, und damit auch alle Fans den Weg ins neue Stadion finden, wird es neben einer direkten Autobahnausfahrt von der M-40 und vielen neuen Parkplätzen für Autos und Busse auch eine eigene U-Bahn-Anbindung geben.

Die »Estadio Olímpico« (Línea 7), einer der modernsten und größten Metro-Stationen von Madrid, wird dann für den Ansturm der rot-weißen Massen gewappnet sein und für einen zügigen Transfer hin zum Stadion und nach dem Spiel weg vom Stadion sorgen. Des Weiteren sind die Haltestellen Las Rosas (Línea 2) und Canillejas (Línea 5) nur rund 10-15 Gehminuten entfernt. Wer mit dem Auto anreist, für den werden 4.000 Parkplätze bereit stehen, 1.000 im Gebäude selbst sowie 3.000 außerhalb. Das ganze Projekt wird Atlético Madrid rund 200 Millionen Euro kosten, die jedoch durch den Verkauf des Mahou-Calderón Geländes gedeckt sind. Damit ist auch klar, dass der Verein der Eigentümer dieser neuen, großen, modernen und bequemen Sportanlage sein wird. 88.150 m^2 wird das neue Gelände haben, im Vergleich: Das alte Calderón verfügte »nur« über 31.046 m^2. Schon jetzt, im April 2017, Monate vor der endgültigen Fertigstellung des Stadions, sind bereits 45.000 Dauerkarten verkauft (darunter auch zwei an den Peña Atlética Centuria Germana e. V.). Die Nachfrage ist enorm und die Akzeptanz scheint unter den Fans ebenso zu wachsen wie die Vorfreude auf tolle Fußballabende in der neuen Heimat. *(A.K.)*

37. GRUND

Weil nur Atlético Madrid in ein zweimal eröffnetes, nie vollendetes und noch nicht eingeweihtes Stadion mit vier verschiedenen Namen umziehen kann.

Dieser Grund befindet seit 2012 im permanenten Umbau und wird womöglich nie finalisiert werden können – wir danken für Ihr Verständnis. Das »Stadion der Autonomen Region Madrid«, irgendwo in »La Pampa«, zwischen der Stadt Madrid und dem Flughafen

Madrid-Barajas, wurde, wie alle architektonischen Meisterwerke der Geschichte, man denke nur an die Kathedrale La Sagrada Familia in Barcelona, den Bundesrat Neuseelands in Wellington, den Flughafen Berlin-Brandenburg oder den Kölner Dom, nie fertiggebaut.

1990 wurde das Stadion als Leichtathletikstadion konzipiert und mit dem Bau begonnen. Das damals namenlose Stadion musste schon vor seinem ersten Einsatz extreme zeitliche Widrigkeiten, die der Bauphase geschuldet waren, erleiden und vor seiner eigentlich vollständigen Fertigstellung bereits eröffnet werden. So kam es, dass im Jahr 1994 nur eine Tribüne parat stand, nämlich die Haupttribüne, die in ihrer Einsamkeit einem aus den Boden herausspringenden Haarkamm ähnelte. Diese Ähnlichkeit schenkte dem Stadion seinen Spitznamen für die Ewigkeit: Das »La Peineta«, spanisch für »Kamm«, aber auch umgangssprachlich für den Stinkefinger, war geboren.

So wurde das unvollendete Leichtathletikstadion für eine Ausgabe des IAAF-Leichtathletikmeetings Anfang September 1994 eröffnet und direkt danach wieder geschlossen. Es wurde dann weiter gewerkelt, um dann im September 1995 die spanischen Leichtathletikmeisterschaften zu zelebrieren, um es direkt danach wieder zu schließen. Weitere 20.500 Plätze später, die benötigt wurden, um den Superpokal Spaniens,im späten August 1996 zu beherbergen, ging es dann weiter. Es war der erste Auftritt Atléticos im weiten Rund des Stadions. Die Colchoneros reisten als Meister- und Pokalsieger an und trafen auf den FC Barcelona, seines Zeichens Vizemeister und Vizepokalsieger. Mit Hilfe eines Schiedsrichters namens Ansuátegui Roca, der zwei legale Tore Atléticos annullierte, mussten die Katalanen zwar die Überlegenheit der Rot-Weißen im La Peineta akzeptieren und sich mit 3:1 geschlagen geben, dennoch gewannen sie den Pokal dank des 5:2-Heimsieges in Barcelona.

Es kam, wie es kommen musste: Wieder wurde La Peineta geschlossen, verlassen und vergessen.

Nach zwei weiteren je zweitägigen Leichtathletikwettkämpfen 2002 und 2004 wurde die Anlage dann definitiv stillgelegt. Doch der nächste große Vorsatz ließ nicht lange auf sich warten … Jetzt nämlich sollte das Stadion in das Symbol für die Bewerbung der Stadt Madrids für die Olympischen Sommerspiele 2012 verwandelt werden. Das La Peineta sollte nun also das Olympiastadion werden.

Daher erhielt das Stadion seinen zweiten offiziellen und dritten Namen insgesamt: Von nun an hieß das Stadion »Estadio Olímpico de Madrid«. Die Regierung Madrids scheiterte jedoch mit ihrer Bewerbung für 2012, doch einmal ist keinmal, und daher versuchte es die Stadt direkt wieder für die Olympischen Sommerspiele 2016. Um die Nutzung des Gebäudes nach den Spielen zu gewährleisten, unterschrieben mit Miguel Angel Gil Marin und Enrique Cerezo, die Besitzerfamilie und der Präsident von Atlético Madrid, einen teils Überlassungs-, teils Tauschvertrag mit der Stadt. Atlético würde das Vicente Calderón verlassen und es an die Stadt verkaufen und damit bereits ab 2010 das neue Stadion nutzen können. Der Ausbau sollte sofort beginnen, und so durfte auch eine riesige elektronische Uhr, die die Tage bis zur Eröffnung zählte, nicht fehlen. Diese wurde in einer Pressekonferenz präsentiert und eingeweiht – und sie tickt bis heute. Aber Warum?

Der Grund ist einfach, denn mittlerweile war die Immobilienblase in Spanien geplatzt und die (Wirtschafts-)Krise sorgte dafür, dass nahezu alle Bauprojekte lahmgelegt wurden. Die Regierung Madrids war im großen Stil in Korruptionsfälle verwickelt und in eben diesen fehlte auch Enrique Cerezo nicht. Die Fangemeinde auf der anderen Seite verstand den Umzug nicht und wollte ihren Tempel, das Vicente Calderón, nicht verlassen. Zu allem Überfluss wünschte sich die Bevölkerung Madrids keine Olympischen Spiele mehr.

Das Projekt: »Umzug von Atlético in das Peineta« schien also aus allen Betrachtungswinkeln unnötig und unmöglich zu sein. Gil und Cerezo versprachen jedoch die Eröffnung des neuen Stadions für 2011 und den Umzug des Vereins in der Saison 2011/12. Daraus wurde dann 2012/13. Die Führung Atléticos hatte weiterhin, allen Widrigkeiten zum Trotz, ein großes Interesse, den Tausch noch immer durchzuführen (und dadurch große Provisionen für die private Schatulle zu erhalten). Die Umbauarbeiten begannen daher im November 2011 und sollten nach drei Jahren abgeschlossen sein, sodass es in der Saison 2013/14 endlich losgehen könnte.

Madrid scheiterte aber auch mit der Bewerbung für die Olympischen Spiele 2016. Gil und Cerezo gaben trotzdem im September, nach der gescheiterten Olympiakandidatur Madrids, bekannt, dass sie am Plan festhalten werden. Als neuer Termin wurde nun 2015 offiziell verkündet. Daraus wurde dann nach einigen Monaten still und heimlich das Jahr 2016. Ziel war es also, 2016 in das Estadio Olímpico de Madrid umzuziehen. Doch auch dies war nicht zu realisieren. Erst im Sommer 2016 fingen die Kräne überhaupt erst wieder an zu arbeiten und auch die Maurer begannen erst jetzt, den Beton anzumischen. Nun konnten die Baubewilligungen erteilt werden. Doch es hatte sich etwas geändert, denn plötzlich hatten alle ein großes Interesse den Umzug durchzuführen:

Gil und Cerezo, weil sie großen Baufirmen millionenschwere Entschädigungen versprochen hatten, falls das Calderón samt Grund und Boden für den Bau neuer Wohnungen nicht verkauft werden würde. Zudem hatten sie einen riesigen Kredit vom Investor namens Carlos Slim erhalten und mit dem Verkaufsstopp konnten sie diesen nicht tilgen. Die Baufirmen waren dafür, da sie sich auch in einer finanziellen Not befanden, da sie für den Ausbau des neuen Stadions große Kredite bei den Banken beantragt hatten und bislang nur Kosten angesammelt hatten.

Den größten Druck machte aber auf einmal die Politik, genauer gesagt die (neue) Regierung Madrids, da diese in den alten Verträgen herausgefunden hatte, dass, falls das kandidaturabhängige Projekt nicht zustande kommen würde und Atlético 2017 das neue Stadion von der Stadt nicht erhalten würde, das Rathaus an Gil und Cerezo 200 Millionen Euro als Entschädigung zu zahlen hätte.

Derweil kauften sich verschiedene chinesische Superreiche ein paar spanischen Fußballklubs, wie etwa den FC Valencia, den FC Getafe oder den FC Malaga. Diese Entwicklung machte auch vor Atlético nicht halt. Ein superreicher Chinese mit Namen Jian Lianing, Chef des Konzerns Wanda Group, kaufte 20 % der Vereinsanteile auf, um vordergründig das neue Stadion zu finanzieren und mit dem Ziel, zu einem späteren Zeitpunkt den Verein komplett zu übernehmen und damit zu besitzen.

So erhielt das La Peineta seinen vierten und vielleicht vorerst letzten Namen: »Estadio Wanda Metropolitano«. Der Name setzt sich aus dem Namen des Sponsors Wanda sowie, um die Gemüter der Fangemeinde zu besänftigen, dem Namen eines geschichtsträchtigen Stadions der Vergangenheit, dem Metropolitano, der Heimstätte der Colchoneros in den Jahren 1923 bis 1966, zusammen. Dank des neuen Investors und seinem Geld sieht es so aus, als ob Atletico wieder ein Elitestadion erhalten wird. Ein Stadion, ausgestattet mit den besten, modernsten und neusten Techniken, sogar mit WLAN für alle. So zumindest wurde das den Fans konkret versprochen.

Mit einer schnellen, guten Anbindungen an den öffentlichen Nahverkehr und mit 4.000 öffentlichen Parkplätze sowie einem Hubschrauberlandeplatz (auch den haben sie versprochen!). Aber so viel baulicher Aufwand braucht seine Zeit und vielleicht, wenn Sie diesen Grund jetzt lesen, ist das Wanda Metropolitano noch immer nicht vollendet. Schon heute, im Frühjahr des Jahres 2017 ist klar, dass das Stadion nicht wie geplant zum Saisonstart 2017/18 fertiggestellt sein wird. Aber es kann wohl nur Atlético in ein Stadion umziehen, dass nie vollendet wird. *(A.C.)*

4. KAPITEL

DAS ESTADIO VICENTE CALDERÓN

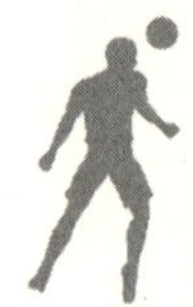

38. GRUND

Weil man nur im Vicente Calderón seine Ecken neben einem frischen, rot-weißen Blumenstrauß treten darf.

Bei jedem Heimspiel von Atlético Madrid liegt immer ein Strauß rot-weißer Blumen an der Eckfahne der Tribüne 'Fondo Sur'. Der Grund dafür ist so schön wie die Blumen selbst. In der Saison 1995/96, der magischen Spielzeit für Atlético, in der es gelang, das Double (Meisterschaft und Pokal) zu gewinnen, legte eine Frau mit dem passenden Namen Margarita am 24. Spieltag vier Nelken an die besagte Eckfahne. Es war eine Hommage, eine Huldigung für den Standard-Spezialisten Milinko Pantić, der Nummer 10 Atléticos. Es war das Spiel, in dem Atlético den Rivalen Athletic Bilbao mit 4:1 deklassierte und eben dieser Milinko Pantić einen sehenswerten Treffer per Freistoß erzielte. Ein Ritual war geboren und seit jenem Tag legt Margarita zu jedem Heimspiel einen Blumenstrauß aus rot-weißen Nelken zum Gedenken an einen der besten Ecken- und Freistoßkünstler aller Zeiten an die Eckfahne im Calderón.

Pantić selbst wusste jedoch am Anfang nichts von dieser besonderen Ehrung. So kam es, als er zu einem seiner berühmt-berüchtigten Eckstöße antreten wollte, dass er den Blumenstrauß etwas unvorsichtig zur Seite legte. Nachdem man ihn auf seinen kleinen Fauxpas aufmerksam gemacht hatte, rief er am nächsten Tag Margarita persönlich an, um sich bei ihr zu entschuldigen. Zudem schenkte er ihr beim nächsten Heimspiel sein Trikot, als Zeichen seiner Dankbarkeit. Viele Spieler, so zum Beispiel der Brasilianer Roberto Carlos, wurden daher schon (zu Recht!) lautstark ausgepfiffen, da sie respektlos mit dem Blumenstrauß umgingen und wütend gegen ihn traten. In den meisten Fällen erfolgte jedoch im Nachgang eine persönliche Entschuldigung.

Natürlich steckt in dieser Geste, diesem Ritual, dieser Tradition eine gehörige Portion Aberglauben, aber dennoch ist der Strauß nicht mehr aus dem Calderón wegzudenken, er hat sich zu einem Symbol, einer Ikone, einem Stück rot-weißer Identität entwickelt und verkörpert damit auch ein bisschen die Seele des Vereins. *(C.G.)*

39. GRUND

Weil im Vicente Calderón Bud Spencer und Terence Hill zwei wie Pech und Schwefel waren.

Der am 27. Juni 2016 verstorbene Bud Spencer ist mit seinem kongenialen Kompagnon Terence Hill sicherlich einer der beliebtesten Filmstars für weit mehr als nur eine Generation von Fußballfans. Was die wenigsten jedoch wissen dürften, ist der Umstand, dass der eigentliche Star im Film »Zwei wie Pech und Schwefel«* keine Fäuste hat, jedoch bereits für mehrere Hallelujas gut war.

Es handelt sich um das Estadio Vicente Calderón, die Heimstätte von Atlético Madrid. Noch heute ist es für Atlético-Fans eine große Freude, das Calderón in diesem Film-Klassiker zu sehen und auch, wie das Viertel rund um das Stadion und den Fluss Manzanares in den 70er-Jahren aussah, denn die Dreharbeiten fanden in Madrid, hauptsächlich neben dem Stadion und der Brücke Puente de Toledo am Manzanares statt.

Zum Glück für uns haben die beiden mit ihren Fäusten das Calderón jedoch nicht zerstört! *(C.G.)*

* *Originaltitel: »… altrimenti ci arrabbiamo!«.*

40. GRUND

Weil nur das Vicente Calderón ein geheimes Eingangstor besitzt.

Im Stadion Vicente Calderón gibt es zwei Oberränge direkt gegenüber der Haupttribüne sowie einen weiteren unsichtbaren. Von dort aus schauen sich die Fans die Spiele ihrer Rot-Weißen an, die nicht mehr unter uns weilen. Auch sie feuern das Team an, leiden und fiebern mit. Zu diesem geheimen dritten Oberrang, dem am höchsten gelegenen, gelangt man nur durch das Eingangstor mit der Nummer 58, das zwar unsichtbar für die Augen, aber nicht für das Herz ist.

Das ist das magische, geheime Eingangstor: das Tor, das danach kommt. Wenn man das Stadion umrundet, sind nur die Eingänge 0 bis 55 zu sehen. Aber Nummer 58 ist auch da. Ohne Zweifel. Wenn ich im Calderón Platz nehme und der Ball rollt, schaue ich instinktiv gen Himmel, zur dritten Tribüne. In diesem Moment kommt es mir vor, als wäre das Stadion unendlich groß und hätte unzählbare Sitzreihen, die immer voll besetzt sind von Fans, Schals und Gesängen.

Ein jeder spürt dies ganz genau, wenn Atlético ein Tor schießt, denn in diesem Moment feiert das ganze Stadion. Aber wenn der Torjubel langsam abebbt, hört man noch ein Echo, das von oben kommt, vom dritten, unsichtbaren Oberrang. Das bestätigt mir, dass wir nicht alleine sind, und ich denke an alle, die mit Atlético von den oberen Rängen mitfiebern. Sie sind da, nur ein bisschen höher als wir.

In einer Episode der bekannten spanischen Fernsehserie *El Ministerio del Tiempo** wurden dieses Tor und seine Bedeutung für alle Colchoneros, wo immer sie sich befinden, ebenfalls themati-

* *El Ministerio del Tiempo (dt.: Das Ministerium der Zeit).*

siert. Wer die Chance hat, sich diese Folge einmal anzugucken, sollte sie nutzen. In der Sendung vermengen sich bei Atlético, fast wie in echt, Realität und Zauberei, und das in einem Stadion, das aus gutem Grund »el templo« heißt. *(C.G.)*

41. GRUND

Weil im Vicente Calderón die Musik spielt.

Über das Estadio Vicente Calderón konnte man in diesem Buch schon einiges erfahren. Möglicherweise ist es leicht morbide, etwas dreckig, ein wenig heruntergekommen, hat einen maroden Charme und ist an einigen Stellen ein bisschen kaputt … Aber es ist eben auch insbesondere eines: LEGENDÄR! Die Heimat von Atlético Madrid gilt vielleicht als die stimmungsvollste in Europa. Das Stadion Vicente Calderón hat etliche historische Momente erlebt, und zwar nicht nur den Fußball betreffend.

»El templo« ist unter den weltbesten Musikern für seine unvergleichliche Akustik und die dauerhaft einmalige Stimmung bekannt. Die Atmosphäre, die man jederzeit im Calderón spüren kann, vergisst man nie. Viele Künstler haben sich in diesen Bann ziehen lassen und manche waren von der Magie des Stadions so hingerissen und begeistert, dass sie unbedingt noch einmal dort spielen wollten und ihre Auftritte wiederholten. So hat es sich ergeben, dass unzählige zum Teil historische Konzerte in unserem Wohnzimmer stattgefunden haben. Die renommiertesten Künstler der Zeit sind mit ihren größten Erfolgen und mit größtem Erfolg im Calderón aufgetreten. Es ist fast unmöglich an dieser Stelle, alle Sänger und Gruppen aufzuzählen, die je im Stadion am Manzanares musiziert haben, daher hier nur ein kleiner, aber feiner Ausschnitt:

- 7. Juli 1982, 16. und 17. Juni 1990, 27. Juni 2003 und 28. Juni 2007 – The Rolling Stones

- 22. Juli 1988 – Pink Floyd
- 2. August 1988 und 5. Mai 1993 – Bruce Springsteen
- 18. Juli 1985 – Plácido Domingo
- 6. Juli 1987 – David Bowie
- 7. August 1988 und 23. September 1992 – Michael Jackson
- 27. Juli 1990 und 23. Juli 2009 – Madonna
- 22. Mai 1993 – The Ramones
- 22. Mai 1993 und 11. August 1995 – U2
- 21. Mai 2012 – Coldplay
- 4. Juli 2014 – Shangay Pride
- 10. Juli 2014 und 11 Juli 2014 – One Direction
- 31. Mai 2015 und 2. Juni 2015 – AC/DC
- 2. Juni 2016 – Paul McCartney

Wer kann schon dem Zauber des Calderóns widerstehen? *(C.G.)*

5. KAPITEL

DIE FANS

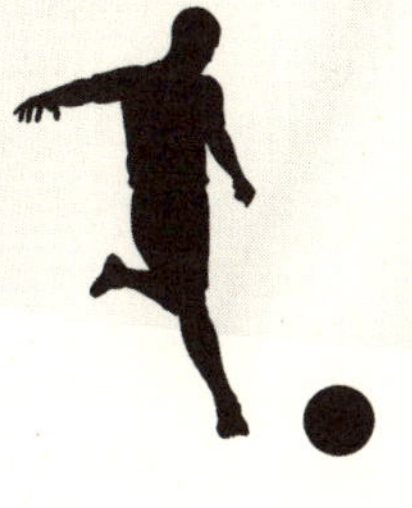

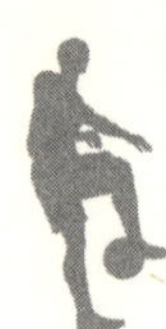

42. GRUND

Weil ¡Aúpa Atleti! alles sagt.

Wir Colchoneros grüßen uns überall, wo wir aufeinandertreffen, mit einem »Aúpa Atleti«. Egal ob auf dem Weihnachtsmarkt, wenn man einen Atlético-Schal sieht, am Strand, wenn man ein Atlético-Handtuch erspäht oder beim Sport, wenn jemand unser Trikot trägt, immer folgt ein stolzes, lautes »Aúpa Atleti«.

Dies Wort erinnert mich an das »aúpa«, dass wir als Kleinkinder riefen, um unsere Eltern zu bitten, uns auf den Arm zu nehmen (a upa/hoch). Dies ließ mich schon vor Jahren nachforschen, ob es nicht irgendeine Verbindung zwischen beiden Ausdrücken gäbe.

Das Wörterbuch der Königlich Spanischen Akademie, der Real Academia Española, gibt an, dass sowohl »aúpa« als auch »upa« das selbe bedeuten und definiert beide Ausdrücke als eine Interjektion oder ein Ausrufewort, um jemanden zu animieren, aufzustehen oder etwas hochzuheben. Spanische Kinder rufen dies häufig, wenn sie auf den Arm genommen werden wollen.

Wir müssen jedoch berücksichtigen, dass die Wortherkunft der beiden Ausdrücke »aúpa« und »upa« Expertenmeinungen nach unterschiedlich ist, obwohl sie durch ihre Gleichartigkeit und Bedeutung Synonyme sind.

Einerseits weisen viele Quellen darauf hin, dass der Ausdruck »aúpa« seinen Ursprung im baskischen Wort »aupatu« hat, dessen Bedeutung »heben«, »hochheben« oder »aufstehen« ist. Wir erinnern uns an dieser Stelle, dass Atlético Madrid eine geschichtliche Verwurzelung mit Athletic Bilbao hat und dieses Wort daher als Anfeuerung für das Team benutzt wird.

Aufstehen, auch wenn man unten ist, niemals aufgeben – das ist unsere Devise. Andere wiederum behaupten, dass das Wort »upa« vom Englischen »up« (hoch) hergeleitet wurde, was in unserem

Fall auch den Geist unserer Mannschaft beschreiben würde: »Immer oben auf«, »am höchsten«. Zugleich ist es erstaunlich festzustellen, wie der Ausdruck »de aúpa« seinen Sinn völlig verändert. Nun heißt es: »Wichtig sein«, »Macht haben« oder »von hohem Rang sein«.

Aber ein Colchonero braucht keine Übersetzungen und wissenschaftlichen Wortauslegungen. Ein Colchonero weiß, dass »aúpa« 100-prozentig für den Geist Atléticos steht. Aus diesem Grunde: ¡AÚPA ATLETI! *(C.G.)*

43. GRUND

Weil auch wir Deutsche heißblütige Colchoneros sind.

Ein trockener Einstieg, ein Parforceritt durch die Jahre 2003 bis 2017 und ein launiger, anekdotenreicher Abgang mit und über Fernando Torres, dass erwartet Sie, lieber Leser, bei diesem Grund. Der Peña Atlética Centuria Germana e. V. (zu Deutsch: Die deutsche Hundertschaft) wurde am 26.04.2003 in Madrid, im Zuge des Centenarios, dem 100-jährigen Geburtstag des Vereins Club Atlético de Madrid, gegründet.

Der erste und größte Atlético Madrid Fanklub Deutschlands hat es sich auf seine Fahne geschrieben, jedem die Möglichkeit zu geben, Spiele seiner Rojiblancos live verfolgen zu können und sich mit Gleichgesinnten auszutauschen.

Der Grund handelt also von der 'deutschen Hundertschaft, einer Übersetzung des Fanklubnamens, die so genau ist, wie sie ungenau ist. Es ist der Versuch, einen Fanklub mit Worten zu beschreiben, den man eigentlich nur durch das Erleben begreifen kann.

Peña Atlética Centuria Germana e. V. – der erste und größte Atlético Madrid Fanklub Deutschlands.

Der trockene Einstieg – die Wort-Exegese:

Peña Atlética ist der Namensbestandteil, den alle offiziellen Fanklubs von Atlético Madrid führen. »peña« ist das spanische Wort für Fanklub und Atlética, dass in der weiblichen Form steht, da »peña« im Genus feminin ist, zeigt an, dass ein Fanklub von Atlético (Madrid) gemeint ist.

Ebenfalls klar zu definieren ist die Endung e. V., die anzeigt, dass es sich hierbei um einen eingetragenen Verein nach deutschem Recht handelt. Der (ganz korrekt eigentlich die) Peña Atlética Centuria Germana e. V. existiert als Fanklub zwar seit dem 26.04.2003, doch erst seit dem November 2013 ist der PACG, wie er abgekürzt oft genannt wird, ein eingetragener Verein nach deutschem Vereinsrecht und besitzt damit die sich aus dem Gesetz ergebenden Rechte und Pflichten. Die Organisation des Vereins wird durch die Satzung bestimmt, der zugleich leitender Charakter für das Handeln des Vereins zukommt.

Wichtigstes Organ des Vereins ist die Mitgliederversammlung, der sämtliche konstitutiven Entscheidungen obliegen. Vertreten werden die Interessen der Mitglieder durch einen gewählten Vorstand, der zugleich die Geschäfte des Vereins führt.

Ich sagte ja bereits, der Einstieg wird trocken, halten Sie durch, wir sind bald am Ziel. (Eher so ein bald, wie man es seinen Kindern auf langen Autofahrten erzählt, kurz nach der Abfahrt!)

Nachdem nun der Anfang und des Endes des Namens klar umrissen sind und bisher noch eine gewisse Spannung vermissen lassen, hat der Mittelteil es in sich, denn der Rufname des Fanklubs lautet »Centuria Germana«.

Der Name ergibt im Spanischen allerdings wenig Sinn, fast so wenig, wie die deutsche Übersetzung. Wir als PACG haben, nachdem wir sehr oft bzgl. des Namens angesprochen wurden, versucht, »Centuria Germana« mit »Die deutsche Hundertschaft« zu übersetzen.

Was auf dem ersten Blick martialisch klingt oder beim ersten Hören martialisch aussieht, zeigt direkt ein Leitmotiv unseres Fanklubs. Getreu dem Motto: »Hunde, die bellen, beißen nicht« ist für uns das friedliche Miteinander und die Liebe zum Sport DAS zentrale (Leit-)Motiv unseres Fanklubs.

Doch wie kam es zu dem Namen?

Die Antwort ist einfach, denn so genau weiß das niemand mehr! Damit obliegt mir hier die Mythen- und Legendenbildung. Klar ist nämlich nur, dass wir am 23.04.2003, am Tag des »Centenarios«, einen deutschen Fanklub gründen wollten. Die Idee dazu kam uns jedoch erst am besagten Tage. Da somit im Vorfeld niemand damit gerechnet hat und wir daher ad hoc einen Namen brauchten, musste improvisiert werden. Einigkeit herrschte, dass die Herkunft aus Deutschland sowie der Umstand, dass wir uns zum Centenario gründeten, einfließen mussten. Irgendwer warf in den Raum, dass eine römische Zenturie aus 100 Mann bestand. Zudem war das »Centenario« der einhundertjährige Geburtstag von Atlético Madrid und außerdem erschien es uns als gutes Ziel, irgendwann mal 100 Mitglieder zu haben. Bei der Herkunftsbezeichnung gestaltete sich das Taufzeremoniell schon schwieriger, schließlich heißt Deutschland im Spanischen »Alemania« und nicht, wie möglicherweise aus dem englischen abgeleitet, »Germania« (von »Germany«). Dennoch, wir als waschechte Germanen ---

An dieser Stelle sei mir ein Einschub gestattet: Um einen »Peña Atlética« zu gründen, brauchte man damals sieben Gründungsmitglieder vor Ort, die mit ihrer Unterschrift bezeugten, dass sie von nun an die rot-weißen Farben würdig vertreten würden. Da jedoch nur zwei Deutsche vor Ort waren, Matthias und ich, musste unser neuer Freud »suki« aushelfen. (Nähere Informationen zum Kennenlernen und Ablauf dieser Verbindung entnehmen Sie bitte dem Grund, der von der Nacht vor dem Centenario handelt.) Somit unterschrieben also folgende Personen, um die »Deutsche Hundertschaft« zu gründen: Björn Bringmann (deutsch – Freund von »suki«, jedoch ohne einen tieferen Bezug zum Fußball), Antonio Enrique Correas Amador, kurz »suki« (spanisch – Hat immerhin in Deutschland studiert), Mariano Correas Laviña (spanisch – der Vater von »suki«), Matthias Gröne (deutsch), Miriam Juanes (spanisch – die damalige Freundin von »suki«), André Kahle (deutsch), David Matthews (englisch – jemand, den wir beim Centenario getroffen haben und mit dem wir uns unterhalten konnten, da wir Englisch, aber kein Spanisch sprachen) und Kevin van Loo (belgisch – seit dem ersten Tag ein Freund des Fanklubs sowie Atleti-Fan-Legende und Vorsitzender eines (des) belgischen Fanklubs). Wie man der bunten Mischung entnehmen kann, war von Anfang an das zentrale Thema nicht Abgrenzung, sondern Integration. Atlético-Fans sind eine Familie und dieses Bekenntnis ist mehr als eine Floskel oder Parole, sie wurde am ersten Tag des Bestehens bewiesen und ist bis heute für mich das Bewundernswerteste an diesem Fanklub.

--- wollten auch als solche direkt erkannt werden und so einigten wir uns eben auf die Stammesbezeichnung Germanen und nicht auf die Nationalität »Alemania«. Wer jetzt zu Recht einwirft, dass das spanische Wort »Alemania« sich auf den Stamm der Alamannen zurückführen lässt, dem gönnen wir den inneren Triumph. Jedoch spielt das für unsere Geschichte hier keine große Rolle, da wir damals zu jung waren, um die Tragweite unserer Namenswahl in allen Belangen zu hinterfragen.

Da uns aber »Germanische Hundertschaft« zu national klang und wir alles andere als Nationalisten sein wollten, einigten wir uns, den Namen stets mit »Deutsche Hundertschaft« zu übersetzen. Faktisch ziehen wir unsere Grenzen aber bei Weitem nicht so eng, sodass auch Mazedonier, Griechen, Kanadier, US-Amerikaner, Spanier, Portugiesen, Polen, Inder, Russen, Schweizer und Österreicher in unseren Reihen aufgenommen sind und unseren Fanklub bereichern.

Der Name war also geboren, die Legende konnte beginnen.

Um es kurz zu halten: Zlín, (Tschechien), Belgrad (Serbien), Amsterdam (Niederlande), Novi Sad (Serbien), Bistrița (Rumänien), Kayseri (Türkei), Moskau (Russland), Aberdeen (Schottland), Kopenhagen (Dänemark), Athen (Griechenland), Bolton (England), Eindhoven (Niederlande), Marseille (Frankreich), Liverpool (England), Porto (Portugal), Nikosia (Zypern), London (England), Istanbul (Türkei), Lissabon (Portugal), Hamburg, Thessaloniki (Griechenland), Leverkusen, Trondheim (Norwegen), Monte Carlo (Monaco), Drammen (Norwegen), Guimarães (Portugal), Glasgow (Schottland), Rennes (Frankreich), Udinese (Italien), Rom (Italien), Hannover, Bukarest (Rumänien), Tel Aviv (Israel), Pilsen (Tschechien), Coimbra (Portugal), Kazan (Russland), St. Petersburg (Russland), Wien (Österreich), Mailand (Italien), Piräus (Griechenland), Turin (Italien), Malmö (Schweden), Astana (Kasachstan), München, Rostov (Russland), Leicester (England) sowie dazwischen zahllose Spiele in Madrid, in Spanien, auf Mallorca sowie den Kanaren, in der Liga oder dem Pokal. In allen Stadien, Städten, und Ländern waren stets Mitglieder der »Centuria Germana« zugegen, um ihre Mannschaft zu unterstützen. Nicht umsonst gelten »die Deutschen« als einer der aktivsten Fanklubs von Atlético Madrid und nicht umsonst sind »die Deutschen« mit vielen spanischen Colchoneros befreundet und mit vielen anderen Fanklubs fest verbandelt.

Neben den Reisezielen und den tollen Erlebnissen im In- und Ausland verlief jedoch noch eine andere Entwicklung bemerkenswert. Von ehemals sieben Mitgliedern, mit denen der Fanklub 2013 startete, ist die Zahl der Mitglieder heute auf knapp 125 angewachsen. Der Traum der »Deutschen Hundertschaft« hat sich also erfüllt und wenn wir ehrlich sind, wurden unsere kühnsten Träume aus 2003 bereits in mehrfacher Hinsicht übertroffen.

Wir sahen 0:0-Spiele im Regen; 7:1-Siege im Sonnenschein, wir holten nationale und internationale Titel und verloren Finalspiele.

Wir haben fast alles in dieser Zeit erlebt, und dennoch geht es weiter, schließlich muss die Champions League noch gewonnen und der Weltpokal im weit entfernten Ausland, womöglich sogar auf einem anderen Kontinent, geholt werden. Wir sind also noch lange nicht am Ende der Reise angekommen.

Ein launiger, anekdotenreicher Abgang – das Interview mit Fernando Torres

Direkt nach Gründung des Fanklubs sprühten wir also voller Elan und Tatendrang. Wir wollten uns einen Namen in der Fanszene machen. Also genauer gesagt hatten wir uns bereits einen Namen gemacht, wie man weiter oben ja schon wortreich erfahren konnte, aber nun wollten wir uns eine gewisse Bekanntheit in den Kreisen der Atlético-Fans erarbeiten. Wir wollten dazugehören, und zwar nicht als »bunte Hunde« aus Deutschland, sondern als ehrlicher, echter Teil der großen rot-weißen Familie.

Ein hübscher erster Schuss in den Ofen, aber eben ein Schuss in den Ofen, wurde unser Maskottchen, der Günther, kurz »Günni« genannt. Unser heutiger Ehrenpräsident »suki« kam auf die grandiose Idee, ein Maskottchen zu entwerfen. Gesagt, getan, doch ähnlich wie beim Namen sollten gewisse Merkmale einfließen, die auf unsere deutsche Herkunft schließen ließen. Die ersten Skizzen von »suki« zeigten jedoch gleich, wie unser spanischer Freund und wohl alle Spanier uns Deutsche sahen: So trug »Günni« Pickelhaube, einen Bierhumpen, hatte Hosenträger um den stattlichen Bauch und natürlich einen »Mirko-Votava-Gedächtnis-Schnauzbart«.

»Günni« ist natürlich Teil unserer Fanklubgeschichte, jedoch ein etwas stiefmütterlich behandelter, leicht versteckter Teil. Wer in den Genuss kommen möchte, ihn einmal zu bewundern, sollte mal die Fanklub-Webseite www.atleticomadrid.de besuchen und im Suchfeld schlicht »Günni« eingeben. Das Ergebnis kann sich sehen lassen, oder besser gesagt, wird sichtbar.

Ein weiterer Versuch, etwas bekannter zu werden, war unser deutschsprachiges Liedgut. Jedes Mal, wenn wir in Madrid weilten, wurden wir nämlich von den TV-Anstalten angehalten, doch etwas über Atlético zu singen, am besten auf Deutsch. Nachdem wir uns lange Zeit zu Derbys mit einem »Wir sind die Roten, mit weißen Streifen, wir sind diejenigen, die auf die Weißen scheißen– Wir reisen weit, wir trinken viel und wir verlieren jedes Spiel« achtbar aus der Affäre gezogen haben, kam dem Präsidenten, also mir, irgendwann die fixe Idee (was mich da geritten hat – ich weiß es nicht mehr), einen Peña-Song zu schreiben. Die sogar rudimentär vertonte Karaoke-Version, inklusive dem gesamten Songtext, immerhin sechs Strophen (!), kann ebenfalls auf der Webseite genossen werden. Nur so viel: Die erste Strophe können noch heute viele Spanier mitsingen:

Die Centuria Germana das sind wir …
Wir trinken gerne Schnaps und auch viel Bier …
Atlético Madrid, die Mannschaft ist der Hit,
und darum singen wir jetzt alle mit.
Atlético Madrid Olé Olé, Atlético Madrid Olé Olé
Atlético Madrid … Atlético Madrid … Atlético Madrid Olé Olé

Doch auch dieser Einfall führte nicht zum (Chart-)Erfolg und somit musste weiterhin ein großer Coup her und er kam in Gestalt eines LEGENDÄREN Interviews mit Fernando Torres.

Aller guten Dinge, nach Günni und dem Song, sind drei, und so kam es im Herbst 2003 zum Durchbruch für unseren Fanklub. Waren wir bis dato nur einigen wenigen Fans ein Begriff, wusste danach die gesamte rot-weiße Fußballwelt ob der verrückten Deutschen Bescheid. Auslöser war die einmalige Chance auf ein Interview mit Fernando Torres, damals gerade einmal 19 Jahre jung und dennoch bereits die Ikone des Vereins und der Hoffnungsträger des Landes. Am Mittwoch, dem 24. September 2003, bekam unser Fanklub die einmalige Chance, ein Exklusivinterview mit dem spanischen Nationalstürmer in den Reihen Atléticos, Fernando José Torres Sanz, zu führen. Das Interview fand nach einem regulären Training der Profimannschaft außerhalb des Trainingsgeländes, Cerro del Espino, in Majadahonda, einem Stadtteil von Madrid, statt.

Das Interview ist im Wortlaut auf atleticomadrid.de nachzulesen. Auf den ersten Blick mutet es nicht spektakulär an, doch ein Satz sollte die Gemüter der gesamten Hauptstadtpresse in Erregung versetzen:

PACG: In Deutschland glauben viele Menschen, dass Du in einem oder in zwei Jahren bei einem »großen« Verein spielen wirst. Sie glauben, Du wechselst zu Real Madrid oder nach Barcelona, da nur diese Clubs in Deutschland als große Vereine »bekannt sind«. Was würdest Du zu diesen Leuten sagen?

FT: Jeder ist frei zu denken, was er will, aber ich hatte schon die Möglichkeit wegzugehen und ich habe es nicht gemacht, da ich mich hier sehr wohl fühle. Solange ich mich hier wohl fühle, werde ich bleiben. Anders wäre es, wenn sich hier meine Lage verändern würde, aber wenn alles wie bis jetzt klappt, werde ich sehr lange bleiben.

PACG: Würdest Du nicht zu Real Madrid oder Barcelona …

FT: Zum FC Barcelona wäre etwas anderes, aber zu Real Madrid sicher nicht. Jetzt, falls ich weggehen müsste, möchte ich im Ausland spielen, nie gegen Atleti.

Das Interview war aus dem Grund eine kleine Sensation, da nie zuvor Fernando Torres offen über einen Wechsel bzw. einen Nicht-Wechsel gesprochen hatte. Der Korb gegen Real Madrid glich einem mittelschweren Erdbeben, da bis zu diesem Zeitpunkt niemand es wagte, Real so zu brüskieren. Gleichzeitig legte Torres eine Messlatte an, an der dann auch gemessen werden sollte, nämlich nie in Spanien für einen anderen Verein zu spielen (und er sollte noch oft konkret mit Barcelona oder Real in Verbindung gebracht werden). Doch auch in Atléticos Führungsetage kam dieser eine Satz gar nicht gut an, da er den Verdacht unterfütterte, dass der Verein aus finanziellen Nöten heraus womöglich Torres verkaufen müsste.

Das alles in einem freundlichen, unschuldigen Interview mit ein paar (damals) jungen deutschen Fans. Auch nur in diesem besonderen Setting, da bin ich mir bis heute sicher, war es »el Niño« möglich, so unbedarft und offen seine Zukunft klar zu umreißen und den Finger in die Wunde zu legen.

Jahre später, Fernando spielte bereits für den FC Liverpool in England, sprachen mich im Rahmen eines Spiels der B-Mannschaft sein Berater sowie der damalige Pressechef auf dieses Interview an. Nachdem wir Nettigkeiten ausgetauscht hatten und wir uns über unser Wiedersehen gefreut hatten, kamen die beiden schmunzelnd zum Punkt. Übereinstimmend sagten die beiden, dass das Interview zwar für zwei Wochen extrem hohe Wellen geschlagen hatte, inklusive einer kleinen Rüge seitens Real Madrids, es jedoch, nach Jahren rückblickend betrachtet, ein wahrer Glücksfall für Fernando war. Zum einen konnte er lernen, wie wichtig es für Fußballer ist, stets so zu antworten, dass niemand ihnen ein Strick drehen kann, und zudem ließen die spanischen Vereine die Finger von ihm, während sich englische Vereine um ihn bemühten. Dies war auch dem Umstand geschuldet, dass wir das Interview neben Spanisch und Deutsch auch in Englisch veröffentlicht hatten, in einer Zeit, als sogar die offizielle Webseite von Atlético über keine englischen News oder Informationen verfügte. Dass also englische Vereine von einer potenziell offenen Tür bei Fernando Torres erfuhren, lag auch an unserem Gespräch mit ihm.

Wer weiß, wie die Karriere von Fernando Torres ohne uns verlaufen wäre, wir bilden uns jedenfalls ein, einen klitzekleinen Anteil an seinem Werdegang gehabt zu haben, und noch heute muss ich schmunzeln, wenn ich den jungen Mann, dreifachen Familienvater und besten Stürmer Spaniens aller Zeiten, spielen sehe. Ich muss schmunzeln, da ich mich an den Tag erinnere, als wir ihn als (fast noch) Teenager interviewten, offen mit ihm sprachen und einen schüchternen, freundlichen Jungen vor uns hatten, der ehrlich an uns interessiert war.

Nach dem Interview bot er uns sogar an, uns zu fahren, falls wir den Bus verpassen würden. Wir verpassten den Bus nicht und dennoch war es ein ehrliches Angebot gewesen. So ehrlich wie einen Tag später, als wir wieder zum Trainingsgelände fuhren, wieder im Bus. Wir kamen an einem Café vorbei. Direkt neben diesem hielt der Bus, aufgrund einer Roten Ampel. Im Bus saßen viele Schulkinder auf dem Weg nach Hause. Auf einmal gab es einen Ruck, der gesamte Bus neigte sich zur Seite, da alle Insassen zur Café-Seite des Busses stürmten und zu schreien anfingen. Bevor wir wussten, was los war, schauten uns alle entgeistert an, denn auf der Terrasse des Cafés saßen Fernando Torres, Jorge und Javi Moreno. Einer von ihnen, der Blonde mit den Sommersprossen, der angehende Superstar, winkte uns zu und kam an die Scheibe und klopfte, um uns zu begrüßen. Die Kinder im Bus waren außer sich, Fernando Torres und dann noch komische Deutsche, die er grüßte! Zur Sicherheit holten sich einige Kinder direkt Autogramme von uns.

Es war zu einem großen Teil dieser blonde Bub, der uns zu Atlético führte, eine tiefe Verbundenheit zu Atlético aufbaute und den Fanklub und all seine Erfahrungen überhaupt erst möglich machte. Der PACG verdankt Fernando Torres viel und vielleicht verhält es sich auch andersherum ein klein wenig so.

Übrigens, in einem anderen Punkt war Fernando Torres ebenfalls prophetisch. Gefragt, was er seinen deutschen Freunden mit auf den Weg geben würde antwortete er:

»Da ich jetzt erst erfahren habe, dass es auch dort Fans gibt, möchte ich ihnen danken, dass sie hinter dem Verein stehen, auch wenn wir zuletzt schlechte Zeiten hatten. Und ich möchte auch sagen, dass wir Schritt für Schritt versuchen, wieder der Verein zu werden, der wir einmal waren. Wenn die Anhänger dabeibleiben, werden sie wieder ein großes Atleti erleben können.«

Wir schreiben den April 2017, Fernando Torres ist zurück bei seinem Atleti, sein Atleti ist zurück unter den Top 5 Vereinen in

Europa und die »Centuria Germana« hat ihrem Namen alle Ehre gemacht! *(A.K.)*

44. GRUND

Weil nur im Neptunbrunnen rot-weißes Wasser fließt.

Einer der schönsten und majestätischsten Brunnen Madrids ist der Neptunbrunnen. Sein Bau wurde 1777 beauftragt, doch bis 1782 wurde nicht mit dem Bau begonnen. Erst im Jahr 1786 wurde er fertiggestellt. Er wird dem neoklassischen Stil zugeordnet. Zusammen mit dem Apollobrunnen (auch der Vier-JahreszeitenBrunnen genannt) und dem von Cibeles war er Teil der Dekorationen für den Salón del Prado, den Karl III. in Auftrag gegeben hatte.

Das Denkmal besteht aus einer Kutsche in Muschelform, die auf einem Steinplateau steht und von zwei Hippokampen gezogen wird sowie Symbolen von Sturm und bewegter See. Das Werk zeigt den Meeresgott mit Dreizack auf seiner Kutsche , die von zwei Seepferdchen gezogen wird. Eine Schlange rollt sich in seiner rechten Hand, in der linken hält er einen Dreizack.

Seit 1898 befindet sich dieses Denkmal am Plaza Cánovas del Castillo, eher bekannt als Plaza de Neptuno. Dieser Platz ist ein zentraler Ort am Paseo del Prado. Hier stehen das Hotel Palace und das Hotel Ritz, zwei der ältesten Hotels der Stadt. Auch der Plaza Cibeles ist nicht weit entfernt. Beide Götter besetzen besondere Positionen in der Hierarchie der griechischen Mythologie und rivalisieren in der Sportwelt, denn Atlético Madrid feiert seine Siege immer auf dem Platz des Meeresgottes, während Real Madrid auf der Plaza Cibeles feiert.

Überraschenderweise war das nicht immer so. Im Jahr 1953 feierte Atlético Madrid sein goldenes Jubiläum. Das Fest war grandios und ging vom 20. März bis zum 5. April. Geboten wurde ein buntes, tolles Programm, das Spiele aller Sportarten, die Atlético Madrid vertritt, beinhaltete. Auch eine heilige Messe zur Ehre der Virgen de la Almudena, der Schutzpatronin des Klubs, wurde abgehalten. Der Höhepunkt war jedoch ein Turnier, zu dem Athletic de Bilbao und der Sportklub Wacker aus Wien eingeladen wurden. Das Turnier fand an den folgenden Tagen statt: Atlético vs. Athletic (27. März), Athletic vs. Wacker (29. März) und Atlético vs. Wacker (1. April).

Für diesen Anlass ließ die Stadt Madrid eine Trophäe entwerfen (Trofeo Bodas de Oro). Es handelte sich um eine kleine Statue von Cibeles, über deren Haupt drei Jungs und ein Mädchen das Wappen von Atlético Madrid hochhalten.

Diese Trophäe befindet sich heute im Besitz von Athletic, da dieses Team das Turnier mit 6:3 gegen Atlético und 5:3 gegen Wacker bequem gewann. 24 Jahre später feierte Real Madrid sein 75. Jubiläum und die Stadt Madrid schenkte dem Klub eine Reproduktion des Neptunbrunnens. Nicht ausgesprochen, nirgendwo aufgeschrieben, jedoch im Gedächtnis geblieben: Cibeles colchonera, Neptun blanco.

Aber dies sollte sich ändern. Während der Weltmeisterschaft 1986 gewann Spanien im Achtelfinale gegen Dänemark in Querétaro. Das Spiel fand an einem sehr heißen Nachmittag statt, während es in Spanien schon Nacht war. Zu jener Zeit war es nach jedem Sieg üblich, dass ein Autokorso durch die zentralen Straßen der Stadt fuhr. Die Euphorie des Augenblickes und die hohen Temperaturen bewegten viele Spanier in Cibeles zu feiern bzw. zu baden. Die spanische Elf bestand damals überwiegend aus Spielern von Real Madrid und man fing unbewusst an, Cibeles mit Real Madrid in Verbindung zu bringen.

Es oblag jedoch Atlético Madrid als erstem Team in Madrid, einen Sieg an einem Brunnen zu feiern, und zwar 1962, als Atlético den Europapokal der Pokalsieger gewann und die Fans zu Cibeles pilgerten. Der Grund war einfach, dass der Brunnen sehr zentral gelegen und gut erreichbar ist.

Und somit startete die Tradition, Fußballsiege am Cibeles-Brunnen zu feiern. In den 70er- und 80er-Jahren hat man dort Atlético, Real und sogar die Siege der Nationalmannschaft gefeiert. Cibeles war der Platz, auf dem Titel gefeiert wurden.

Doch das änderte sich, als Real einige Jahre hintereinander seine Siege dort zelebrierte. Im kollektiven Gedächtnis wurde Cibeles mit Real Madrid verbunden und für die Colchoneros, so sagten sie, war damit »das Wasser dieses Brunnens verseucht«.

Das war sicherlich der Grund, warum die rot-weiße Karawane am 29. Juni 1991, als Atlético den Pokal gegen Mallorca im Bernabéu gewann, entschied, ein paar Meter weiter zu gehen und am Neptunbrunnen zu feiern, »wo das Wasser noch rein war«!

Die Zeit und die Fans haben also entschieden. Daher wechselten für Cibeles, zu Deutsch Kybele, und Neptun die Anhänger. Und das ist auch gut so, denn Cibeles, die alte und unbewegliche alte Dame, mit einer unsteten Vergangenheit und nicht tadellosem Rufe, passt besser zu Real Madrid, während Neptun, Gott des Meeres und der Gewitter, der großen Wellen und der Instabilität, viel besser zu Atlético passt.

Außerdem hat das Volk aus Madrid sich seit jeher mit Neptuno identifiziert, wie eine Anekdote, gewürzt mit dem typischen Madrider Humor, zeigt: Als die Stadt nach dem Bürgerkrieg unter akuter Hungersnot litt, hängte jemand ein Plakat an Neptuns Arm mit der Botschaft: »Dadme de comer o quitadme el tenedor«*.

Am schönsten ist der Brunnen natürlich, wenn er für eine unserer Feiern rot-weiß geschmückt wird und sogar das Wasser in diesen Farben fließt. *(C.G.)*

* *Dadme de comer o quitadme el tenedor. (dt.: Gebt mir zu essen oder nehmt mir die Gabel weg.).*

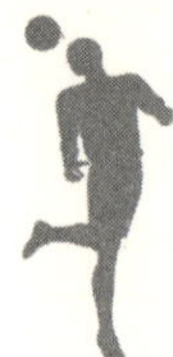

45. GRUND

Weil der richtige Madrilene ein Atlético-Fan ist.

Wen unterstützen eigentlich die Menschen vor Ort, die Menschen aus Madrid und der Umgebung?

Viele Einwohner Madrids sind keine gebürtigen Madrilenen, sondern Zugezogene aus allen Ecken Spaniens, die regelmäßig, zum Beispiel an den Wochenenden, über Weihnachten und an anderen Ferien- und Feiertagen zurück in ihre Heimat fahren. Um Ihre Familien zu besuchen, sind sie oft zwei bis drei Stunden mit dem Auto oder dem Zug unterwegs. So kann es täuschen, wenn Real Madrid in der Stadt Madrid und ihrer Region 203 Fanklubs*, sogenannte Peñas, verzeichnet. Dennoch ist Atlético Madrid knapp dahinter mit 197 Fanklubs** und damit fast die erste Wahl in diesem Teil Spaniens. Das gleiche Bild ergibt sich auch, wenn man die angrenzenden, nordkastilianischen Provinzen wie Segovia oder Ávila oder das südkastilianischen Toledo untersucht. Auch hier haben die Colchoneros fast so viele Anhänger (schwierig zu zählen) und Peñas (laut offiziellen Vereinsstatistiken) wie der selbst ernannte »größte Klub der Welt«, Real Madrid.

Wieso gibt es aber dieses enge Kopf-an-Kopf-Rennen in Madrid? Eigentlich ist eine solche 50:50-Verteilung untypisch für Spanien. Dies kann man eindrücklich am Beispiel der Stadt Barcelona (FC Barcelona und Espanyol) sowie der Stadt Valencia (FC Valencia und Levante) nachvollziehen, wo es einen großen Verein und eben auch einen kleinen Klub gibt. In diesen Städten sind die Rollen seit Jahrzehnten klar verteilt. Nicht so jedoch in Madrid.

Zwar haben heute die Königlichen deutlich mehr Anhänger als alle anderen Vereine, und das nicht nur in Spanien, sondern in der

* *Stand August 2016*

** *Stand August 2016*

ganzen Welt, aaaaber ein Blick in die Vergangenheit, als Real noch keinen europäischen Triumph feiern konnte, zeigt, dass eigentlich Atlético der beliebtere Verein bei den lokal ansässigen Madrilenen war. Der Verein der Hauptstadt und der Kastilier, die nicht in den reichen Quartieren der Stadt wohnten, also die überwiegende Mehrheit der Bevölkerung. Das änderte sich erst nach dem spanischen Bürgerkrieg und insbesondere in den 1950er-Jahren, als Real das Team der Diktatorenelite wurde und seine sportliche Erfolgsgeschichte viele Sympathisanten anlockte. Trotzdem blieb Atlético sich treu und damit der Stadt tief verbunden und das Ganze nicht nur, weil in dem Vereinswappen die Bärin und der Erdbeerbaum, die Symbole des Stadtwappens von Madrid, von der lokalen Verbundenheit zeugen. Doch das beschriebene Phänomen ist Fußballfans nicht unbekannt. So gibt es auch andere große (Fußball-)Städte, in denen die Bewohner sich nicht der bekannteren (Welt-)Marke zugehörig fühlen, sondern dem Verein, der ihrer Meinung nach mehr Mitmenschlichkeit, Emotionen und Nähe zeigt.

Atlético ist kein typischer Verein für Touristen. Doch dies trifft eben nur auf den ersten Blick zu, nur, wenn man lediglich an der Oberfläche kratzt, sprich bei den Zuschauern, die wenig(er) vom Fußball verstehen und nur ihr »been-there-done-that«-Credo umsetzen wollen. Die Rojiblancos sind zudem kein Klub für Erfolgsfans, also ordinäre Menschen, die ihre Mannschaft nur unterstützen, weil sie bzw. wenn sie gewinnt.

Atlético ist ebenso wenig ein Erlebnis für prahlerische Menschen, die eine Dauerkarte als Prestigeware ansehen, ähnlich wie eine Loge in der Oper oder die Ehrentribüne in der Stierkampfarena. Alle diese Zuschauer schauen ihren Fußball woanders, zumeist im Norden der Stadt, wo die Königlichen spielen.

Der typische Atlético-Fan hingegen ist der typische Madrilene oder Kastilier, der ins Stadion Vicente Calderón fährt. Er will nicht von den großstädtischen Lichtern geblendet werden, da er sich schon als genug erleuchtet empfindet. Nein, der typische Colchonero kennt sich in und mit Madrid gut aus und verehrt die Hauptstadt Spaniens nicht. Eher erträgt er sie, ihre Hitze, ihre Hektik, ihren Verkehr, ihre Lautstärke und ihren Dreck, um Atlético genießen zu dürfen.

Er sucht keine Verherrlichung seiner Liebe in der Opulenz, eigentlich liebt er es schlicht, bodenständig. Genau das ist für viele der entscheidende Identifikationsfaktor mit Atlético, denn die Spieler der Rot-Weißen sind sehr oft in Madrid und ihrer direkten Umgebung geboren und aufgewachsen und auch die Neuankömmlinge, die »Importierten«, stellen sich zumeist sehr schnell auf die Stadt und ihre Menschen ein. Sie zeigen sich viel näher an den Fans, die genau dies zu schätzen wissen. Es ist nicht untypisch einen Atlético-Spieler samt Familie im Museum, im Café oder im Zoo zu treffen und ihm ein ¡Aúpa Atleti! als Begrüßung entgegen zu bringen.

Ins Vicente Calderón fahren daher »Tausende, die die Emotionen im Fußball lieben« und die sehen wollen wie die Spieler auf dem Rasen wie »Brüder« kämpfen, so wie es schon die Vereinshymne besingt. Für die Fans im Stadion ist die direkte Verbindung zwischen Sitzplatz und Spielerbank vorrangig, es geht familiär, emotional und nicht eigennützig zu. Genauso also, wie es dem Charakter der richtigen Kastilier entspricht. *(A.C.)*

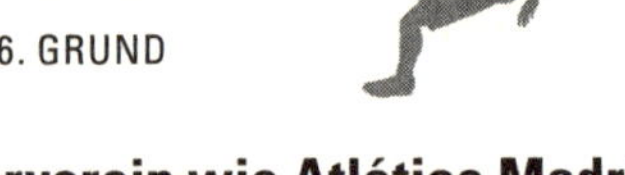

46. GRUND

Weil es einen Arbeiterverein wie Atlético Madrid kein zweites Mal gibt.

Die Fußballwelt ist einfach. Es gibt Arbeiter- und es gibt Bonzenvereine. Bayern München ist so ein Bonzenverein. Real Madrid ist so ein Bonzenverein. Atlético Madrid hingegen ist ein Arbeiterverein. Es hat sein Revier an den Ufern des Manzanares, im Süden Madrids. Es sind Viertel, wo überwiegend Arbeiter und Immigranten wohnen. Aber wo wird dieser Unterschied sichtbar? Das Stadion von Real Madrid, das Estadio Santiago Bernabéu, wird häufig wegen dem Schweigen seiner Fans und deren hohen Anforderungen mit einer »Oper« verglichen. Der Club selbst bemüht sich auch nicht, dies abzustreiten. Bei jedem Heimspiel ertönt die Pavarotti-Hymne *Vincere* – »Ich werde siegen« – zur Einstimmung. Im Vicente Calderón sieht das ganz anders aus. Es gilt als eines der »heißesten« Stadien Spaniens. Vor jedem Spiel singen die Fans die Vereinshymne, ohne ein Megafon oder andere Hilfsmittel zu gebrauchen. Gewöhnlich hören die Fans auch während des Spiels nicht auf zu singen.

In Deutschland bin ich Sympathisant vom 1. FC Union Berlin. Union ist auch ein Arbeiterverein. Die Leute haben viel durchgemacht: Unterdrückung in der DDR, immer wieder Abstiege und vor allen Dingen fehlendes Geld. Aber die Fans sind geblieben. Das schweißt zusammen. Eisern Union, ein alter Stahlwerker-Verein.

Als im Mai 2016 das Champions-League-Finale in Mailand war, musste ich leider aus familiären Gründen nach Berlin, nach Köpenick, wo der 1. FC Union spielt. Wir schauten zusammen das Spiel im Fernsehen an. Ein paar Unioner und ich. Alle waren für Atlético.

Ich wohne jetzt etwas mehr als vier Jahre in der Nähe von Stuttgart. Dort gibt es den VfB, einen Arbeiterverein aus Bad Cannstatt, dem größten Stuttgarter Arbeiterviertel. Der Klub wird zwar oft von regionalen Industriebossen geleitet, die sich eher Sorgen um das Renommee Stuttgarts als Industriestandort machen. Die Fan-Basis sieht sich aber weiterhin als Arbeiterklub. Ich kenne Leute vom größten VfB-Fanklub aus Esslingen-Berkheim. Nach unserem Weiterkommen im CL-Halbfinale 2016 gegen Bayern München habe ich von dort ein paar SMS mit den allerherzlichsten Glückwünschen bekommen.

Man sieht an den Beispielen sehr schön, wie wichtig die Identität ist. Sie ist viel wichtiger als Siege und Titel. Diese Identität ist sogar vereinsübergreifend. Und sie zeigt, was ein Verein wie Atlético

Madrid mit seinen Erfolgen sogar schon in Deutschland bewirkt hat. Neben der Aufmerksamkeit durch die sportlichen Erfolge hat Atlético in Deutschland viel Sympathie, meiner Meinung nach, besonders durch Anhänger deutscher »Arbeiterklubs« erfahren. *(C.W.)*

47. GRUND

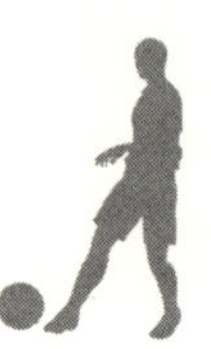

Weil der König kein Königlicher, sondern Colchonero ist.

Juan Carlos Alfonso Víctor María de Borbón y Borbón-Dos Sicilias, dem deutschen Publikum als Johann Karl der Erste, bzw. Juan Carlos I de España bekannt, regierte Spanien 38 Jahre lang, vom 22. November 1975 bis zum 19. Juni 2014, als König.

Don Juan Carlos wurde in Rom, im Exil, am 5. Januar 1938 geboren, zu der Zeit, als in Spanien der Bürgerkrieg tobte. Er kehrte erst im Jahr 1952 nach Spanien zurück, um an der San-Isidro-Schule in Madrid, gelegen in einem alten und populären Stadtviertel in Madrid, das Abitur abzulegen. Bei seiner Rückkehr nach Spanien, ohne seine Eltern, litt das Land noch immer unter der Diktatur Francos. Der junge Adelsspross musste zudem für seine Aus- und Weiterbildung in verschiedene Orte Spaniens reisen, insbesondere in die Städte mit Militärakademien im Norden des Landes.

Seine Neigung zum Sport war schon damals stark ausgeprägt und die Gerüchte sagen, dass er schon damals eine gewisse, nicht protokollarische Vorliebe für Fußball und insbesondere für Atlético Madrid hatte. Dies lag nahe, da zu der Zeit, 1939 bis 1946, Atlético Madrid in der spanischen Liga als Atlético Aviación antrat, passend für Juan Carlos I, der ja der Luftwaffe nahestand.

Das Schicksal wollte es zudem, dass irgendwann, mitten in den 1950ern, Juan Carlos I, gerade auf dem Weg zwischen Madrid und der Militärakademie in Saragossa, eine Rast machte. Am gleichen

Ort hielt sich jedoch ebenfalls der Bus von Atlético Madrid auf, der aus der Gegenrichtung von einem Spiel zurückkehrte.

Die Spieler waren am Rauchen (ja, ja, so war das damals) und am Schwatzen, als der damals achtzehnjährige Juan Carlos I sich näherte und fragte, ob sie ein bisschen mit ihm Ball spielen würden. Bei dieser Gelegenheit entstand ein Bild, auf dem ein magerer Junge mit kurzem Haar, ein paar Schüsse und ein paar kleine Pässe irgendwo im Niemandsland Spaniens mit den gestandenen Männern, viele Ende Dreißig, spielte. Dieses besondere Dokument der Zeitgeschichte ist heute im Museum ausgestellt und seitdem blieb Atlético für immer im königlichen Herzen. Sein einziger Sohn, Felipe Juan Pablo Alfonso de Todos los Santos de Borbón y Grecia, uns bekannt als Phillip VI., wurde im Jahr 1968 geboren und trotz der protokollarischen Neutralität wusste er schon früh, dass sein Herz fußballerisch auch rot-weiß werden würde. Es wird kolportiert, dass seine Schwester Elena, Elena Maria Isabel Dominica de Silos de Borbón y Grecia, einen nicht unerheblichen Teil dazu beitrug.

Diktator Francisco Franco war bekennender Fan von Real Madrid und favorisierte (und unterstützte) die Weißen. Prinz Felipe hingegen zeigte seine Sympathien für Atlético früh und deutlich, so auch 1974, als er die Niederlage gegen Bayern München im Finale des Europapokals als Zuschauer erlebte und dennoch entschlossen feierte. Bei seinem ersten offiziellen Auftritt als Kronprinz, im Jahr 1976, neben seinem Vater, durfte er den Pokal an Atléticos Kapitän und einzigen Torschützen im Finale gegen Real Zaragoza, Jose Eulogio Gárate, überreichen. Bei dieser Gelegenheit entstand ein zweites Bild, rund 20 Jahre nach dem Foto seines Vaters, diesmal ganz offiziell, als Vater und Sohn, als Staatschef und Nachfolger.

Im Zuge dieses Moments wurde er von Journalisten gefragt:

¿Y de qué equipo es usted, Alteza?*

* *¿Y de qué equipo es usted, Alteza? (dt.: Und welches Team ist dann Ihr Liebling, Ihre Hoheit?).*

Seine Antwort lautete:

¿Yo? Yo soy del Atlético.*

Apropos, Geschichte wiederholt sich, so auch am 27.04.2016.

Am Tag des Champions-League-Halbfinales zwischen Atlético und dem FC Bayern München nahm der König und Vater die Infantin und Tochter, Leonor de Todos los Santos de Borbón y Ortiz, mit zu ihrem ersten Fußballspiel. Die Begeisterung im Gesicht der junge Prinzessin für die rot-weißen Farben war ihr deutlich anzusehen. Es ist bekannt, dass das Königshaus mit kleinen Zeichen und Gesten kommuniziert und dieses hier scheint dann doch deutlich zu sein, oder kann es ein Zufall sein, dass das erste Mal, dass eine der Infantinnen ihren Vater ins Stadion begleitet, die Thronfolgerin ist, sie zusammen ins Vicente Calderón gehen und es sich um ein Spiel von Atlético Madrid handelt? An Leonor haben wir augenscheinlich eine rot-weiße Infantin und aus ihr wird mit Sicherheit auch einmal eine rot-weiße Königin werden.

Wer weiß, vielleicht wird sie auch eines Tages Ehrenpräsidentin des Vereins, so wird es ihr Vater seit 2003 bereits ist. Was kann man also als edleren Grund anbringen, wenn die Könige auf ihre »königliche« Eigenschaft verzichten, weil sie Fan von deinem Team sein wollen? *(A.C.)*

48. GRUND

Weil ich nur für Atlético eine neue, fremde Sprache lernte.

Vor der Erfolgswelle, auf der Atlético seit dem Finale der Europa League 2010 in Hamburg schwimmt, hatte man es als Fan der Rojiblancos in vielerlei Hinsicht nicht leicht. Der angebotene Fuß-

* *¿Yo? Yo soy del Atlético. (dt.: Ich? Ich bin Fan von Atlético.).*

ball war mau und man wurde skeptisch von allen Seiten betrachtet. Dazu kam jedoch ein weiteres, praktisches Problem: Kommunikation! Natürlich wusste man bei Atlético von Fangruppierungen außerhalb Spaniens. Klar freute man sich über uns »Ausländer«, aber unsere Zahl war halt sehr gering. Also kümmerte sich keiner wirklich um die Kommunikationsbelange jener Fans, die des Spanischen nicht mächtig waren. Es wäre nicht vermessen zu behaupten, dass in dem Verein zu dieser Zeit nicht eine einzige Person im Fanshop oder Fanservice auch nur ein Wort englisch sprach. »Solo Español«*.

Dinge, die man heute vorfindet und die selbstverständlich scheinen, wie eine englische Website, ein englischer Twitterfeed, ein englischer Online-Fan-Shop, eine Fanshop-Mitarbeiterin, die beim Blick auf die Kreditkarte auf Deutsch sagt, sie habe schon mal bei der Kreissparkasse in Hannover gearbeitet, damals undenkbar und pure Fiktion. Entsprechend blieben damals sämtliche E-Mail Anfragen an den Verein grundsätzlich unbeantwortet, wenn sie nicht auf Spanisch verfasst wurden. Dabei spielte weniger ein böser Wille eine Rolle als schlicht die Tatsache, dass einfach niemand da war, der E-Mails auf Englisch beantworten konnte.

Daneben bestand zu jener Zeit für alle außerhalb Spaniens die spanische Liga lediglich aus Real Madrid und Barcelona. Vielleicht zählte man noch Valencia dazu, die man durch die Auftritte aus der Champions League kannte. Nachrichten zum Verein auf Deutsch, die nicht in einem Absatz zusammengequetscht mit den anderen Ergebnissen aus Spanien im Spielbericht Reals oder Barcelonas bestanden, waren entsprechend rar gesät. Auch im Pay-TV konnte man die Spiele der Rojiblancos nicht oft verfolgen, denn bis auf Arena – die scheinbar irgendwo einen Atlético Fan in der Redaktion sitzen hatten – bestand die spanische Liga aus den Spielen von Barça und Real. Vom Rest sah man so gut wie nichts. Aber all die-

* *Solo Español (dt.: Nur Spanisch).*

se Dinge halten einen wahren Fan natürlich nicht ab. Getreu dem Motto, dass wenn der Verein nicht zu einem kommt, man halt zum Verein gehen muss, tat ich halt das, was am naheliegendsten war: Ich lernte Castellano, Spanisch. Spanische Infos gab es zuhauf. Der Verein hatte eine Website, es gab die großen Sportzeitungen, Fan-Foren und jede Woche eine Spielübertragung im Radio bei Onda Madrid mit José Maria Bonillo und Carlos Sánchez Blás.

Ein mageres Jahr Spanisch in der Schule hatte damals allenfalls gereicht, um nach dem Weg zu fragen, sich vorzustellen und etwas Essbares und Trinkbares in einem Restaurant bestellen zu können. Die Nachrichten der Sportgazetten Spaniens, die Spielberichte, die Radiomoderatoren bei der Live-Berichterstattung waren, wie man sich denken konnte, ein ganz anderes Niveau. Natürlich konnte man sich mit rudimentären Französischkenntnissen und guten Englischkenntnissen, insbesondere bei Zeitungsartikeln, schon ziemlich viel zusammenreimen. Auch die wichtigsten Fußballvokabeln saßen schnell. Die Atlético-Hymne war ebenfalls kein Thema, auch wenn man nur eine grobe Ahnung hatte, worum es in ihr überhaupt ging.

Dennoch, motiviert von der Hoffnung, irgendwann einmal mit dem Verein, wie auch immer geartet, kommunizieren zu können, vielleicht Tickets zu beschaffen oder mal einen Spieler nach einem Autogramm fragen zu können, lernte ich Spanisch. Alleine, zuhause, mit einem Lehrbuch für Kinder aus Österreich, da Grammatik nie wirklich meine starke Seite war und dieses Buch einen einfachen Einstieg versprach. Freunde, Familie und Bekannte hielten mich für bekloppt, mich abends nach der Arbeit hinzusetzen, hunderte Vokabeln zu pauken und die tausendste Schlacht gegen spanische Vergangenheitszeiten und den Subjuntivo auszufechten.

Doch es funktionierte nicht nur, es öffnete mir sogar wortwörtlich eine vollkommen andere Welt. Denn nicht nur ermöglichte es die Kommunikation mit dem Verein, die Beschaffung von Informationen über Atlético, sondern auch die Kommunikation mit den Fans in Spanien, und das wiederum führte dazu, dass man sehr schnell anfing, Freundschaften mit Leuten zu schließen, die man sonst nie kennengelernt hätte.

Die damals mittelmäßigen Spanischkenntnisse wurden dadurch sogar noch besser, da man nun Leute kannte, mit denen man sprechen konnte, vielmehr: musste. Die sich nicht darum kümmerten, ob man jetzt die falsche Vergangenheitszeit nutzte, den falschen Artikel, die einem die gröbsten Sprachschnitzer korrigierten und gemeinsam mit einem über die Fehler lachten und die einen in die Kunst der spanischen Umgangssprache und der korrekten Titulierung von Gegenspielern und Schiedsrichtern einwiesen.

Man sagt immer, man muss eine Sprache sprechen um sie vernünftig zu lernen. Genauso ist es auch. Irgendwann machte ich dann doch noch einen Sprachkurs in Madrid, um diese fürchterliche Grammatik nachzuziehen. Meine Spanischlehrerin war begeistert ob meines umfangreichen Vokabulars, insbesondere auch in spanischer Umgangssprache, und fragte mich, wieso ich Spanisch gelernt habe. Und ich sagte nur: »Weil bei Atlético keine Sau Englisch spricht.« *(S.O.)*

49. GRUND

Weil wir unbestritten die besten Fans sind!

Über die Frage aller Fragen »Papá, ¿por qué somos del Atleti?« haben wir bereits in diesem Buch gesprochen. Zugegeben: Ich habe meinen Vater nicht gefragt, warum wir für Atlético sind. Ich bin es aber sowohl in Spanien, wie auch im Ausland, tausend Mal gefragt worden. Ja, das habe ich mich selber auch gefragt, auch wenn ich weiß, dass man vielleicht alles – ja, wirklich alles – ändern kann, aber niemals die Gefühle für einen Fußballverein. Wie schon der Mathematiker und Philosoph Blaise Pascal sagte: »Das Herz hat seine Gründe, die der Verstand nicht kennt.« Es ist sicherlich ein Gefühl, dass sich nicht einfach erklären lässt. Aber ... ja, ich bin Atlético-Anhängerin! Das war ich immer, sogar in den beschämenden Augenblicken, als das Franco-Regime den Fußball als Opium für das Volk benutzte. Oder als wir sonderbare und pathetische Präsidenten wie Jesús Gil y Gil oder auch den unvergessenen Doctor Alfonso Cabeza hatten, die heute jedoch neben der aktuellen Fernseh-Fauna nicht mehr so sehr auffallen würden wie zu ihrer Zeit.

Wenn ich jedoch ein distinktives Merkmal wählen müsste, würde ich mich ohne Zweifel für die Fangemeinde entscheiden. Denn wie die Atlético-Anhänger sich in kritischen Situationen verhalten, ist für mich das eigenartigste, weil besondere, was diesen Verein auszeichnet. Diese Art, zum Klub »en las buenas y en las malas«* zu stehen, erweckt in mir immer noch eine Gänsehaut, und ich fühle mich stolz, zu dieser Gemeinde zu gehören. Die schmerzhaften Ereignisse der verlorenen CL-Finalspiele von Lissabon und Mailand, die 14 Jahre ohne einen Derbysieg, unser Absturz in die zweite Liga ... Nichts, aber auch gar nichts konnte die Fangemeinde unterkriegen. Als Atlético Madrid in der zweiten Liga war, stieg die Mitgliederzahl um 15.000 Personen. Besonderes in Erinnerung geblieben ist das Pokalfinale 2010 gegen Sevilla. Atlético verlor 0:2, doch nach dem Spiel applaudierten und jubelten über 50.000 Fans eine halbe Stunde lang, ohne schlapp zu machen, und hielten die Spieler mindestens 20 Minuten auf dem Spielfeld – als Verlierer der Partie. Jeder, der ein Video vom Publikumsbereich gesehen oder eine Tonaufnahme aus dem Stadion gehört hätte, würde schwören, dass Atlético der Gewinner war.

Als im April 2014 Atlético den FC Barcelona aus der Champions League schoss, gaben beide Fangemeinden ein Beispiel dafür, wie schön dieser Sport sein kann. Culés und Colchoneros applaudier-

* *en las buenas y en las malas (dt.: in den guten und in den schlechten Zeiten – Auszug aus einer Passage der ehemaligen Hymnen des Vereins).*

ten den Gewinnern, tauschten Trikots (eine Stunde später konnte man am Neptuno noch Colchoneros im Barça-Trikot sehen), und die Spieler grüßten noch im Stadion ihre Fans, aber auch die Fans der Katalanen, die sie so fair und würdevoll als Sieger anerkannten.

Und es ist genau in diesen Augenblicken, in denen ich mich mehr Atlética denn je fühle, 100 %, ohne Zweifel, ohne Reue und voller Stolz. Dieses Benehmen berührt mich zutiefst. Es ist das Benehmen eines Vereins, der nie viel Geld gehabt hat und in dem man die Siege wirklich genießt, weil sie nicht so oft vorkommen. Und wenn sie kommen, dann sind sie von galaktischem Schnickschnack und politischem Euphemismus sehr, sehr weit entfernt. Andere gucken uns komisch an und wir lächeln, weil wir wissen, dass sie nie so lächeln werden, wie wir es können, da wir mit dem Herzen lächeln. Wir sind kein Klub, der mit seinen Trophäen angeben möchte. Wir müssen nichts beweisen. Wir sind »nur« ein Fußballverein, der gewinnen möchte, oder wie es Luis Aragonés so treffend formulierte: »ganar, ganar y volver a ganar.«*

Und wer, wenn nicht er, weiß, dass ohne ein millionenschweres Budget ein Sieg nur durch gemeinsame Anstrengung zu schaffen ist, oder wie Cholo Simeone sagte: »si hay que sufrir, se sufre.«**

Unsere Freude ist freudiger und unsere Traurigkeit eben trauriger. Unsere großen Siege waren immer unerwartet, ja fast unmöglich, undenkbar. Wir sind, schlicht und einfach, eine Gemeinschaft. Weit entfernt von den Schönen, den Reichen und den Mächtigen, aber bereit, jeden Zentimeter zu verteidigen. Wir sind wie David gegen Goliath jedoch viel größer, als Goliath jemals sein wird.

Ja, ich weiß genau, warum ich Atlético-Fan bin. *(C.G.)*

* *ganar, ganar y volver a ganar (dt.: Gewinnen, gewinnen und wieder gewinnen).*

** *si hay que sufrir, se sufre (dt.: Wenn man leiden muss, leidet man).*

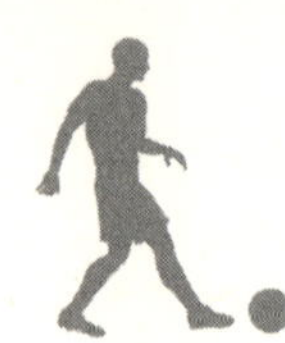

50. GRUND

Weil wir die beste Eskorte der Welt haben!

Atlético Madrid ist bekannt für seine enge Verbindung zu seinen Fans und Mitgliedern. Dennoch berührte uns Fans der Verein, am 14. Januar 2017, vor dem Spiel gegen Real Betis Balompié, mit einer Geste, die ihresgleichen sucht. Wir alle haben uns in der Welt des Fußballs an das Bild beim Einlaufen der Spieler gewöhnt. Die Stars betreten den Rasen und an ihren Händen laufen Kinder mit ein, die sich dann für ein Foto mit dem Gastteam und den Schiedsrichtern präsentieren.

So weit, so gut. Doch an diesem Samstag war alles ein wenig anders: Der Verein hatte sich nämlich Gedanken gemacht, wie man die ältesten Mitglieder am besten ehren könnte, und das, so viel vorweg, ist dem Verein gelungen. Die elf ältesten Mitglieder von Atlético Madrid wurden an diesem Samstag vom Klub ins Stadion eingeladen. Keiner von ihnen wusste genau, warum oder wofür. Vom Verein hatten sie einen Schal geschenkt bekommen, den jeder von ihnen voller Stolz trug. Vor dem Spiel aßen sie zusammen und es blieb noch genügend Zeit, sich über diese geheimnisvolle Einladung Gedanken zu machen. Einer von ihnen hatte sogar Geburtstag (er wurde an diesem Tag stolze 91 Jahre alt) und daher dachte er sich, es hätte vielleicht etwas damit zu tun. Sie spekulierten auch mit der Möglichkeit, das Spiel von der Präsidenten-Loge aus sehen zu dürfen. Sie konnten jedoch nicht ahnen, dass sie sich kurz vor einem der schönsten Momente ihres Lebens befanden.

So wurden sie also von Mitarbeitern des Vereins abgeholt und dazu ermuntert, Augenbinden zu tragen, um den Überraschungseffekt zu steigern. Sie ließen sich kichernd darauf ein und hielten sich an den jungen Leuten fest, die ihnen halfen, zu dem unbekannten Ziel zu laufen. So wurden Sie heimlich in den Innenraum, an den heiligen Rasen des Calderóns geführt, auf dem sie die Augenbinden endlich ablegen durften. Als sie sahen, wo sie sich befanden, hat es ihnen sichtlich den Atem verschlagen: Das Stadion war voll und die Stimmung, wie vor jedem Spiel, gigantisch. Die Zuschauer applaudierten und feierten diesen Augenblick des Glückes. Mono Burgos, der zweite Trainer, begrüßte jeden einzelnen persönlich und hieß sie willkommen. Doch die größte Überraschung sollte ja noch kommen: Die Atlético-Hymne erklang, wie vor jedem Spiel, und die Spieler kamen heraus. Doch dieses Mal ohne Kinder, die sie begleiteten. Dieses Mal standen die betagten Ehrengäste im Mittelpunkt. Jeder Spieler nahm also einen der rüstigen Damen und Herren an die Hand und führte sie, bis sie auf einer Linie neben den Schiedsrichtern und den Betis Spielern standen, auf den Platz.

Doch die älteren Herrschaften wurden nicht vor den Spielern platziert, wie es bei den Kindereskorten üblich ist, sondern neben ihnen. Sie waren auch gar nicht geblendet von den tausenden von Blitzlichtern, sondern unterhielten sich frei mit dem Spieler, der sich an ihren langsamen Gang angepasst hatte und sie liebevoll auf das Spielfeld geführt hatte. Als der Stadionsprecher erklärte, worum es hier genau ging, waren das Publikum im Stadion und die Zuschauer zu Hause zu Tränen gerührt. Mehr als einen Journalisten sah man nach einem Taschentuch kramen. Es war sogar noch Zeit für Fotos und kleine Schwätzchen mit ihren bis zu 60 Jahre jüngeren Idolen, und als sie gehen wollten, kam der Cholo, unser Cholo, und hat jeden einzelnen von ihnen persönlich begrüßt, die Hand geschüttelt, umarmt, mit ihnen ein Weilchen gequatscht und sich für die jahrelange Unterstützung bedankt. Sie werden dieses Geschenk, diese Geste mit Sicherheit niemals vergessen! Niemals zuvor hatte ein Fußballverein eine so ehrenwerte Eskorte wie Atlético Madrid an diesem Tag. Wie die Veranstalter dieser wunderbaren Aktion sagten: »Nunca es tarde para cumplir sueños«*. An diesem Tag waren nicht nur diese elf ausgesuchten Mitglieder dort, sondern

* *Nunca es tarde para cumplir sueños. (dt.: Es ist nie zu spät, Träume zu verwirklichen).*

alle unsere Mütter und Väter, unsere Großmütter und Großväter, die uns gezeigt haben, diesen Verein zu lieben. Diese Hommage an die bedingungslose und jahrelange Treue sagt viel über diesen Verein. Denn wer die Alten ehrt, zeigt Respekt. *(C.G.)*

51. GRUND

Weil kein anderer Virus einen so genussvoll ansteckt.

Als ich in Léon, einer kleinen Stadt auf dem Jakobsweg, im Nordwesten Spaniens, Mitte der 1970er-Jahre geboren wurde, war das Interesse an Fußball dort nicht sehr ausgeprägt. Die Stadt selber hatte keine Mannschaft in La Liga und die einzige Stadt in den umringenden Regionen, die erstklassig vertreten war, war Valladolid. Diese war jedoch unser traditioneller, politischer Erzfeind, vergleichbar also mit der Rivalität zwischen Schwaben und Baden oder Franken und Bayern. Meine Heimatstadt war nicht so blühend und hatte seine Vorliebe eher für andere Sportarten entdeckt, wie Basketball und Handball. In der Schule war ich einer der ganz wenigen Fußballinteressierten und natürlich der einzige Rojiblanco.

In dem Grund über die »rot-weißen Streifen« erklärte ich bereits, wie ich mich in diese Mannschaft und diesen Verein verliebte. Dennoch muss hier der Wahrheit genüge getan werden, sodass ich Folgendes ebenfalls eingestehen möchte.

Als Kind war mein Bruder ein großer Anhänger von Real Madrid und ich als kleinerer Bruder fieberte dementsprechend mit ihm und damit mit seiner Mannschaft mit, da sie ihn glücklich machte.

Versteht mich nicht falsch, immer noch begehrte ich zu Weihnachten das Trikot Atléticos und zwar nur das Trikot Atléticos. Dies ist zum Glück überliefert und auch mit einem eindeutigen Beweismittel verewigt, nämlich durch meinen Wunschzettel aus dem Jahr 1984 an die Heiligen Drei Könige, die den Kindern in Spanien am

6. Januar die Geschenke bringen. Noch heute ist dieser Brief einer meiner größten Schätze. Als wir dann 1987 aufgrund der Arbeit meines Vaters in die Metropole Madrid umziehen mussten, änderte sich meine Welt in vielen Bereichen enorm. Ich war schon ein Teenie und musste plötzlich neue Freunde, neue Beziehungen und eine neue Umgebung aufbauen, verarbeiten und verdauen.

Der Start in der Schule gestaltete sich vergleichsweise einfach, da ich in eine Schule mit der gleichen konfessionellen Ausprägung wie in meiner Heimatstadt ging. Der Unterschied war jedoch, dass es in Madrid nicht nur mittelständige, sondern auch sehr wohlhabende Kinder gab. In so einem Quartier waren daher natürlich die meisten Mitschüler Anhänger von Real Madrid, was mich im Grund, wie oben bereits erklärt, nicht störte.

Trotzdem überstrapazierten mich die »Vikingos«* mit ihrer Haltung. Als Neu-Ankömmling war eine der ersten Fragen immer »de qué equipo eres?«** Auf diese antwortete ich immer resolut: »Atlético, aber auch Real geht für mich in Ordnung.«

Die Antwort führte zu unterschiedlichen Reaktionen, während die rot-weißen Fragesteller sich freuten, zumindest einen halben neuen Kumpel gefunden zu haben, reagierten die weißen Fragesteller zumeist mit Beleidigungen und Spott, die sich immer auf Atlético und insbesondere die Fans bezogen.

Ich konnte und wollte das nicht verstehen. Ihre Haltung, ja ihre Arroganz war grundlos, ihre Akzeptanz gleich null. So begann ich langsam zu erkennen, wie unterschiedlich die Fans der beiden Vereine sind. So fiel meine Entscheidung dann auch zwangsläufig aus, da ich lieber zu den liebenswerten, normalen Menschen gehören wollte, die nicht prahlen oder präjudizieren. Über dieses Phänomen ist übrigens mein allerbester Freund (An dieser Stelle einen

* *Los vikingos (dt.: die Wikinger) – Spitzname für die Fans von Real Madrid, abgeleitet von dem Umstand, dass das Stadion im Norden der Stadt beheimatet ist.*

** *De qué equipo eres? (dt.: Zu welchem Team gehörst Du?).*

lieben Gruß an Alex!), in Sevilla geboren und in Madrid aufgewachsen, Fan des FC Barcelonas geworden, also ebenfalls ein Anti-Madridista.

So entwickelte ich damals auch eine Art Begabung, um hochnäsige Leute schnell zu identifizieren und zu meiden und ebenso Atlético-Fans in der ganzen Welt zu treffen und mich mit ihnen anzufreunden. Denn der rot-weiße Virus, der in den Adern der Colchoneros ist, ist sehr einfach zu erkennen und zu entdecken. So habe ich Atlético-Fans zum Beispiel in einem Museum in Holland, einem Aufzug in New York und auf einem Schiff in Ägypten auf den ersten Blick erkennen und aus der Menge extrahieren können.

Glauben Sie mir, es war immer ein Gewinn an Lebensfreude und ein echter Genuss, andere mit dem rot-weißen Virus infizierte Menschen zu treffen. Eine echte Bereicherung meines Lebens. *(A.C.)*

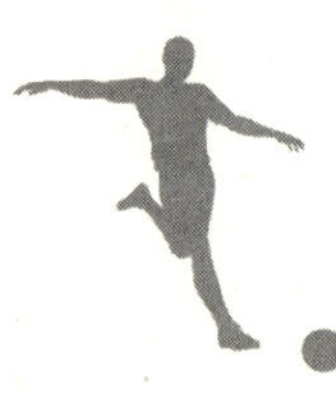

52. GRUND

Weil wir Colchoneros unsere Spieler auch in deren dunkelsten Stunden verehren.

Manche Vereine haben keine Spieler, mit denen man sich identifiziert, sondern Stars, die wie Schaufensterpuppen Trikots verkaufen sollen. Diese wichtige Einnahmequelle ist für die Vereine zweifellos von immenser Bedeutung, doch sind es oftmals Touristen und Erfolgs-Fans, die viele dieser Trikots kaufen.

Ein weiteres Phänomen ist der Umstand, dass es Vereine gibt, bei denen man seinen Stars die Liebe entzieht und wichtiger noch seine Respektlosigkeit durch Pfiffe und Buh-Rufe deutlich macht, wenn der Spieler hinter den Erwartungen zurückbleibt oder in wichtigen Momenten einen Fehler macht.

Bei diesen Vereinen, die mit ihren angeblich guten Manieren werben, sind die Pfiffe und Buhrufe schon manchmal bereits in der

15. Minute zu hören. Ich habe mich immer gefragt, was diese Zuschauer unter Unterstützung verstehen. Bei Atlético ist das anders, ganz anders. Es ist jedem Fan bewusst, dass jeder Fehler machen kann, auch schmerzhafte, und dass auch jeder mal einen schlechten Tag haben darf. Unvergessen in diesem Zusammenhang sind die Bilder des weinenden Jimmy Floyd Hasselbaink im rot-weißen Dress nach dem verschossenen Elfmeter, der den Abstieg bedeutete.

Es herrscht das Credo bei den Rojiblancos vor, dass Spieler auch nur Menschen sind und eben keine Roboter. Nur so ist das Phänomen zu erklären, dass es immer wieder zu lautstarkem, aufmunterndem Applaus und zu »Atleti«-»Atleti«-Sprechchören kommt, wenn einmal ein Spieler einen Elfmeter verschießt oder sich die Mannschaft ein Gegentor fängt.

Das wohl beeindruckendste Beispiel hierfür konnte man 2016 nach dem verlorenen Champions-League-Finale in Mailand erleben. Juanfran hatte das Pech, im Elfmeterschießen seinen Strafstoß an den Pfosten zu setzen, was dazu führte, dass man dem Stadtrivalen unterlag. Doch wer glaubt, dass die Fans nun ihren Sündenbock gefunden hatten, irrt – und das gewaltig. Bereits im Stadion, als sich Juanfran bei den Fans entschuldigen wollte, wurde er mit minutenlangen Sprechchören aufgerichtet und gefeiert.

Wenige Tage danach, nach einer der schmerzhaftesten Niederlagen der Vereinsgeschichte, war das Trikot von Juanfran restlos ausverkauft! Damit setzte die rot-weiße Fangemeinde ein einmaliges Zeichen. Sie machte klar, dass bei Atlético Spieler ge- und verehrt werden und eben nicht den Hohn und Spott ertragen müssen, der leider in vielen Bereichen dieses Sports üblich geworden ist.

Wer alles gibt, wer kämpft und für das Team da ist, für den sind auch die Fans da, sogar und insbesondere nach einer Champions-League-Final-Niederlage. *(C.G.)*

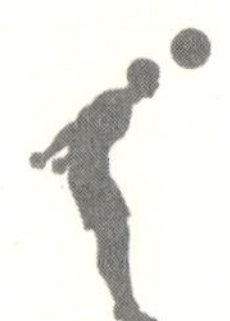

53. GRUND

Weil wir auch »Indios«* sind.

Jeder weiß, dass wir Fans von Atlético Madrid Rojiblancos und Colchoneros sind, doch neben diesen zwei Bezeichnungen gibt es noch eine Dritte. So bezeichnen wir Fans uns auch als »indios«,und über die Entstehung dieses Namens gibt es, wie so oft, verschieden Theorien. Die Erste basiert auf der Tatsache, dass bis Anfang der 70er-Jahre keine ausländischen Spieler in spanischen Vereinen spielen durften. Die einzige Ausnahme von der Regel war, wenn sie familiäre, spanische Bindungen nachweisen konnten. Da die Immigration von Spaniern nach Südamerika immer sehr zahlreich war und die dortigen Spieler oft erstklassige Fußballspieler waren, entschied der Verein, einige Spieler aus Südamerika, wie zum Beispiel Ayala, Heredia oder Panadero Díaz, von dort zu holen und sie unter Vertrag zu nehmen.

Ihr Aussehen, die langen Haare und die dunklere Haut, brachte unsere Nachbarn aus dem Norden dazu, sie despektierlich »indios«, also »Indianer«, zu nennen. Was als Verachtung unserer Rivalen begann, verwandelten wir sofort in eine Liebeserklärung an diese Spieler, die für uns so viel bedeuteten. Als Zeichen der Solidarität ernannten sich die Fans von Atlético selbst zum »Indianer Team«. Damit wollte die Fangemeinde ein Zeichen gegen Rassismus setzen und sich gleichzeitig für die betroffenen Spieler einsetzen.

Eine andere, jedoch eher unglaubwürdige Version besagt, dass sich der Name aus der Redewendung »hacer el indio«** ableitet. Als Referenz sollen hierfür die damaligen schlechten Ergebnisse gedient haben. Da jedoch jeder Verein schlechtere Phasen durchlebt, müsste diese Redewendung auch bei anderen Klubs greifen und so-

* *Los indios (dt.: Indianer).*

** *hacer el indio (dt.: herumblödeln).*

mit müssten nahezu alle Vereine in Spanien den Spitznamen »Indios« tragen, was jedoch augenscheinlich nicht der Fall ist. Die Bezeichnung »Indios« spiegelt sich im Übrigen auch in der Namensgebung unseres geliebten Maskottchens wieder, unserem »Indi«.

Meine persönliche Lieblingsversion ist allerdings die Folgende: Wir sind »Indios«, weil unsere Feinde die weißen Männer sind, die »Vikingos« aus dem Norden der Stadt. Wir sind »Indios«, weil wir am Flussufer des Manzanares kampieren, und wir sind »Indios«, weil wir immer unsere rot-weiße Kriegsbemalung tragen!

Außerdem darf man nicht vergessen, dass Tausende von Lateinamerikanern Mitglieder von Atlético sind. Wie sie sagen, ist dies der Verein, der sie am meisten an ihre Heimat erinnert. *(C.G.)*

54. GRUND

Weil man zunächst keine Ahnung hat, worauf man sich einlässt, es dann aber keine Sekunde bereut.

Es ist schon eine Weile her, ich war vierzehn, ein junges, deutsches Mädchen und noch nicht lange Atlético-Fan, da erfand meine Mutter eine Geschichte.

Wir standen in einem spanischen Sportgeschäft vor den Fußballtrikots der Liga, fein säuberlich aufgereiht, eine Mannschaft nach der anderen, und nicht weit entfernt schrie ein Baby. Meine Mutter, sehr angetan von der spanischen Leidenschaft für Fußball, sagte, dass Eltern in Spanien mit ihren Kindern, sobald diese alt genug wären, in ein Sportgeschäft wie dieses gehen und sie an der Reihe mit den Trikots vorbeitragen würden. Das Kind würde an einer Stelle anfangen zu schreien und in diesem Moment hätte es sich für eine Mannschaft entschieden. Entschied sich das Kind für Atlético und die Eltern waren Fans einer anderen Mannschaft, so sahen sie das Baby, ihr Baby, entsetzt an und sagten etwas wie

»Warum nur?« oder »Bist du dir sicher? Willst du dich nicht doch anders entscheiden?«.

Natürlich war mir klar, dass die Geschichte eigentlich sinnlos war. Jeder Fußballfan versucht, seine Kinder von der Mannschaft zu überzeugen, die er selbst verehrt. Doch was sich letztendlich darin widerspiegelt, ist das Unverständnis, auf das man als Atlético-Fan trifft, insbesondere, wenn man aus Deutschland kommt. Genau das ist es aber, was mich an der Geschichte von Anfang an faszinierte. Denn gerade dieses Unverständnis, genauso aber alle Freuden des Fan-Daseins, muss jeder irgendwann zum ersten Mal durchleben.

Besonders als Deutscher hat man dabei möglicherweise zunächst keine Ahnung, worauf man sich einlässt. Ich erinnere mich gut daran, wie ich zum ersten Mal einem anderen Atlético-Fan begegnete, an das wissende Lächeln auf seinem Gesicht und das »¡Aúpa Atleti!«. Genauso erinnere ich mich aber auch daran, wie die ersten Bekannten beim gemeinsamen Fußballschauen in einer Bar in Spanien anfingen zu hinterfragen, warum ich denn nun ausgerechnet eine Rojiblanca geworden bin, vor allem, da ich doch aus Deutschland kam. Um ehrlich zu sein, ich war damals nicht darauf vorbereitet. Ich hatte gedacht, man könnte Fan einer Mannschaft sein und dabei nur das Spiel auf dem Rasen verfolgen. Ich wusste nicht, dass dazu eine Lebensphilosophie gehört. Aber vor allem wusste ich nicht, wie viel ich verpasste.

Als Deutsche kennt man aus Spanien vor allem den FC Barcelona und Real Madrid und man weiß vermutlich nicht, wie bedeutsam das »sentimiento atlético« ist. Nicht, bis man vom rot-weißen Virus infiziert wurde. Man kennt die Art, mit der Mannschaft zu leiden und die Aufopferungsbereitschaft aller Fans und Spieler nicht, man weiß nicht, in welcher Weise Atlético-Fans in Spanien sich ansehen oder wie sie von anderen angesehen werden.

All das hätte man vielleicht abgelehnt, wäre es einem zuvor berichtet worden, vielleicht hätte es aber auch Neugier geweckt und Aufregung geschürt.

So oder so, selbst wenn man zu Beginn nicht weiß, was man da für eine wegweisende und bestimmende Entscheidung trifft – man wird die Konsequenzen recht schnell selbst erfahren und die Lebensweise übernehmen – bei Atlético geht es schließlich nicht um den unaufhörlichen Erfolg, sondern um den Zusammenhalt und das Gefühl der Gemeinschaft.

Wenn man dieses erst einmal gefunden hat, wird man keine Sekunde bereuen, sich darauf eingelassen zu haben, egal wie unverständlich es für manch anderen ist und unabhängig davon, wie viele Titel verloren gehen oder gewonnen werden. *(M.L.)*

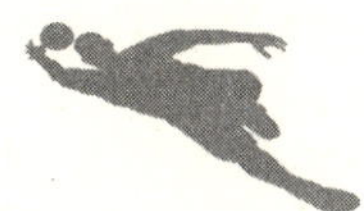

55. GRUND

Weil man in Alcobendas, im weißen Feindesland, als deutscher Atlético-Fan so viel Aufmerksamkeit bekommt (dass es ein Leichtes ist, neue Kontakte zu knüpfen).

Es war wieder soweit und ich sollte für einige Zeit in die Niederlassung meiner Firma nach Alcobendas reisen. Alcobendas ist ein Vorort von Madrid, obwohl er mit über 110.000 Einwohnern schon eine mittelgroße Stadt ist. Da die Stadt aber nur 13 km von Madrid entfernt liegt, ist sie sehr gut an die Madrider U-Bahn angeschlossen. In Alcobendas haben sich viele nationale und internationale Firmen mit ihren Niederlassungen angesiedelt, so wie meine Firma auch. Ein Stadtteil von Alcobendas heißt La Moraleja. Dies ist eine Siedlung der Superreichen mit Golfplatz und allem, was dazugehört. Dort wohnen sehr viele der von uns gering geschätzten Real Madrid-Spieler. Meine Firma war vor meiner Ankunft so gut wie in Real-Hand. Vielleicht hat das mit der Nähe zum Bernabéu-Stadion zu tun oder dass die meisten Mitarbeiter im Norden Madrids und Umgebung wohnen. Vielleicht hat das auch mit der Firmenkultur vor Ort zu tun. Alfredo, mein Chef, zum Beispiel ist ein Madridista durch und durch. Es hat aber nicht lange gedauert, da wussten alle, dass ich Socio bei Atlético bin und es in Deutschland eine Peña gibt, die Peña, unsere Peña, und das Entsetzen war groß. Mein Chef schrie, ihr seid »de la Segunda«, ewige Verlierer und so weiter. Und warum sei ich denn für Atlético? Und warum nicht Real? Dann hielt ich einen Vortrag über Glory Supporters und wahre Liebe, Liebe, die nur ein Arbeiterklub in Rot-Weiß erfahren kann, und erzählte, wie ich mich in Atlético verliebte, von dem Tor Bernd Schusters im Pokalfinale 1992 im Bernabéu gegen Real Madrid. Aber davon später in einem anderen Grund …

So nach und nach lernte ich dann auch die anderen Colchoneros in meiner Firma kennen. Aber wie schon gesagt, wir blieben dort die Minderheit. In meiner Anwesenheit in Alcobendas von Februar bis April 2016 gab es natürlich auch Champions League. Atlético schmiss heldenhaft den FC Barcelona aus dem Rennen. Was passierte am nächsten Tag in meiner Firma? Alle Madridistas standen bei mir Schlange und gaben mir artig die Hand und gratulierten zum Sieg. Mein Chef erzählte mir, wie er vor dem Fernseher mit Atlético mitgefiebert hatte. Ich war sprachlos und konnte es kaum glauben. Ich fiebere nie mit Real Madrid mit. Auch nicht, wenn es gegen Barcelona geht. Aber vielleicht muss man dafür in Kastilien geboren sein.

Da ich auf keinen Fall in Alcobendas wohnen wollte, hatte ich mir ein Apartment im Barrio de Salamanca, im Zentrum von Madrid, gesucht. Meine Stammkneipe gehörte einem netten Ehepaar. Sie Colchonera und er Madridista. Wenn Atlético spielte, hat sie sich das rot-weiße Trikot angezogen und unsere Flagge gehisst. Wenn Real spielte, hat er sich das nicht so schöne weiße Trikot mit der Krone im Wappen angezogen. Und beide haben sich artig jeweils immer zum Sieg gratuliert. Er hat mir übrigens auch immer gratuliert. Sogar nach unserem Sieg über die Bayern. Diese Trennung von Fan-Leidenschaft in Familie und Partnerschaft soll wohl nicht so selten sein in Madrid. *(C.W.)*

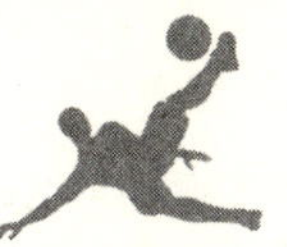

56. GRUND

Weil für uns die beste Werbeagentur der Welt arbeitet.

Das Ehepaar Marta Rico und Miguel G. Vizcaíno, beide natürlich Fans von Atlético, sind Kult in Spanien, besser gesagt Ihre Videos. Die beiden sind nämlich die Kreativchefs der Madrider Werbeagentur Señora Rushmore, die seit über 15 Jahren für die Werbespots von Atlético Madrid verantwortlich ist. Es waren insbesondere diese Videos, die in Spanien Kult sind, die Atlético zu einem Imagewandel, hin zu einem Sympathieträger, verholfen haben.

Neben vielen Auszeichnungen und Preisen sind es insbesondere die grandiosen Kampagnen für die Rojiblancos, die so gut wie kaum etwas anderes die besondere Lebensphilosophie von Atlético Madrid vermitteln. Begonnen hat diese einmalige Partnerschaft in der dunkelsten Stunde der Vereinsgeschichte, als der Verein gerade in die Segunda Divisón abgestiegen war. Doch auch wenn der Club sportlich dunkle wie auch wirtschaftlich schwierige Zeiten erleben musste, hat es »Señora Rushmore« immer verstanden, dass das nicht zu beziffernde Kapital, der größter Wucherpfand von Atlético, seine Anhängerschaft ist.

Genau diese Überzeugung und das feine Gespür, wie man es anspricht, war der Garant der Erfolge der Videos. Es waren daher auch diese Emotionen und Bilder, diese manchmal nicht in Worte zu fassende Leidenschaft, in guten wie in schlechten Zeiten, die die Fans noch weiter zusammenwachsen ließ.

Unvergessen bleibt der schon im Vorwort erwähnte Spot »¿Papá, por qué somos del Atleti?«, in dem der Vater einfach nicht weiß, was er jetzt auf diese vermeintlich harmlose Frage antworten soll.

Oder das Video über den Socio* Nummer 1, einen nunmehr alten Mann, der eindrucksvoll berichtet, dass er sich das Salz, den

** Socio (dt.: Mitglied) – offizielles Mitglied des Club Atlético de Madrid.*

Kaffee und sogar die Zigaretten abgewöhnt hat, doch von Atlético wegzukommen wird er nie schaffen. Der Titel dieses Spots ist deutlich: »Me mata. Me da la vida.«*

Diese Spots sprechen nicht nur über Fußball: Sie sprechen über das Leben. Sie haben verschiedene, wenn auch in Spanien zum Teil sehr kontroverse und brisante politische und soziale Themen angesprochen (unter anderem den Bürgerkrieg, das Altern, die Gastarbeiter sowie den Tod), in jährlichen wie auch in punktuellen Kampagnen, und der große Erfolg bei jedem einzelnen Werbespot zeigt, wie treffend und prägnant diese Gefühle transportiert werden. Damit haben sie unzähligen Fans aus der Seele gesprochen und viele neue Menschen an den Verein gebunden, aber vor allem haben sie der ganzen Welt gezeigt, was das sentimiento atlético** bedeutet.

Natürlich haben auch andere Vereine mit ähnlichen Kampagnen versucht, diesen Erfolg und diese Emotionen zu vermitteln, doch ohne einen vergleichbaren Erfolg. Denn kein anderer Klub kann über solche tiefen Gefühle wie Zugehörigkeit, Treue und Leidenschaft authentischer reden als der rot-weiße Verein aus der spanischen Hauptstadt.

Bezeichnend dazu die Aussage von Miguel G. Vizcaíno, der in einem Interview mit der *Süddeutschen Zeitung* vom 23. Mai 2014, kurz vor dem Finale der Champions League, sagte: »Atlético hat gezeigt, dass man mit bestimmten Tugenden überlegene Gegner schlagen kann: Leidensfähigkeit, Durchhaltevermögen, Haltung auch in schlechten Zeiten. Diese Werte haben wir in unseren Werbefilmen immer in den Vordergrund gerückt; für uns war Atlético nie ein Verlierer. Es sind dieselben Tugenden, die wir unseren Kindern einimpfen.«***

* *Me mata. Me da la vida (dt.: Es bringt mich um. Es hält mich am Leben.).*

** *Sentimiento atlético (dt.: Das Atlético-Gefühl).*

*** *http://www.sueddeutsche.de/wirtschaft/marketing-von-atletico-madrid-mit-wem-wuerden-sie-lieber-ein-bier-trinken-1.1972027*

Vielleicht ist es genau diese Mischung, die es nahezu unmöglich macht, sogar für Nicht-Colchoneros, die Spots ohne Tränen in den Augen zu genießen. *(C.G.)*

57. GRUND

Weil die Gesänge der Colchoneros schon längst die Champions League gewonnen hätten!

Äh? Atlético? Aber in England werden doch Europas schönste Fanlieder gesungen! Das hört man oft, wenn man auf die besonderen Anfeuerungsrufe von Atlético zu sprechen kommt und behauptet, dass diese zu den besten in Europa gehören. Der Führungsanspruch der englischen Fangesänge besteht jedoch noch aus den achtziger Jahren, in denen das vielleicht noch so war. Doch dann kam die Hillsborough-Katastrophe 1989 in Sheffield, durch die viele Menschen im Stadion starben und nach der als eine Maßnahme die englischen Fußballstadien zu reinen Sitzplatz-Stadien umgebaut werden mussten. Dann folgte noch die Vermarktung und der Gang ins Stadion wurde immer teurer. Heute können sich in England die alteingesessenen Fans kaum noch die Eintrittsgelder leisten. Sie schauen in den Pubs den Fußball ihrer Mannschaft. Ihre Plätze haben Touristen eingenommen, die vorher im Fanshop noch einmal kräftig einkaufen waren. Dementsprechend ist dann auch die Stimmung: Wie in einer Buchhandlung. Bei Arsenal London dürfen bei Toren immerhin noch zwei akkreditierte Fahnenschwenker den Torerfolg feiern, indem sie die Fahnen hin und her bewegen, aber ja nicht zu lange, damit die Werbebanner nicht verdeckt werden.

Und bei Atlético? Klar, es gibt auch Touristen, insbesondere aus Asien, die vor dem Spiel im Fanshop kräftig einkaufen waren oder europäische Fans, die im U-Bahn-Eingang noch schnell einen Schal erwerben, obwohl dieser oftmals nach dem Spiel wieder im Mülleimer landet, wie mir ein Standverkäufer einmal erzählte. Jedoch hält sich das alles glücklicherweise in Grenzen. Das Verhältnis Tradition und Kultur gegenüber Kommerz ist bei Atlético Madrid noch im Gleichgewicht, was in den vielen schönen Liedern zum Ausdruck kommt.

Was dabei besonders auffällt, ist, dass sehr viele Fans ein großes Repertoire an Liedern auswendig mitsingen können. Das ist bemerkenswert. In Deutschland zum Beispiel gibt es in der Theorie auch ein großes Liedgut. Nur wird es selten angewandt und gerät deshalb, ein paar Ausnahmen bestätigen die Regel, in Vergessenheit. So beschränkt sich in deutschen Stadien die gesungene Vielfalt in der Regel auf »Super«, »Olé«, »Schalala« oder »Auf geht's, Name der Heimmannschaft, schieß' ein Tor«.

Ganz anders bei Atlético: Ich kann nicht sagen, wie viele Lieder es insgesamt sind, die aktuell gesungen werden. 12, vielleicht 15 oder sogar noch mehr, ich möchte mich nicht festlegen. Ich kann nur sagen, dass ich acht mehr oder weniger gut auswendig singen kann und damit weitaus besser bin, als ich es in meiner Schulzeit je war, da ich eigentlich nicht gut singen kann. Aber das ist eben auch Atlético. Der Verein macht dich halt in allen Bereichen zu einem besseren Menschen!

Zudem sind die Lieder sehr originell. Sie sind so originell, dass sie in Spanien oft kopiert werden, sogar vom Erzfeind Real Madrid. Darüber gibt es natürlich auch einen Gesang. Darin heißt es: »Es gibt ein Motto in diesem verdammten Saustall (damit ist das Santiago Bernabéu gemeint), das Motto der Ultrasur (Real-Ultras), das heißt alles zu kopieren, was die Frente (Atlético-Ultras) macht, so zeigen sie, wie dumm sie sind«.

Tja, auch ein Lied sagt manchmal mehr als tausend Worte …

Die meisten Lieder handeln aber natürlich von der Liebe zum Club Atlético de Madrid, vom Leiden für den Verein und fordern die Spieler auf, alles zu geben für ihren Klub, da auch die Fans alles auf der Tribüne geben: »Ich bin ein Atlético-Fan und du bist die

Freude in meinem Herzen. Selbst der Tod kann uns nicht scheiden, auch noch aus dem Himmel werde ich dich anfeuern. Mir ist es egal in welchem Stadion du spielst, zuhause oder auswärts werde ich dich sehen. Ich leide mit dir, weil es meine Mission ist. Ich würde mein Leben geben, könnte ich dich als Champion sehen.«

Manchmal wird die Liebe zum Verein auch mit der Muttermilch mitgegeben, besonders wenn die Geburt im Stadion stattfindet: »Ich kam verliebt in Atlético Madrid auf die Welt, in den Stadien, in denen ich, verliebt in dich, so litt. Deine rot-weißen Streifen trage ich im Herzen, du machst eine Religion daraus für mich, lass uns den Titel feiern!«

Ab und zu brauchen die Spieler auch richtigen Ansporn auf dem Rasen: »Los, Champions, zeigt Eier, heute gewinnen wir. Ich bin außer Rand und Band. Ich will dich als Champion sehen. Niemals, niemals werden dich diese Fans im Stich lassen, sie werden sowohl in guten wie in schlechten Zeiten nie aufhören, dich anzufeuern.«

Ein weiteres Liedgut handelt von der ewigen Liebe: »Die Jahre sind vergangen, die Fans sind noch da, sie halten dich in Ehren, überall in der Stadt. Egal, was passiert, sie werden uns nicht trennen. Atleti, ich liebe dich, mit dir gehe ich bis ans Ende.«

Über allem steht aber die aktuelle, offizielle Hymne, die außer von den Tribünen auch über die Stadionlautsprecher im Vicente Calderón zu hören ist. Da das Lied auch eine Hommage an dieses Stadion ist, wird es wahrscheinlich bald ersetzt werden, wenn sich die Fans an das neue Wanda Metropolitano gewöhnt haben, das neue Schmuckstück von Atlético Madrid.

Atleti, Atleti, Atlético Madrid,
egal ob du nur spielst oder gewinnst, du kämpfst wie der Beste.
Weil die Fans immer vor Leidenschaft erschauern,
wenn du unter allen der Champion bleibst.
Und man sieht am Ball ein wahres Team,
das an diesem Nachmittag für Atmosphäre sorgt.

Ich gehe zum Manzanares-Fluss,
zum Stadion Vicente Calderón,
wohin es uns zu Tausenden zieht,
denen der Fußball mit Emotionen gefällt.
Denn sie kämpfen wie Brüder,
wenn sie ihre Farben verteidigen,
im edlen und reinen Spiele,
alles an Mut und Herzen gebend,
Atleti, Atleti, Atlético Madrid (C.W.)

58. GRUND

Weil die farbenprächtigsten Choreos und prägnantesten Tifos von den Colchoneros kommen.

Seit dem Ende der 90er-Jahre sind die Sitzreihen des Vicente Calderóns mit roten, weißen und blauen Plastiksitzen anstelle der zuvor alten Holzbänke ausgestattet. So sieht der rot-weiße Tempel aus der Luft aus wie eine glanzvolles, ausgedehntes Trikot.

Wenn die über 56.000 Zuschauer Platz genommen haben sieht man natürlich diese Kombination aus den Vereinsfarben Atléticos nicht mehr, aber dafür sieht man sehr oft viel mehr als das.

Vor vielen Spielen kann man im Stadion Kombinationen aus Fähnchen, Farbkartons und gesprayten Bildern bewundern, auf denen Gesichter, Wappen, Botschaften und Anfeuerungsrufe zum Leben erwachen.

Oft umspannen diese nur die Südtribüne, auf denen die Frente Atlético beheimatet ist, doch vor wichtigen Spielen und zu speziellen Anlässen wird das ganze Stadion einbezogen.

Die offene, halbrunde Tribüne des Calderóns, in der die Nord-, West- und Südtribüne sich ununterbrochen erstreckt, erlaubt große, durchgehende Designs und fantasievolle Choreographien. Diese Tifos dienen als verbildlichte und verschriftlichte Anfeuerungen der Fans. In diesem Segment hat Atléticos Fangemeinde unbestritten und anerkannterweise in Spanien die Oberhand. Doch auch über die Grenzen Spaniens hinaus, in ganz Europa, gelten die Choreos von Atlético als besondere Inspiration und werden mit besonderem Stolz bewundert.

Vor allem, weil die Tifos von Atlético noch heute handgefertigt sind. Weil die Ideen, die Vorbereitungen sowie die ganze Arbeit der Erstellung von jungen (und nicht mehr ganz so jungen) Fans in marathonischen Tagwerken erstellt werden. Vor allem die selbsternannten »Tifo-Macher« der Frente Atlético tragen hier die Verantwortung, dass die Choreographien am Spieltag wie ein Seidenkleid auf der Haut des Vicente Calderóns perfekt sitzen.

Die einzige Unterstützung des Vereins erfolgt durch die Überlassung von Räumlichkeiten und den Zutritt ins Stadion an den Tagen vor dem Spiel. Auf der anderen Seite hat der Verein oftmals treffende oder markante Tifos zum Anlass genommen und das Motto als eigenes Vereinsmotto übernommen. Das bekannteste aktuelle Beispiel lautet hier: »Nunca dejes de creer«*. Es ist die Devise von Trainer Cholo Simeone, der diesen Satz in einer Pressekonferenz, nach einem Krimi im Elfmeterschießen im Achtelfinale der Champions League, gesprochen hatte. Die Fans haben diesen Ausspruch aufgenommen und schriftlich niedergelegt, in großen Buchstaben, die die gesamte Westtribüne abdeckten. Der Hashtag trendete in Twitter ein paar Tagen und er gab Hoffnung und Vorfreude jenseits der spanischen (Fußball-)Gesellschaft. Angespornt von diesem Motto, trug es Atlético sowohl durch das Viertel- als auch durch das Halbfinale der Champions League 2015/16.

Erst im Finale wandelten die Fans das Motto ab: »Tus valores nos hacen creer«**, ein klarer Hinweis auf den andern Finalisten,

* *Nunca dejes de creer (dt.: Hört nie auf zu glauben).*

** *Tus valores nos hacen creer (dt.: Deine Werten lassen uns Glauben).*

der nur aufgrund seiner Geldübermacht und einer sehr, sehr, sehr glücklichen Auslosung keine Schwierigkeiten auf dem Weg ins Finale hatte. Doch auch andere Tifos bleiben wohl für ewig in der Erinnerung der Colchoneros. So auch beim Tod von Luis Aragones, gerade zu dem Zeitpunkt, als Atlético seine sportliche, historische Größe wieder erreichte. In dem folgenden CL-Spiel widmeten die Fans Luis und seinem Lebensmotto die Choreo: »Ganar, y ganar, y ganar y volver a ganar«*

Als die Zeiten sportlich nicht so rosig waren, sammelten die Fans Stärke und Mut unter der Tifo: »Volveremos a ser campeones«**

Und tatsächlich führte es Atlético seitdem zum Gewinn des Pokals, der Meisterschaft sowie zu zwei Europa League und zwei UEFA-Super-Cup-Siegen. Nicht zu vergessen die beiden Niederlagen in den CL-Final-Spielen 2014 und 2016. Unvergessen auch die Choreo zum 100. Vereinsjubiläum, dem Centenario, für das die vier historischen Wappen Atléticos durch die Wörter »Seit immer« / »liebe ich dich Atleti« / »Für immer« eingerahmt wurden.

Bemühen Sie einmal eine Suchmaschine ihrer Wahl, die Bilder haben es verdient. Sie sind imposant und nahezu märchenhaft inszeniert. Sollten Sie also Ihre Suchmaschine mit »Tifos Atletico Madrid« füttern, werden Sie sicherlich auch auf viele weitere humorvolle und bildgewaltige Choreos stoßen.

Vor allem zu den Derbys, wenn Atlético gegen den Erzrivalen antreten musste, haben die Fans oft mit viel Humor reagiert und die Königlichen auf den Rängen geschlagen. Nicht nur im eigenen Stadion, sondern auch im Stadion der Blancos. So zum Beispiel mit der Tifo: »Lieber Ansehen ohne Schiff als ein Schiff ohne Ehre« (spanischer Spruch). Dies war eine intelligente und treffende Replik auf

* *Ganar, y ganar, y ganar y volver a ganar (dt.: Gewinnen, gewinnen, gewinnen und nochmals gewinnen).*

** *Volveremos a ser campeones (dt.: Wir werden wieder als Meister zurückkehren).*

die Choreo der Königlichen, die behauptete, sie beherrschten die Hauptstadt, wie eine Galeere die Meere.

Tja, damals hatten die Atlético-Fans sportlich nicht viel zu feiern, daher waren diese kleinen Siege auf den Rängen, stets mit Selbstachtung und Würde, wichtige Erfolge.

Auch in Europa bleiben die Colchoneros unvergessen. Wer erinnert sich nicht an das Finale des UEFA Pokals 1987?! Atlético spielte in Lyon gegen Dynamo Kiew (und verlor mit 3:0). Doch es war nicht das Ergebnis, an das sich die Leute noch heute erinnern, sondern die tausenden, roten Fähnchen, die das französische Stadion sowie das gesamte Umland förmlich überschwemmten. Es ist eben die Farbenpracht des Fußballs, die von Atlético am besten verkörpert wird. *(A.C.)*

59. GRUND

Weil wir den Wert einer guten Tortilla zu schätzen wissen.

Die Derbys zwischen Real Madrid und Atlético Madrid sind immer von großer Leidenschaft geprägt. Die Presse spricht schon Tage zuvor darüber, analysiert die aktuelle Situation, gräbt Statistiken aus, publiziert Wettquoten und versucht, durch falsche Gerüchte, (meistens Atlético) zu destabilisieren … Ein ganz normaler Aufgalopp zum Derbyspieltag halt.

So auch im Jahr 1980, als das madrilenische Derby im Bernabéu stattfinden sollte. Die Stimmung war mehr als aufgeladen. Viele Fans hatten Wochen zuvor bereits angekündigt, aus Protest gegen das Verhalten der Schiedsrichter, die, wie so oft, zugunsten von Real Madrid pfiffen, nicht ins Stadion zu gehen und somit das Derby faktisch zu boykottieren. Alfonso Cabeza, der damalige Präsident von Atlético Madrid, unterstützte diese Aktion von Anfang an. Er hatte immer solche Aktionen be- und gefördert und keine Gelegenheit ausgelassen, die Massen zu bewegen.

Als das Derby näher rückte, bekam Cabeza jedoch Angst, dass die Fans doch zum Bernabéu pilgern würden und daraufhin hatte er (wieder einmal) eine seiner berüchtigten, fragwürdigen Ideen: Er lud alle Atlético-Fans ein, zum Calderón zu kommen und dort »Pinchos de tortilla«, also Tortilla-Stücke, serviert auf einem kleinen Stab, zu essen. Die »Pinchos«, so ließ man verlautbaren, würde der Verein ausgeben.

Und so geschah es dann auch: Über 8.000 Fans trafen sich im Calderón zum großen Tortillaessen und, wie versprochen, waren für alle die Pinchos mit Tortilla vorbereitet worden. Der Boykott war also rundum gelungen, doch an der Attitüde der Schiedsrichter Real Madrid gegenüber konnten wir bis heute leider noch nichts ändern. Dieser Tag ging als »Derby de la tortilla« in die Geschichte ein und beweist, dass die Colchoneros den Wert einer guten Tortilla zu schätzen wissen. *(C.G.)*

60. GRUND

Weil nur Atlético auf die Idee kommen kann, auf dem Schwarzmarkt aktiv zu werden.

Wir schreiben den 24. Mai 2014. Die Sonne scheint, die Stimmung ist gut. Ich flaniere siegesgewiss durch die Straßen von Lissabon, als mein Handy klingelt. Ich sehe eine spanische Nummer und gehe ran …

Rückblende: Die Nachricht löste großen Jubel aus. Neun Karten … N E U N Karten für unseren Fanklub für das Champions-League-Finale in Lissabon. Klar, angefragt hatten wir deutlich mehr, am Ende haben wir es geschafft, neun Karten vom Verein zu bekommen. Andere Fanklubs konnten froh sein, eine Karte, maximal zwei, zu be-

kommen. Ein klarer Vertrauensbeweis von Atlético Madrid an uns und auch ein großes Dankeschön, dass wir die Mannschaft in Europa immer unterstützt hatten. Neun deutsche Atlético-Fans also hatten Karten für das erste Champions-League-Finale mit Atlético Madrid.

... Am anderen Ende meldet sich ein Journalist aus Spanien, mit dem wir schon öfter Aufnahmen, Interviews und Reportagen gemacht hatten. Mein Spanisch ist okay, es reicht, um das meiste zu verstehen und auch das meiste ausdrücken zu können, aber was genau wollte er?! Nun ja, erst einmal das sagen, was ich wusste. »Ja, wir haben Karten. Ja, neun Stück, unfassbar, oder? Wir holen sie gerade aus dem Spielerhotel ab, sind dort in ca. 5 Minuten. Wenn Du magst, sprechen wir dort, ich verstehe Dich so schlecht am Telefon.« Ich legte also auf und meldete das Gespräch zurück an meine acht Mitreisenden. »Leute, ich habe kaum was verstanden, die reden aber auch immer schnell, die Spanier, egal, ich glaube, denen von der Presse wurden Eintrittskarten geklaut und er wollte wissen, ob wir noch welche haben, oder so.« Das Telefon klingelte wieder, wieder diese Nummer, ich ging wieder ran ...

Rückblende: Die Euphorie war groß! Ein Champions-League-Finale mit Atlético Madrid und dann noch gegen unseren Erzrivalen. Ein Traum! Koste es, was es wolle, da musste ich hin. Die Reise wurde gebucht, Hotel in Faro (280 km von Lissabon weg, da alles ausgebucht oder nicht zu bezahlen war), Flug, Mietwagen, alles war organisiert. Auch die Karten kosteten einiges, da sie die zweitbeste Kategorie waren. Egal, was tut man nicht alles für den Traum, beim »Henkelpott-Sieg« live dabei zu sein?!

... Wieder der Spanier, wieder was mit Karten und wieder was mit Diebstahl. Doch diesmal verstand ich, was er sagte, also ich verstand die Worte, jedoch nicht, was sie bedeuteten. »Wir kommen sofort!«, mehr brachte ich nicht mehr raus. »Leute, wir haben ein Problem! Unsere Karten sind gestohlen wurden, aus dem Hotel!« Nun gut, wer mich auch nur etwas kennt, weiß, dass man so etwas aus meinem Munde nicht ernst nehmen sollte, da ich gerne mal für einen flapsigen Spruch oder Spaß zu haben bin, doch alle glaubten mir, mein Gesicht musste also Bände sprechen. Gemeinsam beschleunigten wir also unsere Schritte, um so schnell wie möglich zum Mannschaftshotel zu kommen …

Rückblende: Auch ein Stau kurz vor Lissabon vermochte unsere Laune nicht zu trüben. Heute war unser Tag, er würde unvergesslich werden, davon waren wir überzeugt. In der Stadt angekommen, sammelten wir erst einmal unsere neun Mitstreiter zusammen, um gemeinsam im Mannschaftshotel unsere Karten abzuholen. Wie üblich, hinterlegt Atlético die Karten dort auf unseren Namen, sodass wir am Spielort immer an die Karten kommen. Vom Hotel sollte es dann zum Stadion gehen.

… Am Hotel angekommen, kam direkt ein hoher Vereins-Funktionär und Freund auf uns zu. Schlechte Nachrichten hätte er, rief er schon von Weitem. Tatsächlich, unsere Karten waren weg, geklaut. Angeblich direkt aus dem Safe der Rezeption. Meine Vermutung war, dass sich ein Rezeptionist heute eine goldene Nase verdienen wollte, aber sei es wie es sei, die Karten waren weg, und wir guckten dumm aus der Wäsche.

Panik setzte bei einigen von uns ein: »Wie sollen wir jetzt ins Stadion kommen?« Wut war es bei anderen: »Was soll denn der Scheiß, wenn ich den erwische, …« Frust bei den nächsten: »Großes Bier und ’nen doppelten Whiskey bitte!« Während alle mit dem Schicksal haderten, versuchte ich eine Lösung mit dem Verein zu erarbeiten und tatsächlich, mir wurde Hoffnung gemacht. Warten, wir sollten lediglich etwas warten.

Das taten wir dann auch und mit jedem Bier an der Hotelbar, mit jedem Doppelten und mit jedem Softdrink (einige hatten wohl wirklich noch Hoffnung) stieg die Angst, das größte Spiel des Lebens zu verpassen. Doch dann kam der rettende Anruf vom Verein, wir sollten zum Stadion kommen, am Tor XY würden wir Karten bekommen. Also fuhren wir los. Am Stadion angekommen, gab uns also der befreundete Funktionär von Atlético tatsächlich neun

Karten. Wir fragten natürlich, wie er es angestellt hatte, doch seine Antwort, der Zeigefinger auf den Lippen, sprach Bände.

Bände sprachen auch die Karten. Sie waren nicht zusammenhängend, querbeet im Bereich von Atlético Madrid verteilt und viele mehrfach geknickt und gar beschriftet. Glasklar, der Verein hatte für uns auf dem Schwarzmarkt die Karten aufgekauft, um uns nicht im Regen stehen zu lassen. Was für eine Geste, was für ein unorthodoxes Verhalten, typisch Atlético halt. Der Rest des Abends wurde auch typisch Atlético, und daher gehe ich auch nicht näher darauf ein, nur so viel: Den Titel konnte man uns nehmen, die wohl coolste Anekdote der Champions League nicht! *(A.K.)*

61. GRUND

Weil wir Fans wissen, was unsere Spieler mögen.

Der »Premio al Primer Gol«, der Preis für das erste Tor, ist eine Auszeichnung, die eine Peña Atlética aus Toledo seit 2001 verleiht. Die Idee war, die Spieler den Mitgliedern des Fanklubs näherzubringen und dadurch einen engeren Kontakt zwischen Spielern und der Fangemeinde zu ermöglichen.

Es handelt sich um einen sehr außergewöhnlichen Preis, der keinem anderen Verein weltweit zuteil wird. Der Spieler von Atlético Madrid, der das erste Tor der Saison erzielt, erhält von der Peña den »Premio al Primer Gol«. Dies ist jedoch nichts Banales wie eine Trophäe, eine Urkunde oder dergleichen, sondern es handelt sich um folgende Geschenke:

- Wein: Dem Gewicht des Spielers entsprechend (ein Liter pro Kilogramm).
- Käse: Der Größe des Spielers entsprechend (ein Kilogramm pro Meter).

- Schinken: Dem Alter des Spielers entsprechend (ein Kilogramm pro Jahr).
- Öl (selbstverständlich Olivenöl, wir sprechen hier immerhin von einer spanischen Tradition): Entsprechend der Schuhgröße des Spielers (Schuhgröße = Anzahl an Litern).
- Bier (auch selbstverständlich) der Marke Mahou: Entsprechend der Spielminute, in der das erste Tor fiel (Spielminute = Anzahl an Flaschen).
- Spanferkel: Entsprechend den Toren, die Atlético Madrid an den ersten sechs Spieltagen der Saison schießt (Tore = Anzahl an Spanferkeln).

Alle Preise (selbstverständlich hoch drei) von bester Qualität!

Der erste Spieler, der diesen Preis erhielt, war Salva Ballesta und der letzte Rojiblanco, der seinen Preis persönlich abholte, war 2011 Jurado, der wenige Tage später bei Schalke 04 unterschrieb.

Er gab seinen Preis daher an De Gea und Joel weiter. Nach Salva Ballesta war Fernando Torres zweimal, nämlich 2001 und 2002, der Gewinner. »El Niño« ist gleichzeitig auch der Spieler, der den Preis am häufigsten gewinnen konnte, nämlich ebenso in der Spielzeit 2005/06 und 2006/07). Jurado (2x), Otero, Jorge Larena, Ibagaza, Kun Agüero und Heitinga sind die weiteren Gewinner.

Doch seit 2011 haben die letzten Torschützen (Falcao, Arda, Diego Costa, Miranda und Griezmann) den Preis leider nicht mehr persönlich abgeholt. Gameiro, Schütze des ersten Tores der aktuellen Saison, 2016/17, wollte dieses Jahr den Preis noch abholen, doch keiner weiß genau, ob dies möglich sein wird. Die Verantwortlichen haben dafür eine einfache Erklärung, denn seit der Klub regelmäßig in den höheren Regionen der Tabelle zu finden ist und an den europäischen Wettbewerben teilnimmt, ist der Terminkalender gut gefüllt und eine Möglichkeit für die Verleihung des Preises schwer zu finden. Aber das nimmt ihnen bei der Peña niemand krumm, da der Erfolg in Europa den Fans natürlich wichtiger ist. Schade ist es aber trotzdem, da so eine liebenswürdige Tradition etwas auf der

Strecke bleibt, obwohl die Auszeichnung unter den Spielern sehr bekannt und beliebt ist.

So machten sich in der Vergangenheit eben nicht nur der Gewinner auf den Weg, um den Preis in Empfang zu nehmen; sondern er nahm auch regelmäßig, zur Freude der Mitglieder der Peña, immer gerne auch einige Mannschaftskollegen mit. Und genau das war ja schließlich auch der Sinn der Sache. Doch für den Fanklub müssen nicht unbedingt die Spieler zwingend anwesend sein, um eben diese zu ehren. Es ist ja bekannt, dass das leibliche Wohl für den Spanier einen immensen Stellenwert einnimmt, und in diese Richtung hat die Peña das auch interpretiert: Zum lokalen Festtag der Virgen de la Muela (13. bis 17. Mai) bereiten sie stets ein gigantisches Bocadillo vor, das jedes Jahr mit dem Namen des ersten Torschützen der Saison getauft wird. Im letzten Jahr hörte das Bocadillo daher auf den Namen Antoine Griezmann.

Diese Tage werden im Kalender stets rot markiert, besser gesagt rot-weiß, denn die Dimensionen sind rekordverdächtig und ein Fall für das Guinness-Buch: Ein 400 m langes Brot, gefüllt mit 150 kg Schinken, Chorizo, Mortadella und Fleischwurst, das vor dem Abendball für über 3.000 Personen gereicht wird.

Alleine für die Zubereitung benötigen 200 Leute etwa fünf Stunden und dennoch finden sich jedes Jahr ausreichend Helfer, die bereit sind, einen Spieler der Colchoneros damit zu ehren. Eine Tradition, die, wie wir finden, die Menschen zusammenbringt und die man bewahren sollte. *(C.G.)*

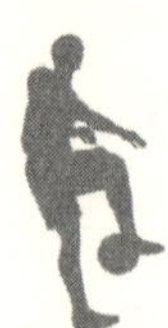

62. GRUND

Weil man sich bei uns etwas (zu)trauen muss, um getraut zu werden.

Wenige Vereine können von sich behaupten, dass sie eine Petition ihrer Mitglieder so ernst nehmen, wie Atlético Madrid es tut. So geschehen mit Juan Ferrer, einem 32 Jahre alten Atlético-Anhänger aus Madrid, der seine Freundin Ana Maldonado, eine 30 Jahre alte, liebevolle Frau aus Granada, heiraten wollte und nicht wusste, wie er sie fragen sollte. Doch zum Glück gab es Atlético Madrid, die dabei halfen.

Die Frage aller Fragen sollte ein besonderer Augenblick vor einer traumhaften Kulisse werden. Keine schönere, dachte sich der Bräutigam, als das Calderón mit seinem Atlético und vor über 50.000 Zuschauern käme dafür in Frage! Angedacht war der 27. April 2013, Derbytag! Juan war klar, das war der Tag der Tage und dass es keinen besseren Tag hätte geben können. Er setze sich also mit den Vereinsoffiziellen in Verbindung und dort stieß er auf offene Ohren. Atlético war von Anfang an von seiner Idee begeistert. Gemeinsam fing man an sich zu überlegen, wie man das am besten organisiert bekäme. Selbstverständlich sollte es eine Überraschung werden.

Von Seiten des Vereins kam der Vorschlag, mit den beiden vor dem Spiel ein Interview über das bevorstehende Match zu führen, sodass Kameras positioniert werden konnten, als wären sie von einem TV-Sender. Sie interviewten also das Paar, ohne dass Ana etwas ahnte. Während des Interviews kündigte der vermeintliche Reporter an, dass »heute alles passieren kann«.

Vereinbart war, dass irgendwann zwischen der fünften und der zehnten Spielminute ein Foto der beiden, mit der Textzeile »¿Ana, quieres casarte conmigo?«*, auf den großen Bildschirmen des Sta-

* *¿Ana, quieres casarte conmigo? (dt.: Ana, möchtest Du mich heiraten?).*

dions eingeblendet werden würde. Zum Glück für den Bräutigam konnte dieser schon im Vorfeld ein wenig Adrenalin abbauen, da Atlético bereits in der dritten Minute das erste Tor erzielte!

Das Publikum feierte noch den Treffer, als in der achten Minute die Botschaft erschien. Die angehende Braut traute ihren Augen kaum und stand eine halbe Minute wie paralysiert auf der Tribüne! Als das Publikum merkte, was los war, stand es auf und fing an zu jubeln und zu klatschen: »¡Vivan los novios!«*, »¡Que se besen, que se besen!«** und »¡Estamos todos invitados!«*** konnte man deutlich aus den zigtausend Kehlen hören. Viele gingen auch direkt zum Paar, um ihnen persönlich zu gratulieren.

In der Aufregung des Augenblicks vergaß der Bräutigam, ihr den Ring zu geben, was er dann am Ende des Spiels nachholte.

Über das Spiel reden wir lieber nicht, da es mit einer 1:2 Niederlage endete. Trotzdem ging an diesem Tag ein frisch verlobtes Paar aus dem Stadion, mit einem ganz besonderen Grinsen im Gesicht. *(C.G.)*

* *¡Vivan los novios! (dt.: Hoch leben die Verlobten!).*

** *¡Que se besen, que se besen! (dt.: Sie sollen sich küssen, sich küssen!).*

*** *¡Estamos todos invitados! (dt.: Wir sind alle eingeladen!).*

6. KAPITEL

DIE LEGENDEN

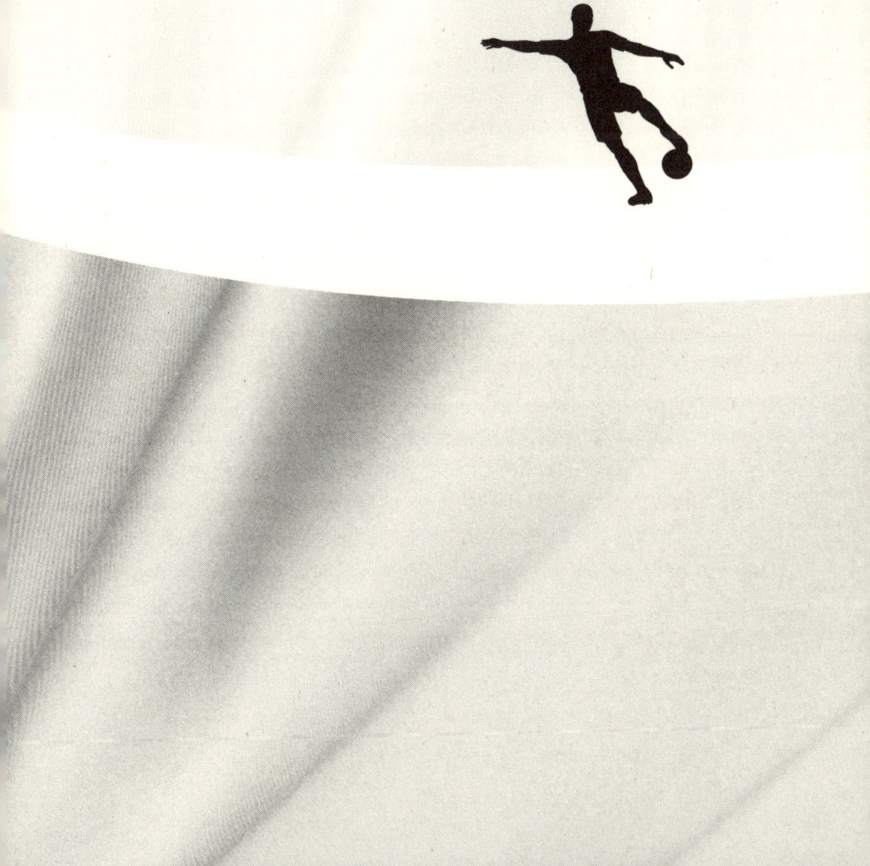

63. GRUND

Weil nur wenige Fußballvereinspräsidenten den Ehrentitel »Don« auch wirklich verdienen.

Don Vicente Calderón Pérez-Cavada war kein Adeliger, gehörte auch nicht zur hohen Bourgeoisie Madrids und trotz einer Auszeichnung mit dem Orden »Alfonso X. des Weisen« im Jahre 1967 für seine »hervorragenden Verdiensten auf dem Gebiet der Forschung, der Literatur und Kunst« benahm er sich nie wie einer der Oberen gegenüber seinen Untertanen. Sprechen jedoch Menschen, auch heute noch, über Don Vicente Calderón, so nutzen sie die ehrenvolle Anrede »Don«und huldigen damit seiner Person und seinem Andenken gleichermaßen. Ihm wird damit der höchstmögliche sprachliche Respekt gezollt. Doch wie und warum kam es dazu?

Ein herausragendes Merkmal seiner Person ist sein stets tadel- und makelloses Verhalten. Sogar im Moment der bittersten Niederlage, als Atlético im dramatischen Finale des Europapokals der Landesmeister 1974 der Titel buchstäblich in den letzten Sekunden entglitt, bewahrte er Haltung und ließ nur ein einziges, aber wirkungsvolles Wehklagen entweichen: »Wir sind der FC Pupas!«

»El pupas«*, dieser Begriff, der im spanischen Kollektiv-Gedächtnis einen volkstümlichen Pechvogel beschreibt, sollte bedauerlicherweise fortan Atlético immer wieder prägen. Kaum ein anderer Begriff wurde mit so viel Häme über Atlético ausgeschüttet wie dieser. Dabei bewahrte Don Vicente Calderón damit sowohl

* *El pupas (dt.: Pechvogel/Unglücksrabe) – abgeleitet von dem Umstand, dass man Atlético vorwirft, immer dann Pech zu haben und seine Chance nicht zu nutzen, wenn es um ein wichtiges Spiel oder gar ein Finale geht. Die Geburtsstunde von »el pupas« datiert auf das Finale im Landesmeisterwettbewerb im Jahr 1974, in dem Atlético Madrid in der Nachspielzeit der Verlängerung noch einen Gegentreffer hinnehmen musste.*

als Fan seine Haltung, anstatt zu fluchen und zu schimpfen und mit dem Schicksal zu hadern, als auch als Präsident. Denn als er zehn Jahre zuvor das Amt übernommen hatte, musste er mit vielen Schwierigkeiten und Widrigkeiten kämpfen, sodass es bereits ein kleines, auch glückliches Wunder war, überhaupt in diesem Finale zu stehen. Mehrfach stand der Verein am Rande des finanziellen Untergangs, und sein Fortleben war oftmals eine glückliche Fügung des Schicksals und des Geschicks von Don Vicente. Im Finale im Heysel-Stadion musste Atlético nun also zum x-ten Mal eine Misslichkeit in den letzten Sekunden hinnehmen und hier wurde die Legende von »el pupas« geboren.

Ein weiterer Punkt in Bezug auf die ehrenvolle Anrede hat viel mit dem Überleben des Vereins zu tun, denn Don Vicente Calderón rettete den Verein mehr als einmal.

Seine erste Rettungsaktion hob den Selfmademan aus dem Norden in das Präsidentenamt des Klubs empor.

Ende 1963 war der Verein wegen der Errichtung eines neuen Stadions heillos überschuldet. Der damalige Präsident trat ab und ernannte Calderón zum Interims-Präsidenten, der erst zwei Monate später vom Verwaltungsrat bestätigt wurde. Don Vicente Calderón übernahm die restlichen, noch ausstehenden Kosten und weitere nicht vorausgesehene finanzielle Forderungen. Er sorgte für Stabilität und Solvenz im Geldschrank des Vereins und baute gute Beziehungen zu anderen Geschäftsmännern der Stadt auf und aus. Als Hommage an diesen finanziellen und persönlichen Kraftakt trug das neue Atlético-Stadion am Manzanares fortan seinen Namen. Seit der Einweihung im Jahr 1966 heißt die Heimstätte der Rojiblancos »Estadio Vicente Calderón«.

Fortan baute Don Vicente Calderón den Mythos Atlético immer weiter aus. So leitete er den Klub als Präsident in seiner erfolgreichsten, sportlichen Ära. In den fünfzehn Jahren seiner ersten Amtszeit verpflichtete Atlético Madrid Spitzenfußballer aus der ganzen Welt, insbesondere jedoch aus Südamerika. Die vier Meistertitel, die vier Pokalsiege, die vielen kleineren Trophäen sowie den sportlich größten Titel in der Geschichte, den »Copa Intercontinental«, den Weltpokal, wurden unter seiner Ägide errungen.

1980 trat Don Vicente ab und Atlético stürzte ins Chaos. Der Verein musste verschiedene Präsidenten erdulden, durch schwere Zeiten gehen und viele Sorgen überstehen. Das Chaos hielt bis 1982 an und endete erst, als er als Präsident des Vereins zurückkehrte. Jedoch konnte er den Verein nicht mehr an seine glanzvolle Vergangenheit der ersten Amtszeit anknüpfen lassen.

Statt vielversprechender Verpflichtungen musste Don Vicente schmerzhafte Spielerverkäufe tätigen, um die finanzielle Lage des Vereines zu konsolidieren und den Klub über Wasser zu halten.

Fünf Jahre nach seiner Rückkehr starb Don Vicente Calderón als amtierender Präsident an einem Herzinfarkt, ohne jedoch einen Nachfolger auserkoren zu haben. Kein anderer Präsident Atléticos hat sein Geschick, sein Niveau und seine Liebe für den Verein erreichen können und kein anderer Präsident, auch nicht in anderen Klubs, verdiente sich die Anrede »Don« mehr als er. *(A.C.)*

64. GRUND

Weil nur Atlético Madrid einen Sonnenkönig wie Gil durchleben konnte.

Jesús Gil y Gil hier aufzuführen ist ein schwieriger Akt, denn man muss den ganzen sozioökonomischen Hintergrund Spaniens mit beleuchten, wenn man das Phänomen Gil verstehen will. Für den Verein ist dies eine große Bürde, denn er ist noch immer im Besitz der Familie Gil. Das heißt, die Familie besitzt die Aktienmehrheit vom Club Atlético de Madrid S.A.D. Die Abkürzung S.A.D. steht hierbei für Sociedad Anónima Deportiva und bedeutet schlicht und einfach Sport-AG. Der spanische Staat hat diese Sport-Aktiengesellschaft 1992 aus der Taufe gehoben, um mehr Transparenz in das Geschäftsgebaren der Fußballvereine zu bringen. Der Schuss ging aber nach hinten los, doch dazu gleich mehr.

Jesús Gil y Gil war von 1987 bis 2003 Präsident Atlético Madrids. Er verstarb 2004, 71-jährig, an einem Schlaganfall. Gil war schon Präsident, als ich Atlético-Fan wurde. Ich konnte fast keine seiner Machenschaften gutheißen und doch hat er mich auch sehr fasziniert. Es sind die Extreme, die hier zum Tragen kommen. Atlético war 1987 finanziell am Boden und Gil trat als Präsidentschaftskandidat auf die Bühne mit dem portugiesischen Superstar Paolo Futre im Schlepptau, der gerade Bayern München im Finale des Europapokals der Landesmeister nass gemacht hatte. Wie er Paolo Futre an Land gezogen hatte, das kann in dem Grund über Paolo Futre, eine Atlético-Legende, gelesen werden. Gil war ein Genie, wenn es um Populismus ging, und konnte schließlich die Mehrheit der Colchoneros auf seine Seite bringen. Im Aussehen und im Gehabe ähnelt er der Filmfigur Torrente, vom Schauspieler Santiago Segura gespielt. Torrente spaltet wie Jesús Gil die Meinungen der Fans, was den guten Geschmack angeht. Ich kann auch keine von Torrentes Film-Machenschaften gutheißen. Trotzdem fand ich ihn sehr sympathisch und musste immer lachen. Der erste *Torrente*-Film gewann sogar drei Goyas, den wichtigsten Filmpreis Spaniens. Er war in Spanien Ende der Neunziger der Kassenschlager schlechthin. Santiago Segura wurde zum Superstar. Torrente symbolisiert den aufmüpfigen Proletarier, der es dem Establishment zeigt. Diesen Mythos wusste Jesús Gil y Gil auch für sich sehr gut zu interpretieren. Gil war hauptberuflich Bauunternehmer und von 1991 bis 2002 auch Bürgermeister von Marbella. Der zweite Torrente-Film heißt im Übrigen *Torrente 2 – Mission Marbella*. In diesem Film lernt man viel über Marbella zu dieser Zeit. Die seriösen Leser mögen es mir verzeihen, ich werde auch noch ein paar Worte zu Marbella verlieren, doch zuvor noch kurz etwas zu Torrente. Torrente ist ein glühender Atleti-Fan. Atlético spielt eine äußerst wichtige Nebenrolle in den Torrente-Filmen. Für einen Teil der Colchoneros ist das ein Skandal, für andere wiederum ist das einfach nur toll. 100 Prozent Polarisierung! Torrente spielt, wie schon erwähnt, den Underdog von der Straße, der sich irgendwie durchschlägt. Gil sagte immer, wenn einer den Großen da oben (gemeint ist dann zumeist Real) Paroli bieten kann, dann sei er es. Die Großen da oben schieben zusammen mit Politik und Verband sich eine Gefälligkeit nach der anderen zu und man selber bleibe immer in zweiter Reihe. Aber er (Gil) sei angetreten, wie Robin Hood dagegen zu kämpfen.

Robin Hood habe ich hinzugefügt, weil das Bild passt, doch Gil sah Jesus Christus und Che Guevara als seine Vorbilder an. Er sagte, durch seine Art sei er nach dem König der zweitbekannteste Mann in ganz Spanien geworden. Wie Torrente war ihm dazu jedes Mittel recht. Dass Marbella in den 90ern auf den Trikots von Atlético Werbung machte und er zu der Zeit der Bürgermeister dieser schönen Küstenstadt war, sah natürlich nicht nach Vetternwirtschaft aus. Ein Schelm, wer Böses dabei denkt. So wanderte Geld aus der Stadtkasse von Marbella zu Atlético. Vielen war dies ein Dorn im Auge. Schließlich kam es deswegen zum Prozess – einer von vielen, die er führen musste. Unter Gil kam es zu einem Immobilienboom in Marbella. Das von Gil eingeführte Kassenbuch »B« und die Neubewertung von Grundstücken machten unter den Korrupten in Spanien Karriere und waren eine der Grundlagen für den Immobiliencrash 2008 in Spanien. Gil landete wegen dem »Trikot-Fall« sogar im Gefängnis, aber die Bürger Marbellas gingen für ihn auf die Straße. So kam er aus dem Gefängnis frei und wurde 1999 in Marbella, zum dritten Mal hintereinander, mit absoluter Mehrheit zum Bürgermeister gewählt. 1991 war er angetreten, um »Huren und Gesindel« aus der Stadt zu vertreiben. Als er 2004 starb, wurde seine Trauerhalle im Stadion Vicente Calderón eingerichtet. 15.000 Colchoneros gaben ihm die letzte Ehre. Dabei nahm er es mit dem eigenen Geld nicht so genau, wenn es um Atlético ging. Am 31. Juni 1992 kaufte er für 2 Milliarden Peseten

94,5 % der Anteile von Atlético. Die Summe überwies er aber nie. Für den Betrug an Atlético konnte er nicht mehr in den Knast gehen, da er vorher verstarb. Dafür wurde sein Sohn Miguel Ángel Gil Marín zu 1,5 Jahren Freiheitsentzug verurteilt. Dieser zahlte aber die Summe plus Zinsen (insgesamt knapp 17 Millionen Euro) an den Verein zurück und die Strafe wurde dann wegen Geringfügigkeit, da unter 2 Jahren Haft, ausgesetzt. Miguel Ángel Gil Marín ist der aktuelle Vorstandsvorsitzende der Atlético Madrid Sport-Aktiengesellschaft.

Für uns als Fans war Jesús Gil sehr anstrengend. Er feuerte 25 Trainer in 17 Spielzeiten. Unter ihm holten wir zwar auch das Double 1996 und zwei weitere Pokalsiege 1991 und 1992, jedoch bleiben uns auch Sprüche erhalten, wie »Le Club, c'est moi!«, frei nach Ludwig XIV, den Sonnenkönig von Versailles, oder »Ich kann Trainer feuern, wie andere Bier trinken«. Der Triumphzug 1996, nach dem Double, zum Neptunbrunnen in Madrid erinnerte eher an eine Siegesparade nach einem römischen Feldzug als an eine Fußball-Meisterschaft, mit Gil auf seinem weißen Schimmel vorneweg. Der Abstieg in die Segunda División im Millennium-Jahr und der Wiederaufstieg 2002 fielen ebenfalls in seine Ära.

Wie in der Einleitung beschrieben, bleibt uns der Name Gil erhalten, weil die Familie zusammen mit dem aktuellen Präsidenten Cerezo und der chinesischen Wanda-Gruppe den Verein kontrolliert.

Paulo Futre sagte über Gil: »Man kann ihn hassen oder lieben, dazwischen gibt es nichts.« Für Futre war er wie ein Vater. Er gehört sicherlich zur zweiten Sorte. Luis Aragonés gehörte zur ersten Sorte. Während eines Telefoninterviews mit einem Journalisten legte er einfach auf, als das Thema Jesús Gil y Gil angesprochen wurde.

Ich kann als Fan nur für mich sprechen. Gil war elf Jahre mein Präsident. Er schaffte es nicht, dass ich dem Verein den Rücken kehrte. Aber man kann durch ihn viel über den Verein erfahren. Sein Name erzeugt, gelinde gesagt, Feedback. *(C.W.)*

65. GRUND

Weil nur Atlético seine Torwartlegenden durchnummerieren muss – hier kommt Legende Nummer 1: Miguel Reina.

Die Verpflichtung Miguel Reinas im Jahre 1973 vom FC Barcelona war ein Paukenschlag. Schließlich kam der aktuelle Torhüter des Jahres, in Spanien Zamora genannt, zu Atlético. Zwar war Atlético der aktuelle spanische Meister, aber dass gerade der Torwart des FC Barcelona wechseln wollte, wo der holländische Startrainer Rinus Michels mit der Verpflichtung seines Landsmannes Johan Cruyff vom aktuellen Europapokalsieger Ajax Amsterdam ein neues, erfolgversprechendes Projekt startete, war schon eine Überraschung. Aber wie kam es dazu?

Miguel Reina war in Barcelona Rekordhalter. Er kassierte in der Saison 1972/73 nur 21 Tore in 34 Spielen. Es dauerte sage und schreibe bis 2011, dass Victor Valdés seinen Rekord brechen konnte. Miguel galt 1973 als der beste Torhüter der spanischen Liga. Deshalb gab es auch eine gewisse Aufregung in Barcelona, als bekannt wurde, dass er zu Atlético Madrid wechseln würde. Offiziell rechtfertigten die Katalanen den Transfer damit, dass der Verein ja mit Salvador Sadurní und Valentin Mora noch zwei weitere erstklassige Torhüter in den eigenen Reihen hatte. Jedoch war dies sicherlich nicht der Hauptgrund für den Wechsel. Miguel Reina war von Barcelonas Präsidenten, Agustí Montal, ziemlich enttäuscht worden. Miguel hatte große finanzielle Probleme mit der familiengeführten Textilfabrik und brauchte unbedingt ein Darlehen, um den Betrieb retten zu können. Barcelonas Präsident sagte aber »No«. Dann trat Vicente Calderón, Präsident von Atlético Madrid, auf den Plan. Er rettete den Betrieb der Familie Reina, indem er umgerechnet rund 180.000 € an Gehalt als Vorschuss vorstreckte und zahlte zusätzlich die Ablösesumme von 72.000 € an den FC Barcelona. Das war für das Jahr 1973 nicht mal eben wenig Geld. Man muss dazu auch das Dilemma verstehen, in dem Miguel sich befand. Er pumpte viel von seinem Geld, das er als Fußballer verdiente, in diese Firma, die immerhin 54 Angestellte zählte und von seinem Bruder als Geschäftsführer geführt wurde. Sein Bruder wurde plötzlich schwer krank und das Geschäft musste reorganisiert werden. Der Betrieb hatte einen guten Kundenstamm, der bis nach Deutschland und Japan reichte. Miguel Reina kommt ursprünglich aus Córdoba. Er ist also Andalusier und war auch gut verwurzelt in Barcelona. Das ist kein Wunder, denn nach dem Bürgerkrieg wurden viele Andalusier nach Katalonien umgesiedelt, um dort in den Fabriken zu arbeiten und den katalanischen Nationalismus zu brechen.

Miguel hatte mit dem FC Barcelona schon zweimal den Pokal gewonnen, war Messe-Pokal-Sieger (ein Vorgänger der heutigen Europa League) und hatte fünf Länderspiele auf dem Buckel. Jetzt wechselte er also nach Madrid zum amtierenden Meister. Wie würde er diesen Wechsel verarbeiten? Sehr gut! Er fühlte sich sofort zuhause.

»Als ich dort ankam, traf ich auf eine wunderbare Truppe, die menschlich toll miteinander umging. Es war ein großes Team, das da die Meisterschaft in der letzten Saison gewonnen hatte. Ich war für diesen Moment sehr dankbar, weil alle so fantastisch drauf waren.«, erinnerte er sich später in einem Interview. Nach neun Jahren Primera Division, zwei Jahren bei Córdoba CF und sieben beim FC Barcelona begann für den damals besten Torhüter Spaniens seine dritte, erfolgreiche Etappe als Profifußballer.

Reina besaß wunderbare Reflexe. Obwohl ihm auch ab und zu ein paar Fehler unterliefen, war allen klar, dass da ein großer Torwart zwischen den Pfosten bei Atlético stand. In seinem ersten Jahr am Manzanares wurde er gleich Vizemeister und erreichte das Europapokalfinale der Landesmeister gegen Bayern München. Atlético führte lange mit 1:0, bis Katsche Schwarzenbeck in der letzten Minute den Ausgleich schaffte. Das Wiederholungsspiel verlor Atlético mit 0:4. Dafür wurde dann 1975 der Weltpokal geholt, weil Bayern München als Europas Vertreter nicht teilnehmen wollte. 1976 gewann er mit Atlético die Copa del Rey. Reina zeigte eine überragende Leistung im Finale. In der darauffolgenden Saison wurde Atlético wieder spanischer Meister und Miguel Reina kassierte zum zweiten Male die wenigsten Tore in einer Saison, wodurch er wieder die Zamora-Trophäe gewann. In der Saison 1977/78 erlitt er im Spiel bei Real Madrid eine schwere Kopfverletzung und musste lange Zeit pausieren. So richtig erholte er sich nicht mehr davon und so wechselten sich in den folgenden zwei Jahren Ersatzbank und Spieleinsätze ab. Der am 24. Januar 1946 geborene Miguel Reina beendete 1980 seine Karriere bei Atlético Madrid. *(C.W.)*

66. GRUND

Weil nur Atlético seine Torwartlegenden durchnummerieren muss – hier kommt Legende Nummer 2: José Francisco Molina.

José Francisco Molina kam 1995 zu Atlético Madrid. Die Saison 1994/95 endete sowohl für Molina als auch für Atlético im Chaos. Die Colchoneros retteten sich nur mit Ach und Krach und mit einem Punkt vor dem Relegationsplatz. Diesen Relegationsplatz nahm die Mannschaft von Albacete Balompié ein, in der Molina in jener Saison spielte. Die Relegation ging gegen Salamanca verloren. Nur die Insolvenz des FC Sevilla und Celta de Vigos sorgten dafür, dass Albacete doch in der Liga bleiben durfte.

Bei Atlético gab es in der Saison 1995/96 eine Runderneuerung der Mannschaft, und mit Radomir Antić kam ein neuer Trainer. Antić war anfänglich nicht von den Qualitäten José Franciscos überzeugt. Dies änderte sich aber schnell. Bei Atlético strahlte Molina sofort sehr viel Vertrauen im Tor aus. Er ließ sich durch überhaupt nichts aus der Ruhe bringen, selbst wenn es schien, dass es gleich lichterloh im Strafraum brennen würde. Molina war das erste Teilstück in Antićs neuem, avantgardistischen System mit den nach vorne gerückten Verteidigungslinien. Manchmal schien es, Molina war nicht Torhüter, sondern Libero, so sehr schaltete er sich in den Spielaufbau ein. Dieses Taktiksystem ist heute wieder modern. Kein anderer als Diego Simeone war Molinas Mitspieler im defensiven Mittelfeld und man kann wunderbar am heutigen Atlético erkennen, was Simeone alles gelernt hat: Er lernte nicht nur in Italien, sondern auch bei Atlético als Spieler sehr viel, was er wiederum heute als Trainer anwendet. Molina hatte übrigens, für einen damaligen Torhüter eher untypisch, auch die technischen Fähigkeiten, sich in den Spielaufbau mit einzuschalten, und wurde es einmal brenzlig, war er im Eins-gegen-Eins fast unüberwindbar. Vielleicht hatte er diese Fähigkeiten auch, weil er als Spieler und nicht als Torhüter angefangen hatte, Fußball zu spielen.

Eine weitere Stärke war, dass er komplizierte Sachen einfach aussehen lassen konnte. Das ist vielleicht auch seinem ruhigen Charakter zuzuschreiben, doch wenn es darauf ankam, zeigte er enorme Reflexe. Es passte alles im ersten Jahr dieser Saison 1995/96. Molina war der beste Torhüter der Saison. Er kassierte die wenigsten Tore, 32 in 42 Spielen und nahm verdient die Zamora-Trophäe in Empfang. Aber diese Trophäe war nur das i-Tüpfelchen in einer Saison, die im Pantheon der Colchoneros für immer verewigt ist. Am 10. April 1996 wurde in Zaragoza die Copa del Rey mit 1:0 gegen den FC Barcelona gewonnen und am 25. Mai sicherste sich Atlético die Meisterschaft mit einem Sieg über Albacete.

Molina bestritt neun Länderspiele für Spanien. Der erste Einsatz war übrigens sehr kurios: Bei einem Freundschaftsspiel gegen Norwegen, in Oslo, hatte der damalige Nationaltrainer Clemente keinen Feldspieler mehr auf der Bank. So bestritt Molina sein erstes Länderspiel als Innenverteidiger. Bei seinem letzten Länderspiel während der EM 2000 unterlief ihm im Spielaufbau der entscheidende Fehler, der zum 0:1, wiederum gegen Norwegen, führte. Gerade ihm, der so technisch beschlagen war, unterlief der entscheidende Fehler.

Für Atlético war das Jahr 2000 eine Katastrophe. Denn es kam zum ersten Mal in der Geschichte des Vereins zu einem Abstieg in die Segunda Division. Es dauerte dann zwei Jahre, bis der Wiederaufstieg gelang. Molina ging nicht mit in die zweite Liga, sondern wechselte zum amtierenden spanischen Meister Deportivo La Coruña. Das Jahr 2002 war für Atlético das Jahr des Wiederaufstiegs. Für José Francisco Molina war es das Jahr der Krebsdiagnose. Bei ihm wurde Hodenkrebs diagnostiziert. Er begann einen Kampf, den er glücklicherweise als Sieger beendete. Der am 8. August 1970 in Valencia geborene Torhüter kehrte im März 2003 in das Tor Deportivos zurück. 2007 beendete er seine Karriere.

Für Atlético ist Molina der Torwart, der das Double gewann. Er ist damit zu einer Legende geworden. *(C.W.)*

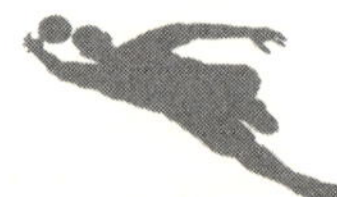

67. GRUND

Weil nur Atlético seine Torwartlegenden durchnummerieren muss – hier kommt Legende Nummer 3: El Mono Burgos.

Germán Adrián Ramón Burgos, besser bekannt als Mono Burgos, ist einer der beliebtesten Spieler und mit Sicherheit der verrückteste Torwart, den Atlético Madrid je gehabt hat.

Burgos wurde 1969 in Mar del Plata (Argentinien) geboren. Der Grund, warum er mit dem Fußballspielen angefangen hat, war nach eigener Aussage der Umstand, dass er als Einzelkind Bewegung dringend brauchte. Er spielte nämlich gerne auf der Straße, doch seine Mutter, die ihn vor dem starken Autoverkehr schützen wollte, ließ ihn nie hin und her laufen. Also entschied er Fußball zu spielen, jedoch ohne viel laufen zu müssen: Im zarten Alter von sieben Jahren wusste er also, dass er Torwart werden würde. So wurde er auch auf eben dieser Position, bei einem Turnier, er spielte für den Club Cadetes de San Martín, entdeckt. Sein erster Verein jedoch war Atlético Florida Almagro, ein kleiner Verein, der direkt bei ihm um die Ecke, sehr nah an seinem Elternhaus, beheimatet war. Heute existiert der Verein nicht mehr, aber seine Verbindung zu ihm bleibt unberührt: Als er in seiner aktiven Profizeit in Spanien seine Eltern besuchte und sie beim Spazierengehen an seinem alten Fußballplatz vorbeikamen, ergatterte er sich ein kleines Stück Holz des Tores, zwischen dessen Pfosten er so oft stand, als Andenken.

Schon seit seinen frühen Anfängen pflegte er ein Ritual, nämlich sich vor Anpfiff an die Latte des Tores zu hängen. Dieses Ritual, seine eigentümliche Art sich zu bewegen und seine beachtliche Größe von 188 cm brachten die Fans prompt dazu, ihm den Kosenamen »Mono«* Burgos zu verpassen. Sein Debüt in der argentinischen Liga absolvierte er im Jahr 1989. Sein damaliger Verein war Ferrocarril Oeste, für den er bis 1994 seine Handschuhe anzog. Danach verschlug es ihn zu River Plate. Mit dem Traditionsverein aus Buenos Aires gewann er zahlreiche Titel, wie die Torneo Apertura in den Jahren 1993, '94, '96, '97, '98 und '99, die Copa Libertadores de América 1996, die Campeonato Apertura 1996 und '97, die Campeonato Clausura 1997 sowie die Supercopa Sudamericana 1997.

1995 debütierte Burgos in der argentinischen Nationalelf, für die er 38 Spiele absolvierte. Auf Grund der starken Konkurrenz war er jedoch hauptsächlich als Ersatzmann nominiert. So nahm er auch an den großen WM-Turnieren in Frankreich 1998 und Japan 2002 teil, kam aber dort nicht zum Einsatz.

Vier Jahre später, 1999, entschied er sich, den nächsten Schritt zu tätigen, und wechselte nach Europa. Seine erste Station war in der Saison 1999/2000 der Real Club Deportivo Mallorca.

* *el mono (dt.: Der Affe).*

Neben seinen Fähigkeiten auf dem Platz hat Mono Burgos seine Fähigkeiten neben dem Platz nie vergessen und eine beachtliche musikalische Karriere hingelegt. Diese war so erfolgreich und erfüllend, dass er sich zu jener Zeit ernsthaft überlegte, sich vollständig der Musik zu widmen und dafür seine Fußballkarriere zu beenden.

Doch in diesem Moment klopfte Atlético Madrid an seine Tür und die Liebe für den Sport und vor allem die große Achtung vor Atlético waren stärker und gaben letztendlich den Ausschlag. Berühmt wurde sein Ausspruch: »Aquí, en España, a poco que te guste el fútbol te haces del Atleti.«*

2001 unterschrieb er bei Atleti und avancierte direkt zum Stamm- und Kulttorhüter. Es sollte seine letzte Station der aktiven Karriere sein. Nach 63 Einsätzen für die Colchoneros, hängte er seine Torwarthandschuhe nach der Saison 2003/04 endgültig an den Nagel. Seine Ankunft am Manzanares war für alle Seiten – Spieler, Verein und Fans – ein echter Glücksgriff, denn mit ihm schaffte Atlético die Rückkehr in die erste Liga.

Sicherlich hätte er uns zwischen den Pfosten noch viel Freude bereitet, doch Anfang 2003 wurde bei ihm Nierenkrebs diagnostiziert. Als er davon erfuhr, war er selbstverständlich schockiert, doch er reagierte gelassen. Man empfahl ihm dringend, sich umgehend operieren zu lassen, doch seine Antwort war klar und spiegelt seine Haltung wieder: »Ich lasse mich am Montag operieren. Vor dem Wochenende auf gar keinen Fall – wir spielen gegen Mallorca!«

Doch Luis Aragonés, damals Trainer bei Atlético Madrid, und seine Ärzte konnten ihm am Ende zum Glück überzeugen. Doch bereits kurz nach der OP machte er bereits seine typischen Witzchen: »Das, was mich wirklich beunruhigt hat, war der Umstand, dass alle Ärzte weiße Kleidung trugen.« Es ist genau diese Art von

* *Aquí, en España, a poco que te guste el fútbol te haces del Atleti. (dt.: Hier, in Spanien, wenn dir der Fußball wirklich gefällt, wirst du Atleti-Anhänger.).*

Humor, die ihn so beliebt macht, denn die kleine Anspielung auf die Farben des Erzrivalen verstanden nicht nur die Atlético-Fans.

Nach seinem Abschied als Profi-Kicker arbeitete Burgos in Madrid als Kommentator bei Radio Nacional de España und bei TeleMadrid. Das half ihm, seinen Abschied vom Fußballfeld zu verarbeiten. Er gestand zwischenzeitlich, dass er manchmal am liebsten das Mikrofon weggeworfen hätte, um auf das Feld zu laufen und mitzuspielen. Unnötig zu erwähnen, dass er sich mit seinen Kommentaren nur schwer bremsen ließ: Ehrlichkeit und Transparenz waren immer sein Markenzeichen. Zudem trainierte er zu dieser Zeit das Team Football Cracks, ein Projekt einer TV-Reality-Show.

Der Fußball war für ihn immer der Dreh- und Angelpunkt im Leben, und so wurde er vom Sommer bis Dezember 2011 Teil des Trainerstabs des Racing Club de Avellaneda, als rechte Hand von Diego »Cholo« Simeone. Dessen Rücktritt dort am 19. Dezember 2011 verursachte uns Rojiblancos eines der schönsten Weihnachtsgeschenke aller Zeiten, denn er kam am 23. Dezember 2011 zu Atlético zurück, als Trainer, und brachte Mono Burgos mit, den er umgehend zum Co-Trainer ernannte.

Der ehemals verrückte Rock 'n' Roll-Torhüter hat die Verwandlung des Teams durchlebt und sich angepasst. Er hat sich mit dem Team entwickelt und steht wie kein zweiter für die positiven Veränderungen seit dem Amtsantritt von Simeone.

Auf der Trainerbank begann er zunächst mit ernster Miene, ohne sich von seinem Trainingsanzug und seiner Stoppuhr zu trennen. Seine Mähne war sein Markenzeichen und seine Körpersprache gab zu verstehen, dass er immer bereit wäre, aufs Feld zu springen, um zu beweisen, um was es ihm geht. Sein Auftreten wirkte hart und mächtig, genau wie das Atlético, das die Europa League gewann.

Doch danach begann die Metamorphose. Ab 2014 wurde er methodischer, so wie das Atlético, das die Meisterschaft gewann. Diskussionen und Auseinandersetzungen ist er dabei nie aus dem Wege gegangen, denn das liegt nicht in seiner Natur, vor allem nicht dann, wenn es gegen »Cholo« oder »seine Jungs«, wie er die Spieler nennt, geht. Dieser Berg von einem Mann kann wirklich jeden einschüchtern, wie einige Schiedsrichter, Gästespieler und auch Kollegen auf den Trainerbänken erkennen mussten.

Doch die endgültige Verwandlung kam 2015, sowohl für das Team, als auch für Mono Burgos. Seinen Trainingsanzug hatte er im Schrank verstaut und die Haare geschnitten. Er ist ruhiger geworden, beobachtet mehr und redet weniger. Aber er ist da, immer.

Mono Burgos pflegte auf eine sehr einzigartige Art, das Tor zu hüten. Er war in der Regel einige Meter (zu weit) entfernt von seinem Kasten, was nicht immer ganz so gut funktionierte: Im Spiel Velez Sarfield gegen River Plate konnte José Luis Chilavert, Torhüter von Sarfield, ein Tor aus dem Mittelfeld erzielen, da Mono Burgos, mal wieder, nicht auf der Hut und an seinem Platz war.

Seinen Stil beschrieb er so: »Muchos hablan de los estilos de los porteros. ¿Sabes cuál era el mío? Parar la pelota como fuera. No me importaba la pureza de la técnica, sino tener la pelota entre mis manos. El área es la casa del portero. Para entrar tienes que tocar la puerta, y aún así no te dejo pasar. Y si vienes de prepotente, cobras. Yo me hacía respetar.«*

Burgos war schon immer, ohne Zweifel, einer der exzentrischen Torwarte im Spiel. Er erfand quasi die »Gott Position«, wie er es

* *Muchos hablan de los estilos de los porteros. ¿Sabes cuál era el mío? Parar la pelota como fuera. No me importaba la pureza de la técnica, sino tener la pelota entre mis manos. El área es la casa del portero. Para entrar tienes que tocar la puerta, y aún así no te dejo pasar. Y si vienes de prepotente, cobras. Yo me hacía respetar. (dt.: Viele reden über die Stile der Torhüter. Weißt du, welche meiner war? Den Ball zu halten, egal wie. Die Reinheit der Technik war mir egal; nur den Ball in meinen Händen zu halten war wichtig. Der Strafraum ist das Zuhause des Torwarts. Um rein zu gehen, musst du an die Tür klopfen, und ebenso lasse ich dich nicht rein. Wenn du arrogant daherkommst, dann zahlst du dafür. Ich habe mir Respekt verschafft.).*

selber bezeichnete, wenn er sich vor den Angreifern mit offenen Armen und einem Knie auf dem Boden aufbaute. Diese verhalf ihm zwar dazu, dass er viele Tore verhinderte, dennoch polarisierte er von Anfang an die Fachwelt. So war er in der Lage die schwierigsten Elfmeter zu halten und 100%ige Torchancen spektakulär zu vereiteln. Jedoch versagte er ebenso regelmäßig bei den einfachsten Aktionen. Ein passender Torwart also für Atlético Madrid, getreu dem Motto »Eher tot als einfach!«

Bei Spielen, in denen Atlético Madrid klar führte, amüsierte er oftmals das Publikum, in dem er die Tore mit dem Kopf oder mit der Brust statt mit den Händen verhinderte. Unvergessen bleibt der Elfmeter, den Luis Figo im Bernabéu schoss: Er zielte nach rechts und Mono Burgos ahnte die Richtung, doch als er erkannte, dass er den Ball mit seinen Armen nicht mehr erreichen konnte, fackelte er nicht lange und hielt sein Gesicht, ungeschützt, dem Ball entgegen. Der Ball war gehalten und die Nase gebrochen, doch Burgos spielte weiter und Atlético kam am Ende zu einem 2:2 dank eines Treffers in der Nachspielzeit. Das geschwollene, blutüberströmte Gesicht Burgos ist noch heute in der Erinnerung vieler Rot-Weißer.

Sein Credo lautete: »Ungerechtigkeiten machen mich wütend.« Sein starker Charakter und seine impulsive Art machten ein Auskommen mit ihm nicht immer leicht. So zum Beispiel im November 1999 im Spiel RCD Mallorca gegen RCD Espanyol, als Mono Burgos Serrano, einem Stürmer von Espanyol, mit der Faust ins Gesicht schlug und danach für 13 Spiele gesperrt wurde. Es ist die bis heute längste Strafe in der spanischen Liga und eine Aktion, die man von ihm am liebsten nie gesehen hätte.

Neben seiner Art, Fußball zu spielen, hat ihn aber auch sein extravagantes Aussehen berühmt gemacht. Seine Größe und die grellen Farben seiner Trikots, die er immer in den Pausen gewechselt hat, machten es unmöglich, ihn zu übersehen. Mit seinen roten Kniestrümpfen, die seine langen Hosen verdeckten, den Ärmeln seines Trikots, die immer hochgekrempelt waren, der roten Kappe mit dem Atlético-Wappen, die seine langen, blonden Haarsträhnen verdeckte, sowie dem Kaugummi, den er immer klaute, brannte sich der Paradiesvogel im Gedächtnis der Zuschauer ein. Er war wirklich unverwechselbar, ein Unikat!

Gleichgültig, bei welchem Verein er gespielt hat - noch immer ist er beliebt, respektiert und genießt fast ausnahmslos Kultstatus. Er wird auf Grund seiner Erfolge natürlich immer ein Teil der Historie von River Plate bleiben, doch mit Sicherheit auch der von Atlético Madrid. *(C.G.)*

68. GRUND

Weil nur Atlético seine Torwartlegenden durchnummerieren muss – hier kommt Legende Nummer 4: Thibaut Courtois.

Mit 16 Jahren debütierte der am 16. Mai 1992 geborene Belgier Thibaut Courtois in der 1. belgischen Liga und wurde drei Jahre später mit dem KRC Genk 2011 belgischer Meister. In jenem Jahr verließ David de Gea Atlético Madrid in Richtung Manchester United und der Verein warf seine Augen auf den hochtalentierten Belgier. Aber der FC Chelsea kam den Rojiblancos zuvor und zahlte 9 Millionen Euro für den jungen Torhüter und stattete ihn zudem mit einem 5-Jahres-Vertrag aus. Jedoch war sein Einsatz für Chelsea nahezu unmöglich, denn dort stand mit Petr Čech eine weitere Torwartlegende zwischen den Pfosten. Nun kam wieder Atlético ins Spiel. Der Verein lieh sich den Belgier kurzerhand aus.

Warum stimmte Atlético dem Leihgeschäft zu? Weil Thibaut ein außergewöhnlicher Torwart ist und der Klub nach dem Weggang von de Gea eine echte Bank im Kasten haben wollte. Schließlich blieb Courtois drei Jahre bei Atlético, bis beim FC Chelsea der Platz im Tor für ihn frei wurde.

Der Start 2011 in Madrid verlief etwas holprig, obwohl Atlético sich noch über die Qualifikationsrunde für die Hauptrunde der Europa League qualifizieren konnte. Jedoch war der Saisonstart in der Liga nicht zufriedenstellend, und im Dezember musste Gregorio Manzano als Trainer gehen und Diego Simeone übernahm die Mannschaft, die sich zu dieser Zeit auf Platz 10 der Tabelle befand. Mit Simeone wurde ein neues, goldenes Zeitalter eingeleitet. Thibaut Courtois wurde eine der Säulen dieses neuen Atlético und 2014, mit dem Gewinn der Meisterschaft, hielten ihn viele Fachleute für den besten Torhüter der Welt.

Zum Ende der Saison 2011/'12 erreichte die Mannschaft den 5. Tabellenplatz und qualifizierte sich direkt für die Europa League. Als Höhepunkt wurde nach 2010 wieder das Finale dieses europäischen Wettbewerbs erreicht und Atlético Madrid schlug in Bukarest Athletic Bilbao im rein spanischen Duell mit 3:0. Die Saison 2012/13 startete dann gleich mit einem Paukenschlag. Der amtierende Champions-League-Sieger FC Chelsea wurde im Supercup-Finale in Monaco mit 4:1 vom Platz gefegt. In dieser Saison wurde Thibaut Courtois Zamora in Spanien, was bedeutete, dass er die wenigsten Gegentore kassierte. Zurecht wurde er daher zum besten Torwart der Saison gekürt. Atlético wurde Dritter und qualifizierte sich direkt für die Champions League. Als historische Höhepunkt in der Vereinsgeschichte wurde das Pokalfinale erreicht und Atlético gewann im Estadio Bernabéu gegen niemand anderen als Real Madrid mit 2:1 nach Verlängerung. Endlich wurde der Bann gegen Real wieder gebrochen und Thibaut Courtois bleibt allen mit seinen tollen Reflexen in Erinnerung, mit denen er die Real-Spieler reihenweise zur Verzweiflung brachte.

Anfang 2014 wurde der Belgier in seinem Land zum Mann des Jahres gewählt. In der Champions League erreichte Atleti das Viertelfinale und traf auf den FC Barcelona. Aber 2014 war das Jahr Atléticos und besonders von Thibaut Courtois. Der FC Barcelona verzweifelte regelrecht an ihm, besonders Neymar konnte ein Lied davon singen. Im Eins-gegen-Eins-Spiel hatte er gegen den belgischen Supermann nie eine Chance. Atlético schaltete Barça aus und erreichte danach sogar das Champions-League-Finale. Dort sorgte ein gewisser Sergio Ramos in der Nachspielzeit für ein trauriges Ende des Höhenflugs von Atlético Madrid. Aber nach 18 Jahren wurden die Colchoneros wieder spanischer Meister. Das Besondere daran war, dass der Titel längst hätte klargemacht werden können. Aber die Nerven spielten nicht mit. Dann aber gelang der große Sprung durch ein Tor Diego Godíns am letzten Spieltag beim FC Barcelona, wo doch alle dachten, dass dem Verein vom Manzanares am Ende der Spielzeit die Luft ausgehen würde. Die Katalanen hatten in jener Saison nichts zu melden, wenn es gegen Atlético ging.

In den drei Jahren bei Atlético reifte Thibaut Courtois zum Weltstar und hatte einen großen Anteil an den Erfolgen von Atlético. Er gewann vier Titel mit seinen Rojiblancos. Das lag sicherlich auch daran, dass er sich mit der spanischen Kultur sehr verbunden fühlte. So sagte er 2016 in einem Interview: »Ich gewann viele Freunde; mit Juanfran, Koke, Gabi, und Felipe habe ich heute noch Kontakt. Immer wenn ich in Madrid bin, versuchen wir uns zu treffen. Aber es ist nicht nur wegen dem Verein, es ist auch wegen der Stadt Madrid, wegen ganz Spanien. Ich habe mich in das Land verliebt, in seine Menschen, seine Lebensart, das Essen. Noch heute esse ich wie ein Spanier, halte Siesta und schaue spanisches Fernsehen. Ich fühle mich zu 50 % als Spanier.«

Dieses Interview kam unter den Chelsea-Fans nicht gut an und er musste sich einiges in den sozialen Medien anhören. Er erwiderte darauf: »Ich kann das gut verstehen. Das hat auch nichts mit meinem Engagement bei Chelsea zu. Trotzdem hoffe ich, eines Tages nach Spanien zurückkehren zu können.« *(C.W.)*

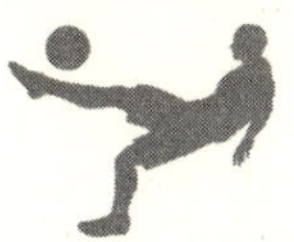

69. GRUND

Weil mit Luís Pereira der coolste und freundlichste Fußballer aller Zeiten für Atlético spielte.

Ich sag es gleich. Schade, dass ich das nicht live gesehen habe. Lokalderby am 15. Mai 1977 im Santiago Bernabéu. Atlético reicht ein Unentschieden zum Titelgewinn. Es steht 1:1. Dies war auch das Endergebnis. Die Real-Fans im Fondo Sur sind stocksauer. Real ist auch nur Neunter in der Tabelle. Im eigenen Strafraum herrscht Luís Pereira, der damals beste Verteidiger der Welt, der als letzter Mann, als »Cierre«, einer besonderen Art des Liberos, spielte. Er spielte seine Position auf eine einmalige, sehr exzentrische, aber auch sehr erfolgreiche Art und Weise. Heute, im modernen Fußball, würde er sicherlich als »Sechser« fungieren, dazu aber später mehr. Zurück zum Spiel und den Real-Fans, die stocksauer sind und halbvolle Bierbecher auf Pereira werfen. Pereira reagiert typisch und freut sich, hebt einen Becher vom Boden auf, trinkt einen Schluck, lehnt sich an den Pfosten und zeigt dem Fondo Sur, dass ihm das Bier mundet. Natürlich alles während des Spiels. Das Stadion tobt. Für die Colchoneros muss diese Szene wie die Auferstehung Christi gewesen sein. Schade, dass ich das nicht live gesehen habe.

Atlético wurde 1977 Meister und Pereira wurde zum Spieler des Jahres gewählt, vor Cruyff, Neeskens und Breitner. 1977 verließ Franz Beckenbauer den FC Bayern München in Richtung New York, und deshalb wollten die Bayern Luís Pereira unbedingt als seinen Nachfolger verpflichten. Pereira jedoch blieb bei Atlético. Wenn man ihn heute in alten Videos sieht, erlebt man ihn, gegnerische Spieler austanzen, egal ob am eigenen oder gegnerischen Strafraum. Er schaltet sich auch in das Aufbauspiel ein oder dribbelt bis in den gegnerischen Strafraum. Bei Ecken oder Kontern gibt er auch gerne einmal den Stürmer und schießt Tore. Dabei ist es nicht so, dass er seine Deckungsarbeit vernachlässigt. So hatte er großen Anteil daran, dass 1977 sein Torhüter, Miguel Reina, zum Zamora, der Keeper also, der die wenigsten Gegentreffer kassierte, avancierte. In Brasilien nannte man den am 11. September 1949 geborenen Pereira »Luis Chevrolet«. Dies war sein Künstlername, als er in Sao Caetano do Sul mit dem Profifußball begann. Luis kam wie viele Spieler vom Zuckerhut aus ärmlichen Verhältnissen und musste neben dem Fußballgeschäft noch anderen Jobs nachgehen, um seine Familie zu unterstützen.

Er war ein außergewöhnlicher Mensch, der immer lächelte. Ihm machte Fußballspielen Spaß. Daher zeigte er stets seine Freude an der Arbeit, und das jeden Tag. Er war nicht nur der beste, sondern auch der fairste Verteidiger seiner Zeit. Nur einmal brannten ihm die Sicherungen durch. Das war im Halbfinale der WM 1974 in Deutschland, im Spiel Brasilien gegen die Niederlande (0:2). Da legte er Neeskens rüde um und sah dafür glatt Rot. Es war seine einzige Rote Karte der Karriere. Noch heute schämt sich Pereira für dieses Vergehen.

Luís Pereira war Raucher. Immer wenn er aus der Umkleidekabine kam, zündete er sich eine Zigarette an. Auch seine Sprüche sind legendär, so zum Beispiel dieser: »Real Madrid spielt mit zwei Schwarzen: Cunningham und dem Schiedsrichter.« Zur Erklärung: Laurie Cunningham war der erste dunkelhäutige Auswahlspieler einer englischen Nationalmannschaft und spielte für Real Madrid.

Glücklicherweise hatte Atlético Madrid mit Luis Aragonés einen Trainer, der es verstand, mit solch exzentrischen Spielern umzugehen. Pereira blieb Atlético Madrid von 1975 bis 1980 fünf Jahre lang erhalten. Neben dem Meistertitel 1977 holte er 1976 noch den Pokalsieg an den Manzanares. Vorher gewann er drei brasilianische Meisterschaften mit Palmeiras Sao Paulo (1969, 1972 und 1973). Luís spielte 38 Mal für die brasilianische Nationalmannschaft, in der er 1973 debütierte und in der er auf Anhieb Stammspieler war. Er nahm auch an der WM 1974 in Deutschland teil. 1980 wurde Hector Nuñez Sportdirektor bei Atlético. Luís Pereiras Tage am Manzanares waren gezählt. Luís hatte mit Nuñez 1978 Streit gehabt als dieser kurzzeitig Trainer bei Atlético wurde. Damals wurde Nuñez entlassen und Aragonés zurückgeholt. 1980 war Luis Aragonés mit seiner schützenden Hand nicht mehr da. Pereira ging zurück nach Brasilien. Es spielte noch bis zum 45. Lebensjahr im Profifußball, zum Schluss aber nur noch in den unteren Klassen. Danach machte er als Trainer weiter. 2002 holte ihn Atlético zurück. Zuerst war er kurz Trainer der B-Mannschaft, danach Präsident von Atlético Madrid B. Dieses Amt hatte er bis 2015 inne. Luís Pereira wohnt weiterhin in Madrid und ist dem Verein eng verbunden.

Die Verpflichtung von Luís Pereira war kurios. Anfang September flogen Vizepräsident Salvador Santos Campano und Vereinsarzt Enrique Ibáñez wegen der Verpflichtung zweier anderer brasilianischer Spieler nach Sao Paulo. Im Flugzeug saß die komplette Mannschaft von Palmeiras, die von einer Europa-Tour zurückkehrte. Campano sprach mit Pereira und dem Stürmer Leivinha und fand heraus, dass beide an einer Verpflichtung durchaus interessiert waren. In Brasilien wurden Nägel mit Köpfen gemacht. Statt der ursprünglich anvisierten eher mäßig talentierten Neuzugänge kamen jetzt zwei brasilianische Nationalspieler auf Weltklasse-Niveau. Die Überraschung war perfekt. Für Pereira zahlte man lediglich (umgerechnet) 600.000 Euro und für Leivinha 400.000 Euro. *(C.W.)*

70. GRUND

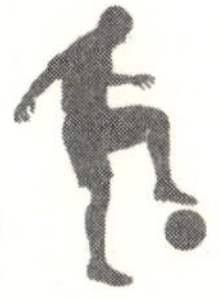

Weil Atlético noch immer Legenden wie Futre in seinen Reihen hat.

Jorge Paulo dos Santos Futre wird auch der Maradona Portugals genannt. Dabei ist der flinke Rechtsaußen unvergleichbar, jedenfalls für mich. Aber sein Spielstil kam dem Maradonas wohl am nächsten. Er ist zu Recht einer der zehn größten Fußballspieler aller Zeiten in Portugal und er ist ebenso zu Recht eine Legende Atléticos.

Wenn ich an ihn denke, bekomme ich noch immer leuchtende Augen. Ein Außenstürmer par excellence mit einer schwindelerregenden Geschwindigkeit, unvergleichlicher Dribbelsicherheit und der notwendigen Schusskraft. Er gab immer alles auf dem Feld, was er mit vielen Verletzungen auch teuer bezahlte, besonders das Knie litt stark und so musste er schon mit 32 Jahren seine Karriere beenden. Bei den Fans ist er unter anderem für seinen Torjubel in Erinnerung geblieben, da er nach fast jedem seiner Tore im Vicente Calderón auf den Zaun der Fondo Sur (Südtribüne) stieg, um mit den Atlético Ultras zu feiern. Sie liebten ihn und er liebte sie. 2012 erfüllte er sich dann einen 24 Jahre alten Traum, indem er mit der Frente, im Fondo Sur, zusammen das Team anfeuerte. Der Gegner war damals der FC Valencia.

Sonnenkönig Jesús Gil y Gil holte ihn 1987 zu Atlético. Gil y Gil liebte Futre und Futre liebte Gil y Gil. Doch wo Liebe ist, ist auch Hass, und so beschreibt der Begriff Hassliebe, inklusive einiger Skandale, die Beziehung zum Vereinsboss am treffendsten. Futre war, neben Luis Aragonés, einer der wenigen, der »Cojones«* im Umgang mit Gil y Gil zeigte. Er ließ sich nicht alles gefallen.

Dies wurde auch 1991 deutlich, als Atlético auf Platz Zwei der Tabelle stand. Der Titel des Vizemeisters war Atlético nicht mehr zu nehmen, jedoch stand Espanyol Barcelona selber kurz vor dem Abstieg. Am letzten Spieltag kam es dann zum Duell zwischen Espanyol und Atlético. Kurz vor Spielbeginn kam Jesús Gil zu Futre in die Kabine und sagte ihm: »Heute müssen wir nicht gewinnen. Sag den Jungs, dass sie heute nicht so viel rennen sollen.« Futre antwortete selbstbewusst: »Unter diesen Umständen spiele ich nicht. Geh du und sag es den Jungs selbst!« Futre nahm auf der Bank Platz und Espanyol gewann 3:1 und blieb somit in der Liga. Atlético wurde danach Pokalsieger. 1992 wurde Futre mit Atlético

* *Cojones (dt.: ugs. Eier im Sinne von Hoden – Stärke zeigen).*

wieder Pokalsieger. Dies waren seine beiden Titel, die er am Manzanares holte.

Wie aber kam Paolo Futre zu Atlético? Die Colchoneros wollten ihn schon lange von Sporting Lissabon verpflichten, aber ihnen kam der FC Porto zuvor. Mit dem FC Porto gewann er dann 1987 den Europapokal der Landesmeister, die heutige Champions League. Als Deutscher kann ich mich noch gut erinnern. Der Gegner im Finale war kein geringerer als der FC Bayern München und Bayern war haushoher Favorit. Aber nur die Portugiesen, besonders Paolo Futre, zauberten. Im selben Jahr wurde der Weltpokal in Mailand gespielt und der FC Porto vertrat Europa. Zur gleichen Zeit wollte Jesús Gil y Gil Präsident von Atlético Madrid werden. Dazu wollte er den großen Coup landen. Er lieh sich einen Privatjet von Freunden, flog nach Mailand und ging in das Hotel der Portugiesen. Leider wusste er nicht, wie Futre aussah. Zum Glück trug Futre Badelatschen mit seinem Namen darauf, sodass Gil y Gil ihn erkannte. Atlético zahlte drei Millionen an den FC Porto. Futre erhielt 700.000 Euro Jahresgehalt, eine Villa mit Pool und einen Sportwagen. Horrende Summen für die damalige Zeit, zumal Atlético so gut wie Pleite war. Jesús Gil zahlte alles aus seiner Privatschatulle. Aber eigentlich lieh er sich das Geld von Freunden. Gil wurde Präsident und Nachfolger des verstorbenen Vicente Calderón und Futre schlug voll ein: Sieben Spielzeiten bei Atlético (1987-1993 sowie ein Comeback 1997-1998), 215 Spiele und 52 Tore waren seine Bilanz am Manzanares.

Er beendete seine erfolgreiche Spielerkarriere 1998 im fernen Asien, wie schon erwähnt, im Alter von gerade einmal 32 Jahren. Für die Nationalmannschaft Portugals lief er insgesamt 41 Mal auf, wobei er sechs Treffer erzielen konnte und mit der er bei der WM 1986 in Mexiko teilnahm. An der Seite von Luis Aragonés übte er pikanterweise in einer der schwersten Zeiten, von 2001 bis 2003, das Amt des Sportdirektors aus, wo es zu weiteren Auseinandersetzungen mit Jesús Gil y Gil kam, was aber niemanden mehr sonderlich verwunderte. Der Präsident (er verstarb 2004) verlor sowieso gerade seinen Realitätssinn und sah nicht, dass Paolo und Luis einen super Job machten und Atlético wieder langsam dahin zurückführten, wo es hingehörte, in die Spitze Spaniens und Europas. So verließ Futre die Colchoneros 2003 im Krach und ging zum FC Porto. Dort übte er dasselbe Amt bei seiner »zweiten großen Liebe« aus und agierte in diesen Tagen als Angestellter der großen Medienlandschaft in seinem Heimatland. Sein Sohn Fabio ist unterdessen in der Jugend von Atlético Madrid am Ball. Zu erwähnen ist noch, dass Paolo Futre 1987 den Balón de Plata gewann, also den zweiten Platz bei der Wahl zu Europas Fußballer des Jahres.

Für mich unvergessen sind drei Spiele, in denen er wichtige Tore zu glanzvollen Siegen erzielte:

1987 in der Primera División beim 4:0-Sieg bei Real Madrid im Santiago Bernabéu, 1991 beim 3:0-Sieg über Manchester United im Achtelfinale des Europapokals der Pokalsieger im Vicente Calderón und 1992 beim 2:0-Sieg im Finale der Copa del Rey wiederum gegen Real Madrid im Santiago Bernabéu. Danke Paolo! *(C.W.)*

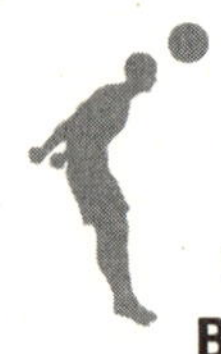

71. GRUND

Weil so ein Anarchist, so ein genialer Spieler wie Bernd Schuster, einfach für Atlético spielen musste.

Mir hatte Atlético schon vor 1992 gefallen, also bevor ich dann endlich zum glühenden Anhänger dieses tollen Vereins wurde. Bernd Schuster hatte es mir ebenfalls auch schon vor 1992 angetan. Er war eine Diva, sehr exzentrisch und ein Weltklasse-Mittelfeldspieler. Aber was genau passierte 1992?

Das berichte ich gleich, doch zuvor etwas Allgemeines zum Spieler Bernd Schuster. Der im schwäbischen Augsburg geborene Bernd Schuster, der aufgrund seiner wehenden Mähne »blonder Engel«

getauft wurde, wechselte im Alter von 30 Jahren zu den Rojiblancos, womit seine erfolgreiche Karriere langsam zu Ende ging. Zehn Jahre zuvor ging der Stern des grandiosen Mittelfeldstrategen auf, der in Italien Europameister wurde und dann den großen Sprung vom 1. FC Köln zum FC Barcelona wagte. Der als Querulant, jedoch auch als Führungsspieler bekannte Schuster erlebte dort etliche Glanzmomente und gewann in diesen acht Jahren unzählige Titel. Mit gerade einmal 24 Jahren trat er aufgrund von Diskrepanzen mit Bundestrainer Derwall aus der Nationalmannschaft zurück und so kam eines der größten deutschen Talente nur auf 21 Länderspieleinsätze (vier Tore). Als Franz Beckenbauer wollte, dass er 1986 zur Nationalmannschaft zurückkehrt, verlangte seine Frau Gaby eine Million D-Mark vom DFB. Damit war das Thema Rückkehr vom Tisch. Schuster spielte damals schon in Barcelona, wo er von 1980 bis 1988 unter Vertrag stand. Mit seinem Wechsel zu Real Madrid sorgte der Standardspezialist für Aufruhr, doch viel heftiger wurde dieser, als er sich von dort aus, nach Zerwürfnissen mit dem Vorstand, den Rojiblancos anschloss. Er verlieh den Rot-Weißen jedoch den gewissen Tick Genialität, sodass Jesús Gil y Gil ein wahrer Clou gelang. Sein Debüt feierte er am 14. Oktober 1990 beim 2:1 Sieg bei Sporting Gijón, wobei er den ersten Treffer direkt auflegte. Nach einer langwierigen Verletzung im dritten Jahr am Manzanares überwarf er sich anschließend mit dem skandalträchtigen Präsidenten Gil y Gil, was zu seinem Abgang in die Heimat führte. Über Bayer Leverkusen und die UNAM Pumas in Mexiko fand eine glanzvolle Karriere ihren Abschluss. Sechs spanische Pokalsiege fuhr er insgesamt ein, was einen Rekord bedeutet und zudem ist er, neben Miguel Soler, der einzige Fußballer, der bei allen drei »Größen« des spanischen Vereinsfußballs unter Vertrag stand.

Doch nun zurück ins Jahr 1992. Als Bernd Schuster 1990 zu Atlético kam, war das Interesse enorm. Es kam ein Spieler, der vorher schon dreimal die Liga, viermal die Copa del Rey und zwei Supercopas gewonnen hatte. Außerdem wurde er 1980 mit Deutschland

Europameister und war die Entdeckung der EM. Und dennoch unkten viele, er wäre schon auf dem absteigenden Ast, Atlético hätte einen abgehalfterten Spieler bekommen, der es bei Real nicht mehr konnte und jetzt eine Etage tiefer spielen müsste, und weitere unpassende Kommentare. Was für ein Irrtum!

Direkt im ersten Jahr wurde Atlético mit und auch dank Schuster Vize-Meister und Pokalsieger. Real, das nur am Rande erwähnt, wurde lediglich Dritter. Nach dem Pokalsieg über Mallorca sagte Schuster, dies sei ein großer Tag für die Fans, die er besonders lobte. Er sagte wörtlich: »Esta afición me parece un diez.«* Diez (10) ist die höchste Note im spanischen Schulsystem. Es bedeutet »mit Auszeichnung«.

Diese besonderen Fans waren mir auch schon vorher aufgefallen. Bei jedem Tor rannte die ganze Südkurve, wie von Geisterhand geführt, ein paar Platzreihen nach unten, bis es nicht mehr weiter ging. Das sah einfach beeindruckend aber auch irre aus, sehr südamerikanisch. Jedenfalls war dies das erste Jahr, wo ich jedes Wochenende auf Atlético schaute. Die nächste Saison endete auch sehr erfolgreich mit dem 3. Platz und einem weiteren Pokalsieg. Das Finale der Copa del Rey fand im Estadio Santiago Bernabéu statt. Gegner war kein anderer Verein als die Hausherren von Real Madrid. Atlético gewann 2:0 durch Tore von Bernd Schuster und Paolo Futre. Ein Tor schöner als das andere. Bernd Schustern traf bereits nach 7 Minuten durch einen direkten Freistoß und Paolo Futre legte wenig später, aus spitzem Winkel in das kurze Eck, nach einem genialen Querpass, nach. Die Tore sind so schön, ein echtes Stück rot-weißer Geschichte. Ich schaue sie mir immer wieder auf Youtube an. Seit diesem Tor von Bernd Schuster bin ich glühender Anhänger von Atlético Madrid. Er war ein Deutscher mit großer Affinität zu Spanien, genau wie ich, der mir schlussendlich das Herz zu diesem tollen Verein geöffnet hat.

* *Esta afición me parece un diez (dt.: Diese Fans sind für mich eine Zehn.).*

Bernd Schuster brachte es bei den Colchoneros auf 85 Ligaspiele, bei allen stand er in der Startformation, 15 Spiele in der Copa del Rey und 12 in den europäischen Wettbewerben. In diesen 112 Spielen erzielte er 18 Tore. *(C.W.)*

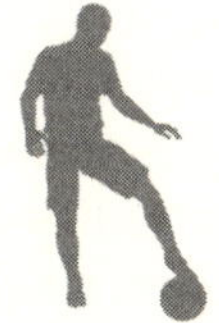

72. GRUND

Weil: Ole, Ole, Ole, Cholo Simeone!

Es gibt wohl einen Fußballgott, es gibt wahrscheinlich sogar viele Fußballgötter, aber letztendlich herrscht über sie alle Diego Pablo Simeone. »El Cholo«, wie der Argentinier auch genannt wird, ist der Grund, ein Atlético-Madrid-Fan zu werden:

Der Cholo ist Alpha und Omega, Anfang und Ende. Für den Fußball wie auch für Atlético. Wie einst Helenio Herrera mit dem Catenaccio ein Spielsystem oder Luis Aragonés mit der Tiki-Taka einen eigenen Stil im Fußball erfand und damit triumphieren konnten, gelang es Simeone, eine Ära des globalen Sports mit seinen Trainerfähigkeiten zu prägen.

Ohne Lärm und Getöse, ohne Aufschneiderei und ohne heiße Luft abzusondern, beruht das Konzept Cholos auf drei einfachen Grundpfeilern: Intensidad*, Compromiso**, Trabajo***. Diese drei Säulen tragen sein Prinzip, seine Philosophie und diese lautet schlicht: Gewinnen!

»In Cholo We Trust«, lautet die rot-weiße Devise, und sie ist zutreffend, denn auf ihn kann man sich in jeder (Spiel-)Situation verlassen. Niemand scheint so akribisch zu sein, so viel zu wissen und so korrekt zu antizipieren wie er. Jede einzelne Entscheidung, in

* *Intensidad (dt.: Intensität).*

** *Compromiso (dt.: Einsatz/Engagement).*

*** *Trabajo (dt.: Arbeit/(Kraft-)Anstrengung).*

jedem einzelnen Spiel, erweist sich stets als die bestmögliche aller Optionen. Im Auge des Betrachters, Fans oder Kommentators sind diese Entscheidungen auf den ersten Blick nicht immer logisch und stringent. Im Gegenteil, er überrascht und überzeugt das Publikum oft mit einer unerwarteten, jedoch am Ende immer bestmöglichen Lösung. Wie ein Schachspieler analysiert er von der Seitenlinie aus jede mögliche Siegesoption und setzt die erforderlichen Figuren dort, wo sie potenziell das Maximum, in Hinblick auf den Sieg, erbringen können. Wie ein (ehemaliger) Fußballspieler hüpft er in der Coaching Box hoch, um die Eckstöße mit ins Tor zu köpfen, streckt sein Bein in die Luft, um den entscheidenden Pass mit zu vollenden, erlebt die Tore, aber auch die Leiden seiner »Muchachos«, seiner Jungs, hautnah und mit jeder Faser mit. Er erlebt das Spiel an der Seitenlinie und er lebt das Spiel an der Seitenlinie.

El Cholo reagiert nicht nur auf die Geschehnisse auf dem Platz, sondern auch auf die Stimmung der Fans. Er heizt das Publikum an, wenn er merkt, dass die Spieler einen Schub von den Fans brauchen. Simeone spricht auch zu den Fans der Rojiblancos in aller Welt, in seinen Pressekonferenzen. Er belehrt und bildet die Fans, sodass auch sie ihren Teil beitragen können, sodass auch sie wissen, wann sie gebraucht werden. Sein »Partido a partido«* wurde zu (s)einem Mantra, das nicht nur zu einem Meistertitel führte, sondern auch zu einem (Lebens-)Motto, nicht nur für Colchoneros, sondern für viele Spanier insgesamt wurde. Der Erfolg kommt in kleinen Schritten. Es ist hierfür unabdingbar, Vertrauen in sich selbst zu haben und immer hart zu arbeiten sowie sich auf das Ziel zu fokussieren. »No consuman«**, riet El Cholo den Fans, als die Presse wahrnahm, dass Atlético plötzlich ein bemerkenswerter Gegner geworden war und sich zwischen das Duo Real Madrid und Barcelona drängte. Seine Nachricht an die Fans bedeutete »Nicht beachten«, da die Haupt-

* *Partido a partido (dt.: Spiel zu Spiel).*

** *No consuman (dt.: nicht konsumieren).*

stadt-Presse eine mediale Kampagne startete, um die Interessen der Königlichen zu verteidigen. Es wurde versucht, die Fans und Leser zu überzeugen, dass Atlético nur unverdientes Glück gehabt hatte und der Erfolg durch unfaires Spiel erzielt wurde. Legendär sein Auftritt im Format »El Larguero« von Cadena SER, der größten spanischen Sportsendung, als er einem Millionenpublikum diese Worte mit auf den Weg gab.

Simeone agiert, hat aber auch die Fähigkeit, sich anzupassen und zu reagieren. Besonders deutlich wird dies in Auswärtsspielen: So hat er vier verschiedenen Trainern von Real Madrid, die von den Medien und Jurymitgliedern stets als viel besser gekürt waren, bezwungen, und nicht als Folge eines glücklichen Zufalls, sondern als Teil einer strategischen und fußballerischen Überlegenheit.

So oblag es zum Beispiel El Cholo, die Ära Mourinhos in Spanien zu beenden. Diesen emotional so wichtigen Sieg für Atlético, nach einer beispiellosen Serie an nicht gewonnenen Derbyspielen, errang er im Pokalfinale 2013, im Stadion von Real Madrid mit damals vielen nahezu unbekannten Spielern. Ebenso ein Meilenstein war der 4:0-Heimsieg im Vicente Calderón gegen Ancelotti oder der 0:1-Auswärtssieg im Bernabéu gegen Zidane. Auch diese Siege waren ebenso wenig Überraschungen, sondern ein paar, für die Königlichen, fußballerische Lehrstunden. Auch die verschiedenen Siege gegen den FC Barcelona müssen hier aufgezählt werden. Sowohl gegen Guardiola als auch gegen Luis Enrique gelang es Atlético Barça aus der Champions League zu werfen und mehrere Remis in Camp Nou in der Liga zu holen. Cholo hat sie alle, mit einem deutlich schwächeren Kader, beherrscht. Es gelang Cholo sogar sich für die bittere Niederlage im Jahr 1974 gegen den FC Bayern München zu revanchieren. Das Weiterkommen im Halbfinale der Champions League 2016, in der Allianz Arena, wird für viele Fans unvergessen bleiben.

Die Erfolge von Simeone sind insbesondere daher so hoch anzurechnen, da sein Kader stets ohne Spieler mit der Qualität eines

Messi oder eines Iniesta auskommen mussten. Auch spielten die »Spieler des Jahres« nie in seinem Team.

Es scheint, dass es nur Gott gelang, aus so wenig so viel zu machen. Als Quelle kann hier das Buch Genesis dienen.

El Cholo übernahm die Regie bei Atlético im Dezember 2011. Das Team stand damals auf einem Abstiegsplatz und war aus dem Copa del Rey bereits ausgeschieden. Er beendete die Saison als Fünfter und gewann die UEFA Euro League in Bukarest. In der Saison 2012/13 qualifizierte sich Atlético direkt für die Champions League und gewann den Königspokal gegen Real Madrid. 2013/14 erreichte er sogar das Finale der Champions League in Lissabon, nach Siegen gegen den AC Milan, den FC Barcelona und Chelsea London, die alle zuvor die Champions League bereits gewinnen konnten. Zudem gewann er den spanischen Meistertitel, im Camp Nou, am letzten Spieltag. Im Sommer bezwang er wieder Real Madrid und gewann dadurch den spanischen Supercup. In der Spielzeit 2014/15 erreichte er zum dritten Mal in Folge die direkte Qualifikation zur Champions League als Tabellen-Dritter der spanischen Liga. 2015/16 zog er wiederholt in das Finale der Champions League ein. Hierzu wurden acht (!) Landesmeister auf dem Weg ins Finale besiegt, darunter auch der FC Barcelona und der FC Bayern München. Lediglich im Finale musste man sich im Elfmeterschießen geschlagen geben. Es ist El Cholo, den man diese sportlichen Erfolge, die Rückkehr des rot-weißen Stolzes, die einmalige Verbindung zwischen Mannschaft und Fans, anrechnen muss.

Wir wissen heute nicht, wie lange er uns als Trainer erhalten bleiben wird, aber eines ist sicher: Er ist schon heute einer der erfolgreichsten Trainer in der Geschichte von Atlético Madrid und auch wenn man den Namen Gottes nicht missbrauchen darf, so wird wohl keiner widersprechen, wenn wir hier Diego Pablo Simeone in den Olymp der Fußballgötter aufsteigen lassen. *(A.C.)*

73. GRUND

Weil Gabi, unser Kapitän, ein Fels in der Brandung ist.

Manchmal gibt es Spieler, die die Identität und eine bestimmte Ära des Teams verkörpern. Für die Epoche unter Trainer Diego Simeone heißt dieser Spieler ohne Frage Gabriel Fernández Arenas, kurz Gabi. Der zentrale Mittelfeldspieler fungiert als verlängerter Arm des Coaches auf dem Spielfeld, dient den Fans als spiritueller Führer und ist der kittende Klebstoff für die Mannschaft auf dem Platz und in der Umkleidekabine. Um in einer Metapher zu sprechen: Er ist der Fels der rot-weißen Kirche.

Geboren am 10. Juli 1983 in Madrid, ragte Gabi schon als junger Spieler in den Jugendmannschaften Atléticos heraus. Sein Debüt in der Liga feierte er mit zwanzig, in turbulenten Zeiten, in denen Atlético seinen Platz oben in der Tabelle der Liga suchte. In dieser Spielzeit war aber immer noch ausgerechnet der Spieler Cholo Simeone, während seiner zweiten Etappe bei Atlético, der Regisseur im Mittelfeld der Rojiblancos. In der Saison 2004/05 musste der junge Gabi dann seinen Aufwärtstrend durch eine Leihe beim benachbarten Klub FC Getafe fortführen. Der enge Bund zwischen »Cholo« und Gabi entstand aber genau zu dieser Zeit, und beide sollten später zusammen einen wichtigen und erfolgreichen Teil der Geschichte Atléticos schreiben. Apropos, ein nur ein Jahr jüngerer Spieler und späterer Superstar namens Fernando Torres gehörte ebenfalls zu diesem Kader.

Doch dann kam das Jahr 2007 und Gabi musste den Verein aufgrund der großen Konkurrenz im Mittelfeld, der allgemein enttäuschenden Saison und der stetigen finanziellen Not verlassen. Torres ging zu Liverpool, Gabi zu Saragossa und die Fans verloren für einige Jahre auf einen Schlag zwei der wichtigsten Identifikationsfiguren auf dem Platz.

In Saragossa reifte Gabi schnell zu einem echten Gruppen- und Teamleader heran. Zudem zeigte er dort eine weitere Qualität. So erzielte er in der Saison 2010/11 fünf Elfmetertore in fünf Versuchen. Zudem wurde er mit 11 der treffsicherste Spieler in Saragossa und das als eher defensiver Mittelfeldspieler. Genau in diesen Zeitraum fiel eine Rückkaufoption von Atlético Madrid.

Natürlich wurde diese gezogen und so kehrte Gabi in seine fußballerische Heimat zurück und sorgte mit »Cholo« und den »Chicos«* für die besten Nächte der letzten Jahrzehnte.

Unvergessen, wie er die rot-weiße Fahne Atléticos im Mittelkreis des Santiago Bernabéus versenkte, nachdem Atlético im Finale des Spanischen Königspokals den Erzrivalen in seinem eigenen Haus mit 2:1 besiegte.

Er hob die verschiedenen Trophäen in Madrid, Barcelona, Hamburg oder Monaco empor und blieb dabei immer ruhig, bescheiden und bodenständig. Gabi ist kein Superstar, aber ohne seine Persönlichkeit und seinen Führungsstil hätte Atlético die großen Erfolge der letzten Jahre nicht erreichen können.

Erstaunlich ist, dass er nie bei den jährlichen Auszeichnungen der Liga als bester Mittelfeldspieler gekürt wurde oder dass er, bis auf die U-Teams, nie für die Nationalelf Spaniens nominiert wurde, auch nicht in den Jahren, in denen er Atlético zur Meisterschaft und in das Finale der UEFA Champions League führte. Offenkundig ist es einer Liga und einer Nationalmannschaft, die von Real Madrid okkupiert ist und die schon die Erfolge von Luis Aragonés schlucken musste, nicht möglich, einen solchen Spieler symbolisch zu ehren. Eine unabhängige Institution der FIFA hingegen, das CIES (Internationales Zentrum der Sportwissenschaften) in Nyon, zeichnete ihn als »Besten Mittelfelder der Welt« im Jahr 2014 aus.

Doch egal ob mit oder ohne Auszeichnung – als Kapitän und Mittelfeldstratege hat er seit 2012 die Regie in vielen der jüngeren

* *Los chicos (dt.: die Kerle).*

Vereinserfolge geführt: UEFA-Europa-League-Sieger und UEFA-Supercup-Sieger 2012; Spanischer Pokal-Sieger 2013; Spanischer Meister, Spanischer Supercup-Sieger und UEFA-Champions-League-Finalist 2014 und nochmals Finalist im Finale der UEFA Champions League 2016. Gabi Fernández ist einer der erfolgreichsten Spieler in der Geschichte Atléticos und das Symbol der wahrscheinlich erfolgreichsten Ära des Vereines. *(A.C.)*

74. GRUND

Weil nur ein Afrikaner wie Ben Barek in der Nachkriegszeit in Spanien bei Atlético so groß rauskommen konnte.

Ben Barek war schon ein Superstar, als er im fortgeschrittenen Fußballeralter, mit 31 Jahren, zu Atlético kam. Das war 1948. Ich habe ihn natürlich nie live spielen gesehen, denn ich wurde erst 1964 geboren, aber so ein Leben zu führen, in der Zeit, mit der Hautfarbe, und doch solchen immensen Erfolg zu haben, das bedarf Respekt. Nein, mehr noch, das bedarf Bewunderung, großer Bewunderung.

Ben wurde am 16. Juni 1914 geboren. Doch das Geburtsjahr ist nicht verbrieft, es kann daher auch 1915, '16 oder '17 gewesen sein. Selbst der Tag ist nicht 100%ig klar. Als Sohn eines Tischlers im marokkanischen Casablanca lernte er Fußball, natürlich barfuß, auf der Straße zu spielen. Ben Barek ist Haratin. Die Haratin sind Nachfahren afrikanischer Sklaven, die in den Oasen des Maghreb arbeiten mussten. Marokko war zur aktiven Zeit von Larbi Ben Barek unter französischem Protektorat. Daher war es möglich, dass er von 1938 bis 1954 17 Mal für die französische Nationalmannschaft auflief. Zudem spielte er zuvor auch für die marokkanische Nationalmannschaft, die, aufgrund des Kolonialstatus, jedoch nur Freundschaftsspiele bestreiten konnte. Durch eben diese Spiele erregte er Aufmerksamkeit in Frankreich. 1938 zahlte Olympique Marseille 44.000 Franc an UD Marroqui für seinen Wechsel. Jedoch brach dann der Zweite Weltkrieg aus und Ben kehrte nach Marokko, zu UD Marroqui, zurück, da er nicht in einem Nazi-Konzentrationslager enden wollte. Nach dem Krieg ging er wieder zurück nach Frankreich und spielte dort für Stade Français.

Am 6. August 1948 machte Stade Français ein Freundschaftsspiel bei Atlético Madrid, im altehrwürdigen Metropolitano-Stadion. Ben spielte die Verteidiger der Rojiblancos so schwindelig, dass auf der Tribüne ein Manager der Colchoneros rief: »Wir müssen diesen Schwarzen verpflichten!« Gesagt, getan. Atlético zahlte 17 Millionen Franc an Stade Français, das fast 400-fache, was Olympique Marseille zehn Jahre zuvor an UD Marroqui gezahlt hatte.

Jedoch verlief seine Ankunft nicht ohne Unwägbarkeiten. Nachdem er nicht pünktlich erschien, vermutete man, er komme gar nicht mehr. Die Zeiten waren andere als heute und doch konnte man schon damals sehen, dass Ben einen sehr zuverlässigen Charakter hatte, denn ein Telegramm brachte Klarheit: »Ich komme heute um 22:00 Uhr an. Der Flieger kommt aus Casablanca.« Was war geschehen? Seine Frau war unerwartet verstorben und er musste sich um seinen Sohn kümmern. Angesprochen auf sein Alter sagte er bei seiner Ankunft: »Macht euch keine Sorgen wegen meiner 31 Jahre, ich habe den Körper eines 20-jährigen.«

Sein Debüt gab er im zweiten Saisonspiel, am 19. September 1948, bei der 1:4-Niederlage bei Espanyol Barcelona. Kurz darauf glänzte die »schwarze Perle« in einem Testspiel, welches 9:0 gewonnen wurde, und so war es um die madrilenische Presse geschehen, die sich ab diesem Moment vor ihm verneigte.

Fünf Spieltage später, am 26. September, schoss er beim Schützenfest gegen Oviedo (6:0) sein erstes Tor im Metropolitano. Unvergessen ist der 6:3-Sieg bei Real Madrid 1950, in dem er zwei Tore markierte.

Und überhaupt: Mit ihm gewann Atlético 1950 und 1951 die Meisterschaft und 1951 den Pokal. Sein Sturmpartner war übrigens ein Schwede, Henry Carlsson. Man muss sich das zu diesen Zeiten einmal vorstellen: 1951, Nachkriegszeit, Franco, und Atlético ist der Vorreiter der Europäischen Union mit einem schwedisch-franco-marokkanischen Sturm. Man nannte übrigens diesen Sturm »Delantera de cristal«, den »Glassturm«.

Die technischen Fähigkeiten von Ben Barek waren mehr als außergewöhnlich. Péle sagte einmal über ihn, wenn er selbst der König des Fußballs sei, dann sei Ben sein Gott. Aber er verletzte sich auch oft. Daher waren ihm die Spiele im Winter suspekt, wenn der Regen aus dem Rasen ein Schlammloch machte und Kämpfer gefragt waren, die sich in den Morast schmissen. Aber wenn die Sonne schien, dann glänzte Ben und er zeigte sein ganzes Repertoire. Bis zu seinem Weggang 1954 erzielte er in 119 Spielen für Atlético 61 Tore, davon 58 in 113 Spielen in der Liga, den Rest im Pokal.

1954, als er ging, war er fast 40 Jahre alt. Das letzte Jahr seiner Karriere spielte er bei Olympique Marseille. 1955 war Schluss. In jenem Jahr spielte er noch einmal in einem Benefizspiel für Atlético. Die Zuschauer warfen ihm ihre Hüte wie einem Torero zu und dankten ihm so für das, was er für ihren Club geleistet hatte. Der Sportjournalist Gómez Aróstegui schrieb im ABC: »Was die Harlem Globe Trotters mit ihren Händen, das konnte Larbi Ben Barek mit seinen Füßen.«

Dann wurde Marokko unabhängig und Ben der erste Nationaltrainer. Seine letzten Lebensjahre verbrachte er wieder in Casablanca, seiner Geburtsstadt. Sein Tod im Jahre 1992 war mehr als tragisch. Sein lebloser Körper wurde erst eine Woche später in seinem Apartment gefunden, weil sich Nachbarn über seine Abwesenheit wunderten. 2011 wurde ein Film über ihn gedreht. Der Titel lautet *Larbi oder das Schicksal eines großen Fußballers.*

Wer der französischen Sprache mächtig ist, dem sei dieser Film ans Herz gelegt.

Enrique Cerezo, der aktuelle Präsident Atlético Madrids, sagte, dass Larbi Ben Barek unter den 15 besten Fußballern aller Zeiten Atléticos sei. In Marokko ist er ein Idol und eine Ikone, die im Gedächtnis aller Fußballer dieses Landes präsent ist. Noureddine Naybet, Marokkaner in Diensten von Deportivo La Coruñas von 1996 bis 2004, sagte: »Ben Barek ist noch heute ein Maßstab für die Fußballer meines Landes.« *(C.W.)*

75. GRUND

Weil: Luis Aragonéééééés, Luis Aragonéééééés, Luis Aragonéééééés, Luis Aragonéééééés!

Vielleicht ist dieser Grund hier der erfreulichste und wichtigste Grund aller, zugegeben nicht mehr ganz so jungen, Atlético Fans. Luis Aragonés, oder einfach Luis, oder unter Freunden auch »Zapatones«* genannt, verkörpert die Geschichte Atléticos wie kein Zweiter: Er gehörte als Spieler der höchst erfolgreichen 1970er Generation an, die mit vier spanischen Meistertiteln, drei spanischen Pokalerfolgen, einer bitteren Niederlage im Finalrückspiel im Europapokal der Landesmeister und einem Weltpokalsieg Geschichte schrieb. Ebenso war er ein Teil der tristen 1980er-Jahre, in denen Luis und Atlético gegen die Zwangsherrschaft des Fußballverbandes und dessen Korruption kämpfen mussten. Er steht auch für die komplizierten Zeiten als Trainer in der 1990er-Jahren, unter dem berüchtigten Präsidenten Jesus Gil y Gil, in einer Zeit, wo diese beiden großen Persönlichkeiten immer wieder aneinandergerieten, sich jedoch auf Augenhöhe respektierten.

Auch erlebte er die dunklen Zeiten nach dem Abstieg hautnah mit. So kehrte er im zweiten Jahr in der Segunda División zurück

* *Zapatones (dt.: Quadratlatschen).*

zu seinem Atlético. Er brachte dem Team wieder Selbstvertrauen, half dem Verein wieder auf die Beine und führte die Fans zurück ins Licht der Primera División. Ebenso fungierte er als Symbol, als Idol und als lebende Legende, an der sich seine Spieler aufrichten konnten, so auch der erst 19-jährige, zukünftige Superstar Fernando Torres. Luis spielte für und trainierte auch andere Mannschaften, dennoch war Atlético Madrid immer seine Heimat und sein Bezugspunkt. Für die Fans bleibt er für immer im Gedächtnis, trotz oder gar auf Grund seiner menschlichen Schwächen, so zum Beispiel seine immer mal wiederkehrende Spielsucht oder seine zum Teil sehr deutlichen Aus- und Ansagen. Auf dem Platz bleiben seine Spielintelligenz, sein Engagement mit und für die reinen Werte des Sports, seine Loyalität zum Fußball im Allgemeinen und Atlético im Besonderen in der kollektiven Erinnerung.

Über allem steht jedoch sein Erfolg. So ist er der historische Torschützenkönig Atléticos mit 173 Toren in zehn Spielzeiten, von 1964 bis 1974. Dazu war die Nummer Acht der Rojiblancos bereits als aktiver Spieler auf dem Platz ein Spiel- und Teamleiter und so gelang ihm der nahtlose Übergang zum Trainer im Sommer 1974, nach der wohl schmerzlichsten Niederlage der Vereinsgeschichte im Finalrückspiel des Landesmeistercups im Heysel-Stadion gegen den FC Bayern München.

Als Spieler verlor er dieses Finale zwar, doch gewann er nur zwei Monate später als Trainer mit Atlético den Weltpokal. Zudem führte er seine Mannschaft 1977 zum spanischen Meistertitel und gewann 1985 den Spanischen Pokal und den Superpokal.

Seinen größten Coup als Trainer der Rojiblancos gelang Luis jedoch im Jahr 1992. Atlético war die beste Mannschaft dieser Spielzeit und stand kurz vor dem Titelgewinn, als Schiedsrichter und der Verband sehr brutal eingriffen und Real Madrid zur Meisterschaft verhalfen.

Im Juni kam es aber zur Revanche, als sich beide Teams im Santiago Bernabéu noch einmal gegenüberstanden, um das Finale im spanischen Königspokal auszuspielen. Es sollte in einem rot-weißen Festgelage enden! Getragen von einer unerreichbaren spektakulären Unterstützung der Atlético-Fans, zeigte die Mannschaft unten, auf dem Platz, ihre ganze, hochkarätige Klasse: Die unbeugbare Defensive um Torwart Abel, mit Juanito, Patxi Ferreira, Tomás und Solozábal, zudem das robust-solide Auftreten Donatos als Libero waren Garanten für den Erfolg. Hinzu kamen aber vor allem die unerbittliche Erfahrung eines deutschen namens Bernd Schuster sowie die Magie eines unfassbar talentierten Außenstürmers namens Paolo Futre. Dieses Zusammenspiel sorgte zum dritten Mal, in vier Begegnungen, dafür, dass die Vikingos in einem Pokalfinale in ihrem eigenen Stadion besiegt wurden. Ein unvergessenes, ein deutliches, ein sauberes 2:0 mit unvergesslichen Toren von Schuster und Futre waren eben auch zum großen Teil das Werk von Luis.

Luis schaffte Großes, ohne Frage, jedoch nicht nur mit Atlético. So werden mit seinem Namen auf ewig die Erfolge der Spanischen Nationalmannschaft seit 2008 in Verbindung gebracht werden müssen. Eine »Immer-wieder-Favorit-und-nie-Meister« Auswahl, dominiert durch die Zwistigkeiten von Real Madrid und Barcelona-Spielern, brauchte ihn, seinen Fußballsachverstand, seinen Mut zur Unabhängigkeit und sein eisernes Durchgreifen, um den großen Erfolg der spanischen Nationalmannschaft in den letzten Jahren möglich zu machen.

Den Wendepunkt in der Historie der Selección führte Luis herbei, als er das Idol Real Madrids, Raul, aus der Nationalmannschaft hinauswarf und das Team von anderen hemmenden Einflüssen bereinigte. Ein Sturm der Entrüstung brandete in den Sportzeitungen Spaniens auf, doch Luis blieb sich und seiner Linie treu. Er erkannte, dass es viele talentierte Spieler auch in kleinen Mannschaften und damit außerhalb von Real Madrid und dem FC Barcelona gab. So holte er wichtige Spieler wie Senna, Villa, Reyes und Silva in die Nationalelf. Zudem vertraute er einer hervorragenden Generation von Spielern des FC Barcelona, wie Xavi, Iniesta oder Pujol.

Die Selección war nun keine Real-Selección mehr, sondern repräsentierte Spanien. Das alles wurde medial als Ketzerei empfunden und verunglimpft, aber die Zeit sollte ihm Recht geben. Er fokussierte sich und seine Spieler nur auf das eine: Fußball. Er flößte ihnen Mut, Selbstvertrauen und die Freunde am Ball ein und seine Spieler zahlten es ihm mit dem Gewinn der Europameisterschaft 2008 in Wien zurück. Unvergessen das entscheidende Tor von Fernando Torres, seinem »El Niño«, der Lahm stehen ließ und Lehman keine Chance ließ.

Seitdem huldigt ihm nicht nur die Atlético-Fangemeinde, sondern eine ganze Nation sowie viele ausländische Fußball-Experten. Es war dieses Erweckungserlebnis (Fußball-)Spaniens, dass ihm den ehrenvollen Spitznamen »El Sabio de Hortaleza«* einbrachte.

Hortaleza ist der Name seines Geburtsorts. Im Jahre 1938 noch ein Dorf, heute ein im Norden liegender Teil der Stadt Madrid. Dort wurde eine Straße nach ihm benannt, die »Avenida Luis Aragonés«, als Zeichen der großen Anerkennung der gesamten madrilenischen Gesellschaft.

Ebenso fordern die Atlético-Fans, dass das neue Stadion, welches nicht weit von seinem Geburtsort errichtet wird, nach ihrem großen Luis benannt werden soll: Estadio Luis Aragonés.

Luis verließ uns am 01. Februar 2014. Viele Freunde, aber auch viele Legenden des Fußballs und Fans jeden Alters kamen, um Luis ihren Respekt zu zollen. Der alte Miesepeter war nicht nur verehrt und hochgeschätzt, nein, er wurde wirklich geliebt! Und deshalb hört man noch heute, in jedem Spiel, die Atlético-Fans das Lied singen, welches diesem Grund seinen Namen gab: Luis Aragonéééééés, Luis Aragonéééééés, Luis Aragonéééééés, Luis Aragonéééééés! *(A.C.)*

* *El Sabio de Hortaleza (dt.: Der Weise aus Hortaleza).*

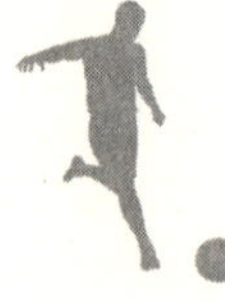

Weil Atlético nicht nur Fußballspieler, sondern auch Fußballingenieure wie Gárate in seinen Reihen hat.

José Eulogio Gárate Ormaechea ist einer der großen Superstars in der Historie von Atlético und sicherlich einer der drei besten spanischen Stürmer aller Zeiten. Heute immer noch als »Kavalier des Fußballs« verehrt, spielte Gárate eine zentrale Rolle bei den großen Erfolgen Atléticos in den 1970er-Jahren. So gewann er dreimal hintereinander (1969 bis 1971) die Pichichi-Trophäe, mit der der Torschützenkönig der Spanischen Liga ausgezeichnet wird. Im ersten Jahr gelang ihm dies sogar trotz einer Verletzung, die ihm nur 20 Spiele bestreiten ließ.

Gárate war zweifelsfrei einer der besten Stürmer, der jemals für die Rojiblancos gegen den Ball trat. Unter ungewöhnlichen Umständen kam der spätere Profifußballer in Argentinien zur Welt, da seine Eltern seinen Großvater in Südamerika besuchten, der aufgrund des Bürgerkrieges in Spanien dort ins Exil musste. Später kehrte Gárate nach Spanien zurück und wuchs im baskischen Eibar auf. Obwohl er seine gesamte Kindheit im väterlichen Eibar verbrachte und dort auch seine Karriere im lokalen Amateur-Verein der Stadt, dem heutigen SD Eibar, startete, blieb er Pass-Argentinier.

Da in den Jahrzehnten nach dem Bürgerkrieg die spanischen Profi-Vereine keine Ausländer unter Vertrag nehmen durften, er sich aber auch nicht einbürgern lassen wollte, was bedeutet hätte, den Militärdienst absolvieren zu müssen, stand ein Engagement für Athletic Bilbao, die früh auf seine Qualitäten aufmerksam geworden sind, nicht zur Debatte. Erst 1966 schaffte es Atlético Madrid, Gárate einzubürgern, ohne die Pflicht zur Absolvierung des Militärdienstes. Das führte dazu, dass er sich der Mannschaft um Adelardo, Collar und Aragonés anschloss.

Am 16. Oktober 1966 debütierte Gárate im frisch eingeweihten Estadio Vicente Calderón, beim 2:1 Erfolg über UD Las Palmas. Alsbald etablierte sich Gárate als der Torjäger im Team und wurde dreimal in Folge Torschützenkönig, jedoch nie alleine, sodass er u.a. mit Teamkollegen Luis Aragonés die Meriten teilen musste. Insgesamt gewann der »Ingenieur des Strafraums«, ein Spitzname, der mit seiner Maschinenbauingenieurs-Lehre, die er parallel zum Fußball durchlief, zusammenhängt, drei Meistertitel, wobei er am letzten Erfolg kaum einen Anteil hatte, da er sich eine langwierige Verletzung zuzog. Auf dem Platz zeichneten ihn, passend zum Spitznamen, seine Intelligenz, Eleganz und Redlichkeit aus.

So wurde der torgefährliche Angreifer lediglich einmal vom Platz gestellt, dies jedoch aufgrund eines handfesten Skandals. Im vorletzten Spiel der Saison 1975/76, gegen Espanyol Barcelona, schickte ihn der infame Schiedsrichter Guruceta vorzeitig duschen. Der Skandal war der Umstand, dass Atlético noch immer Chancen auf den Meistertitel hatte und diesen im direkten Duell gegen Real Madrid, im nächsten und letzten Spiel der Saison, hätte erringen können.

Dieser historische Vorfall, Guruceta war berüchtigt dafür, Real Madrid auf dem Platz direkt und maßgeblich zu helfen, sorgte für schamrote Köpfe auch innerhalb des spanischen Schiedsrichterkomitees. Die Sperre von Gárate wurde daher nachträglich aberkannt, was jedoch für Atlético zu spät kam, da der Titel in der Vitrine des Erzrivalen landete. Dennoch blieb damit Gárates Würde bewahrt und noch heute rühmt ihn das Image des stets korrekten Verhaltens auf und neben dem Platz. Dazu trug auch die Haltung Gárates bei, aus Respekt vor dem Gegner, seine Tore nicht zu zelebrieren. Gelegenheiten dazu gab es genug, da er 135 Tore in zehn Jahren bei Atlético schoss. Ein echter Kavalier des Fußballs also.

Als einer der besten Torschützen des Vereins musste Gárate seine Karriere aufgrund der erwähnten Verletzung mit knapp 33 Jahren beenden. Eine Verletzung, die ebenfalls eine besondere Anekdote darstellt. Auslöser war ein brutales Foul eines Spielers aus Elche. Die entstandene Wunde wurde noch auf dem Platz genäht, ein großer Fehler, da ein Stück Boden beziehungsweise Grass, versetzt mit Sporen, in die Wunde geriet. Im Laufe der Zeit zerstörte der heranwachsende Pilz den Knorpel des Kniegelenks und weitete sich auf das restliche Knie und das Bein aus. Die Infektion war so schlimm, dass sogar das Leben des Stürmers in Gefahr war. Dennoch erzählte Gárate, ganz der Kavalier, die genauen Gründe seines Rückzugs erst viele Jahren später, um den Ruf und damit die Karriere seines Gegenspielers nicht zu ruinieren. Obwohl Gárate beide Nationalitäten besaß, entschied er sich für die spanische »Selección«, für die er in 18 Einsätzen fünf Treffer erzielte. Dennoch nahm er nie an einem großen Turnier mit Spanien teil. Im Anschluss an seine Karriere widmete er sich dem industriellen Ingenieurwesen.

Gárate wurde mit Atlético dreimal Spanischer Meister, zweimal Pokalsieger und einmal Weltpokal-Gewinner. Für viele sind es jedoch nicht diese Titel, sondern seine Tugenden wie Ritterlichkeit, Klugheit und Bescheidenheit, die ihn dekorieren und dank denen er auch die Geschichte Atléticos und seiner Ära prägte. *(A.C.)*

77. GRUND

Weil solche Drecksäue wie Rubén Cano sich nur für Atlético so schmutzig machen wollten.

Atlético brauchte einen neuen Mittelstürmer. Die Zeit von Gárate, dem eleganten Fußball-Ingenieur, war vorbei und die Colchoneros brauchten eine neue Nummer 9. Der junge Rubén Cano hatte Elche CF mit seinen Toren gegen Athletic Bilbao den Klassenerhalt in der Primera Division gesichert und dadurch auf sich aufmerksam gemacht. Atlético Madrid schlug zu und kaufte ihn im Sommer 1976 für umgerechnet 210.000 Mark.

Doch die Fans rieben sich die Augen. Wer war das? Statt einem ballgewandten Supertechniker stakste da ein eher tollpatschiger Albatros über den Rasen. Der hochgewachsene Rubén, am 15. Mai 1951 in San Rafael in Argentinien geboren, war genau das Gegenteil von Gárate. Das gefiel Teilen der Fans überhaupt nicht und so pfiffen sie ihn am Anfang aus.

Aber sehr schnell lernten die Colchoneros ihn schätzen und sogar lieben. Die fleißige Biene, die nach jedem Spiel aussah, als ob sie ein Schlammbad genommen hatte, besaß neben einem richtig guten Timing einen knallharten Schuss und ein perfektes Kopfballspiel. Er stand immer da, wo eine Neun stehen muss, und das gleich ab der ersten Saison 1976/77. Er hatte natürlich auch hervorragende Mitspieler, wie zum Beispiel Perreira, der als bester Ausländer der Saison gekürt wurde. Aber Cano war nun mal der Mittelstürmer, und er machte seinen Job. 21 Mal traf er in der Liga im ersten Jahr. Er war so gut, dass er auch gleich spanischer Nationalstürmer wurde. Zu Recht, denn Atlético profitierte dermaßen von ihm, dass 1977 der Meistertitel geholt wurde. In diesem Jahr erfolgte auch die Einbürgerung Rubén Canos in Spanien und sein Tor in Belgrad, in der WM-Qualifikation im Spiel gegen Jugoslawien, sorgte dafür, dass Spanien zur Endrunde nach Argentinien fuhr.

Seine Tore sprechen ihre eigene Sprache, so erzielte er 97 Tore in 186 Spielen, 82 davon in der Liga, 7 in der Copa del Rey und weitere 7 im Europapokal. Von seinen sechs Jahren bei Atlético stechen besonders die ersten drei heraus. Er traf in diesen ersten drei Jahren 60 Mal in der Primera Division. In der Nationalmannschaft kam er auf zwölf Einsätze, in denen er vier Mal traf. Der argentinische Nationalcoach César Menotti wollte, dass er für Argentinien spielte, konnte ihm aber keine Stammplatzgarantie geben. Für die Argentinier war es kein großer Verlust, da sie schließlich Weltmeister wurden. Für Spanien hingegen war es ein Glücksgriff. 1982 verließ Rubén Cano Atlético Madrid. Seine Karriere beendete er 1987 bei Rayo Vallecano. Sechs Jahre die Nummer 9 bei Atlético prägen.

Dafür ist er in die »Hall of Fame« der Colchoneros aufgenommen worden. 1990 holte ihn Jesús Gil y Gil in das Management des Vereins. Dort blieb er bis 1993.

Eine Sache noch am Rande. Die Zuschauer in Spanien beleidigten ihn manchmal, wenn er im Dress der Selección auflief. Sie riefen ihn »Indio, aufgrund seiner lateinamerikanischen Herkunft. Doch was den einen beleidigen soll, nimmt der andere voller Stolz hin. Denn auch die Fans von Atlético werden und nennen sich Indios. Für die Fans also ein normaler Umstand, der daher rührt, dass bei Atlético stets viele Spieler aus Südamerika eine Heimat fanden. Auf die Provokation angesprochen, antwortete Rubén daher nur verächtlich: »Kein Problem, das sind nur Madridistas.« *(C.W.)*

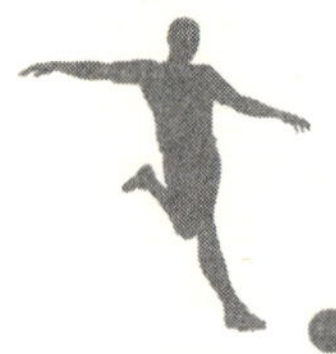

78. GRUND

Weil nur bei Atlético der wahre Speedy González spielte: die »Maus« Ayala.

Langes Haar, Schnauzbart und neben dem Platz Schlagjeans tragend: Rubén Ayala war auch optisch eine 70er-Jahre-Ikone. Er wurde »El Ratón«* gerufen, weil er so schnell und kurvenreich durch die gegnerischen Abwehrreihen flitzte, wie es nur Speedy González in der damals berühmten Zeichentrickserie tat.

Rubén Ayala ist Argentinier und wurde am 8. Januar 1950 in Humboldt in der Provinz Santa Fé geboren. Aufgewachsen ist er aber in Buenos Aires und kam dort ganz groß bei San Lorenzo heraus. San Lorenzo gehört zu den fünf großen argentinischen Fußballvereinen und der berühmteste Fan sowohl von San Lorenzo als auch von Ayala ist kein geringerer als Papst Franziskus, der damals als Jorge Mario Bergoglio sehr oft im Stadion war.

* *el ratón (dt.: Die Maus).*

Als Rubén Ayala im Oktober 1973 zu Atlético kam, war er schon ein Superstar in Argentinien. Er wurde zweimal hintereinander Meister mit San Lorenzo und hatte gerade die argentinische Nationalmannschaft zur Fußball-WM 1974 nach Deutschland geschossen. Das war auch der Grund, dass er erst im Oktober in Madrid ankam. Es wurde vertraglich so festgelegt, dass er erst nach der WM-Qualifikation nach Europa durfte. Rubén Ayala ist Außenstürmer und konnte sowohl links als auch rechts spielen. Dies war eine weitere seiner außergewöhnlichen Fähigkeiten.

Aber man traute ihm anfangs dies alles nicht so zu. Erst einmal wollte sein Vater nicht, dass er Profi wird. Dann fanden viele Trainer, dass er auch keine richtigen körperlichen Voraussetzungen für diesen Beruf hat. Aber es gelang ihm mit Hilfe eines Vertrauten, der Mitglied bei San Lorenzo war, dass er mit 14 Jahren bei diesem großen Verein anfangen konnte zu spielen. Die Aufnahmebedingung war das Vorzeigen eines Personalausweises, den Rubén nicht hatte. Sein Vater verweigerte die Unterschrift, aber der Verwandte bei San Lorenzo fälschte die Unterschrift des Vaters. Man sah schon, dass er ein besonderer Spieler war, aber einige Trainer fanden Rubén von zu schwächlicher Statur. Ende der sechziger Jahre lud ihn der damalige Trainer von San Lorenzo immer zum Abendessen ein, damit sichergestellt war, dass er ordentlich aß.

Mit 18 Jahren machte er sein erstes Spiel in der ersten Liga, aber so richtig groß raus kam er erst 1971 mit 21 Jahren, als Juan Carlos Lorenzo Trainer wurde. Da wurde San Lorenzo zweimal Meister und Ayala zum Superstar. Lorenzo ging danach als Trainer zu Atlético Madrid und wollte unbedingt Ayala als Verstärkung haben. Das klappte dann auch, und »El Ratón« verstärkte den damaligen spanischen Meister. Die erste Saison war etwas durchwachsen und Ayala konnte auch nicht das Endspiel im Europapokal der Landesmeister gegen Bayern München bestreiten, weil er im Halbfinale gegen Celtic Glasgow vom Platz gestellt wurde. Vielleicht wäre mit ihm das Spiel in Brüssel anders ausgegangen, denn er hatte mit seinen Tempoläufen und Toren schon längst die Herzen der Colchoneros erobert.

1975 wurde Atlético Weltpokalsieger gegen den argentinischen Club Independiente de Avellaneda und das Siegtor im Rückspiel im Vicente Calderón schoss Rubén Ayala. Für Rubén war es eine persönliche Rache für die Niederlage in der Copa de Libertadores 1972, als er noch für San Lorenzo spielte. Die Siebziger waren Atléticos goldene Jahre und Ayala spielte mit Fußballern wie Gárate, Perreira, Reina und Leivinha in einem Team. 1976 wurde Atlético Pokalsieger und 1977 wiederum spanischer Meister. Danach büßte »die Maus« etwas an Schnelligkeit ein, aber Ayala war so intelligent, sich an die neue Situation anzupassen. Er spielte jetzt hinter den Spitzen und wusste gekonnt, die Bälle zu verteilen. 1978 verlängerte er seinen Vertrag um drei Jahre, musste aber im September 1979 gehen, weil der Verein der Meinung war, dass der Lebenswandel Ayalas nicht dem eines Profifußballers entsprach.

Er wechselte nach Mexiko und ließ dort seine Karriere als Spieler ausklingen. Danach wurde er ein erfolgreicher Trainer in der 2. mexikanischen Liga. Aber die Erinnerung an ihn, als den »fliegenden Außenstürmer« wird immer im Vicente Calderón verbleiben. *(C.W.)*

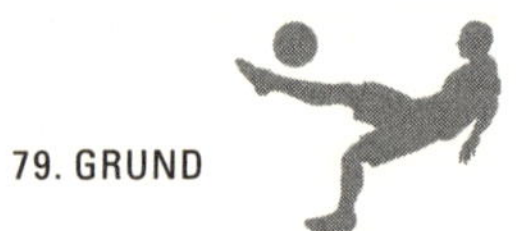

79. GRUND

Weil nur Atlético so tolle Stürmer hat wie Manolo.

Manolo? Klar, Gladbachs berühmtester Fan hieß Manolo. In Spanien rennen auch viele Manolos mit Mexikanerhüten rum, oder war es in Mexiko selbst? Egal. Aber ein Spieler? Klar! Manuel Sánchez Delgado war unser Manolo auf dem Feld. Seine Liebe zu Atlético ist wie eine lange Ehe. Er ist aktueller Sportdirektor der Fundación Atlético de Madrid, der Stiftung des Vereins. In seiner aktiven Karriere war er Torschützenkönig in Spanien und das mit

Atlético. Mit 27 Treffern wurde er Pichichi der Saison 1991/92. Er gewann zudem zwei Mal den Copa del Rey mit Atlético und spielte 28 Mal für Spaniens Nationalmannschaft, für die er neun Mal einnetzen konnte. Manolo ist einer von acht Pichichis, die Atlético bisher hatte. 1992 war für mich auch ein besonderes Jahr. Es ist das Jahr, in dem ich heißblütiger Fan von Atlético wurde. Ich erzählte dies schon in dem Grund über Bernd Schuster. Manolo zusammen mit Paolo Futre und Bernd Schuster. Ein Geiles Team! So wird, ja so muss man zum Fan werden. Es ging aber auch wirklich nicht anders, wenn man die drei zusammen spielen sah.

Aber jetzt zurück zu Manolo: Er war unsere Nummer 7 und das passenderweise sieben Jahre lang. Der Stürmer kam 1988 von Real Murcia an den Manzanares. Er war ein sehr guter Fußballer, besaß eine exzellente Technik, viel Geschick und einen sehr guten Torriecher. Er ist bis heute einer unserer zehn besten Torjäger mit 76 Toren in 219 Spielen. Dazu kommen noch 19 Treffer in der Copa del Rey und neun Tore in den europäischen Wettbewerben.

Unvergessen hierbei sein Treffer beim 3:0 gegen Manchester United im Europapokal der Pokalsieger in der Saison 1991/92. Wieder diese für mich magische Saison!

Obwohl der FC Barcelona ihn unbedingt verpflichten wollte, blieb er bei Atlético. Doch 1995 musste er gehen, weil Präsident Jesús Gil y Gil die Mannschaft erneuern wollte. So ging es für Manolo zurück zu seinem Heimatverein nach Mérida in Extremadura. Aufgrund mehrerer schwerer Verletzungen beendete er 1996 mit nur 31 Jahren seine Karriere. Atlético adelte ihn mit dem Abzeichen aus Gold und Brillanten für sein großes Werk als Spieler. Er kam zurück und begann eine neue Karriere als stellvertretender Sportdirektor Atlético Madrids.

Doch auch die Fans haben ihn nicht vergessen. In Extremadura hat Atlético, auch und insbesondere aufgrund Manolos, eine große Fangemeinde. Herauszuheben aus Fansicht sind hierbei zwei Eigenschaften: Zum einen seine Freundlichkeit und Nähe zu den

Anhängern sowie zum anderen sein trotz seiner Erfolge bescheidener Charakter. Zwei Fanklubs tragen sogar seinen Namen, einer in Jaraiz de la Vera, sowie in Madrigalejo. Beide Peñas trennen rund 140 km. *(C.W.)*

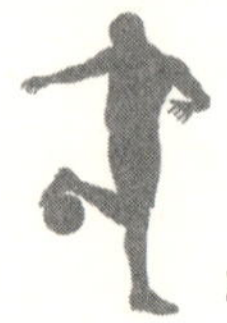

80. GRUND

Weil es Momente gibt, in denen du zum Himmel schaust und Kiko entdeckst.

Das Jahr 1996 ist für uns ein ganz besonderes Jahr, da Atlético in eben diesem das Double aus Meisterschaft und Pokalsieg, gewann. Kiko war damals unser Stürmer. Er war unserem Klub treu ergeben. Er spielte von 1993 – 2001 am Manzanares. Treue ist eine wichtige Komponente in der Seele der Colchoneros und einer der (Haupt-) Gründe, warum Kiko zu den rot-weißen Legenden gehört.

Ich schreibe hier auch gerne über Kiko, weil seinem Charakter eine bestimmte Art von Menschlichkeit innewohnt, die mir an Spaniern besonders gefällt. Kiko ist Andalusier, geboren am 26.04.1972 in Jerez de la Frontera in der Provinz Cádiz. Bevor er zu Atlético kam, spielte er beim FC Cádiz. Ich bin jedes Jahr einmal in Cádiz und kenne viele Leute dort. Die Bodenständigkeit und Freundlichkeit dieser Menschen ist beeindruckend. Dass Atlético 1996 das Double holen konnte, war vorher überhaupt nicht abzusehen. In den beiden Spielzeiten davor hatte Kiko neun (!) Trainerwechsel durchleben müssen. Beständigkeit war damals ein Fremdwort bei Atlético.

Doch dann passte in der Saison 1995/96 einfach alles: Antić als Trainer, Molina im Tor, Simeone und Pantić im Mittelfeld und Kiko im Sturm. Dann kam der letzte Spieltag. Heimspiel gegen Albacete. Ein Sieg musste her, um die Meisterschaft zu sichern. Die Mannschaft konnte kaum glauben, was sie da gerade vollbrachte. In der

Kabine vor dem Anpfiff zitterten die Knie aller Spieler wie Espenlaub, und was machte Kiko? Er erzählte einen Witz nach dem anderen. Die Spieler lachten und nahmen sich so den Druck vor diesem Spiel. Dann folgte der Anpfiff und Kiko blieb eiskalt, traf zum entscheidenden 2:0 und schoss damit Atlético zur Meisterschaft. Die psychologische Leistung in der Kabine war aber fast höher zu bewerten, wie einige Spieler nachher berichteten.

Kiko war nie der große Goalgetter. Er traf 13, 11 oder sogar nur 9 Mal pro Saison, doch dafür fast immer gegen die Großen und in den wichtigen Spielen. so zerlegte er zum Beispiel einmal im Alleingang den FC Barcelona, traf im Viertelfinale der Champions League gegen Ajax Amsterdam und erzielte in seinem vielleicht wichtigsten Spiel, wie gerade beschrieben, gegen Albacete ein Tor. Nicht zu vergessen sollten hier auch seine Dienste im Nationaltrikot für Spanien sein. Er schoss das Siegtor im Finale der Olympischen Spiele 1992 in Barcelona und gewann mit der Selección die Goldmedaille.

Kiko war ein sehr mannschaftsdienlicher Spieler. Er war ein (mit-)spielender Stürmer, der nicht darauf bedacht war am Strafraum zu warten, um die Bälle in die Maschen zu zimmern. Er überzeugte vor allen Dingen mit Spielübersicht und technischen Kunststücken. Ich erinnere mich an einige Szenen auf dem Spielfeld, auch Tore, die er schoss, die nur mit einem Wort zu beschreiben sind: Kunst und zwar hohe Kunst.

1998 zwangen ihn schwerwiegende Sprunggelenksprobleme zu einer einjährigen Pause. In dieser Zeit erlebten die Rojiblancos die härteste Zeit ihrer Geschichte, doch auch in der Segunda División blieb er seinen Farben treu. Ohne Gehaltsbezüge im Unterhaus vereinbarte er den Kompromiss, bei einem Nicht-Aufstieg wechseln zu können. Auch wenn kurz nach seinem Comeback im Frühjahr etliche Gerüchte aufkamen, so z.B. ein Wechsel zum AC Mailand, der nur an seinen malträtierten Sprunggelenken scheiterte, blieb er in Madrid, obwohl sein geliebter Verein vom Meisterschafts- zum Abstiegskandidaten mutierte. Kurz vor seinem Abschied am Manzanares ging er in einer Partie vom Platz und machte dem damals 17-Jährigen Fernando Torres, ebenfalls eine rot-weiße Legende, Platz, welcher sein Nachfolger werden sollte. Er wechselte zum Abschluss dann doch nicht wie angenommen zu Lazio Rom, sondern ließ seine Karriere für sechs Monate noch beim FC Extremadura ausklingen. So kommt es, dass ich in einer sternklaren Nacht oftmals das Sternbild des Schützen am Firmament entdecke und sich dann alle Sorgen zerstreuen, denn ich weiß, wir werden uns immer auf unsere Bogenschützen verlassen können, doch dies ist bereits eine andere Geschichte.

Kiko spielte 278 Mal für Atlético und erzielte 64 Tore. *(C.W.)*

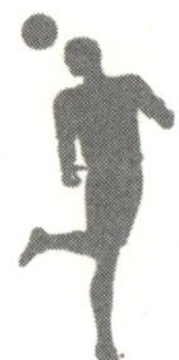

81. GRUND

Weil Kinder wie Fernando Torres, die den Fußball wirklich lieben, nur für Atlético spielen wollen.

Da springt ein Kind mit seinem siebzehnjährigen Körper, seinen liebenswerten Sommersprossen und seinem unerkannten Talent von der Spielerbank auf. Seine Mannschaft, sein Verein, ist in einer sehr schwierigen Situation, in einem unvorstellbaren Tief. Wir schreiben den drittletzten Spieltag, Atlético steht außerhalb der Aufstiegsplätze, und das in der zweiten spanischen Liga.

An diesem Tag jedoch führt sein Team mit 1:0 – trotzdem: die Mannschaft wirkt träge und wird vom Gegner dominiert. Zehn Minuten vor dem Ende ersetzt dieses Kind den Torschützen und revolutioniert das Spiel. Am Ende schießt der Junge zwar kein Tor, aber sein Team kommt wieder zu Kräften und einige Augenbrauen werden hochgezogen: Wer ist dieses Kind?

Am nächsten Spieltag erfüllt sich für das Kind ein Traum: Nach knapp einer halben Stunde ersetzt es sein Idol, einen legendären Spieler Namens Kiko. Das erste kleine Wunder seine Karriere folgt: Fünf Minuten später schießt das Kind ein Tor, das Siegtor. Ein Hauch Hoffnung kehrt zurück und zieht sich durch die Gemüter Atléticos. Der Aufstieg ist immer noch möglich, das Kind ist die Zukunft. Am Ende der Spielzeit verweigert sich jedoch der Erfolg und das Team schafft es leider nicht zurück in die Primera Division. Das Jahr in der Hölle will eine Fortsetzung haben. Doch nicht alles ist so schlimm, wie es nach dieser Spielzeit gemalt wird. Im zweiten Jahr in der Segunda wird Luis Aragonés als Trainer engagiert. Aus dieser Kombination – das Kind und der alte Weise – wird ein Superstar hervorgebracht, wie ihn der Fußball nicht oft sah.

»El Niño«, das Kind, heißt José Fernando Torres Sanz, wird Fernando Torres genannt und wurde als Torres weltbekannt. Er wird die Pracht, den Stolz und die Hoffnung Atléticos in einem der dunkelsten Momente der Vereinsgeschichte repräsentieren, in der der Klub kaputt am Boden liegt. Er wird die unbestechliche Treue und Loyalität der Atlético-Anhänger zu den rot-weißen Streifen verkörpern. Er wird die Projektionsfläche und der Verankerungspunkt für eine Fangemeinde werden, die jahrelang durch die Wüste wandern musste: ohne Titel, ohne Gaudium, ohne Stolz.

Die Dimension, die Bedeutung des Kindes hat keine Referenz in der Geschichte des Klubs oder gar der spanischen Primera División. Das zeigt nicht nur die Trostlosigkeit, als er den Verein im Juli 2007 unter Tränen verlassen musste, sondern auch das überfüllte Stadion zu seiner Präsentation, als er in Januar 2015 zu Atlético zurückkehrte. Eine ganze Nation ist und wird ihm immer wegen seines Tores gegen Deutschland im Finale der Europameisterschaft 2008 dankbar sein: Er brachte die Freude und das Selbstbewusstsein der Spanier zurück.

OK, andere Superstars in Europa zeigen bessere Statistiken und wurden mit mehreren individuellen Trophäen geehrt, aber keiner war wie Fernando Torres gleichzeitig Weltmeister, Europameister, Champions-League-Sieger und Europa-League-Sieger. Keiner war wie er U-16 und U-19 Europameister, Torschützenkönig der Turniere und dazu der Torschütze in beiden Final-Spielen. Keiner sagte zwei Mal »Nein« zu Real Madrid und dem FC Barcelona, weil sie direkte Rivalen seines Herzenklubs waren. Keiner schied in zwei verschiedenen Champions-League-Spielzeiten gegen seinen Klub des Herzens aus, obwohl er mit seinen Toren alles tat, um mit dem FC Liverpool und später mit Chelsea London gegen Atlético weiterzukommen. Für keinen anderen dürfte zudem das Weiterkommen mit Liverpool gegen Real Madrid und mit Chelsea London gegen den FC Barcelona, den großen Rivalen Atléticos, so süß geschmeckt haben, wie ihm, für deren Ausscheiden seine Tore nicht unerheblich waren. Kein anderer Spieler wurde mit nur 19 Jahren zum Kapitän des drittgrößten Fußballvereins in Spaniens ernannt.

So jung musste er für Atléticos Schicksal haften. Wenn es gut lief, lag alles an ihm. Wenn es schlecht lief, nutzte ihn die Direktive als Schutzschild gegen die Unzufriedenheit der Presse und der Fans.

Diesen Druck musste er von 2001 bis 2007 tragen, in den Jahren, in denen Atléticos Überlebenschancen aufgrund der Abwesenheit auf der europäischen Bühne immer geringer wurden. Das Kind, schon ein Superstar, gab stets sein Bestes, auf und neben dem Platz, doch auch er konnte es nicht vermeiden, dass das Management von Atlético das Schiff immer wieder vom Kurs abbrachte. Ein junger Mann allein kann eben keine Mannschaft und keinen Verein retten.

Am 20. Mai 2007 kam der Tropfen, der das Fass zum Überlaufen brachte: Real Madrid und der FC Barcelona lieferten sich damals ein Kopf-an-Kopf-Rennen in der Liga und Barcelona musste am vorletzten Spieltag noch in das Vicente Calderón reisen. Das Management von Atlético machte die Woche vor dem Spiel konfuse Äußerungen, wonach das Team sich gegen Barcelona nicht so viel bemühen müsste, um den Erzrivalen Real Madrid keinen weiteren Titel zu ermöglichen. Das Durcheinander im Vorstand, die schlechte Qualität des Kaders rund um Torres und die verwirrten Zuschauer ergaben eine entwürdigende Heimniederlage: 0:6! Schlimmer als das Ergebnis war jedoch die Ehrverletzung und am allerschlimmsten war, dass diese historische Schmach zu nichts führte, da Barcelona sein letztes Spiel verlor, Real jedoch gewann und somit das Abknien vor Barcelona vergeblich war. Die Fangemeinde litt unter dem 0:3, staunte beim 0:4, verstummte beim 0:5 und verlachte die Mannschaft nach dem 0:6. Eine Reaktion aus Verschämtheit und der Anerkennung heraus, eine blamable Mannschaft, mit Ausnahme von Fernando Torres, im rot-weißen Dress ertragen zu müssen.

Torres richtete seinerseits bei jedem Gegentor seine Stutzen, schaute verlegen zu Boden und versuchte irgendwann ganz allein, ein bisschen Würde zu retten – für sich und für seinen Klub. Nach dem Spiel gab Torres aber schließlich auf und ließ zum ersten Mal dem Vorstand die Möglichkeit, sich Angebote von anderen Klubs, vornämlich aus England, anzuhören. Die Direktiven hatten sowieso vor, große Spieler wie Torres oder Gabi zu verkaufen, um die finanziellen Probleme des Klubs zu mildern. Es war nur unglaublich schwierig für Fernando Torres und die Fans, sich zu trennen. Jedoch mit der Ablösesumme konnte Atlético immerhin weiter-, ja überleben.

In seinen Jahren bei Liverpool erreichte Torres den Zenit seiner Karriere: Noch heute ist er der beste ausländische Torschütze im ersten Premier-League-Jahr mit 24 Treffern und der Liverpool Spieler, der am schnellsten 50 Tore erreichte. »The Kop« verliebte sich rasch in ihn und er erwiderte dies mit wichtige Toren und regelmäßigen Top-Leistungen. Doch der Knick kam nach einer Knieverletzung. 2010 war für ihn ein langer, leidvoller Weg, den es zu durchqueren galt. Dieser Umstand und die langsame Zersetzung des Teams in Liverpool führten zu seinem Abgang und zu seiner nächsten Station: Chelsea London. Dort hatte er mit Knie- und Zuversichtsproblemen drei Jahre lang zu kämpfen.

Trotzdem konnte Torres, zwar nur als Ersatzspieler, an der Fußballweltmeisterschaft 2010 in Südafrika teilnehmen. Seine Sternstunde kam im Finale, in dem er in der 115. Minute eingewechselt wurde. In seinem ersten Spielzug auf dem Rasen öffnete er die holländische Defensive, ließ den Ball zu Iniesta durch und verhalf diesem zum goldenen Tor in der 116. Minute, dem Tor, das Spanien zum Weltmeister kürte. Wieder war »El Niño« in einem Finale und wieder war er entscheidend beteiligt. Legendär sein Auftritt bei der Feier in Madrid, als er eine spanische Fahne mit Atlético-Wappen auf dem Rücken trug und dies, obwohl er schon seit langem in England spielte.

Auch der EM 2012 konnte Torres seinen Stempel aufdrücken. Vor dem Finale kämpfte Torres mit zwei Treffern gegen den deutschen Stürmer Gómez, der bereits drei Treffer erzielen konnte, um die Torjägerkrone des Turniers. Spanien spielte aber auch noch das Finale gegen Italien und, in der 75. Minute eingewechselt, erzielte Torres in der 84. Minute das dritte Tor im Turnier und das 3:0 für Spanien. Dann die 88. Minute: Torres taucht alleine vor Buffon auf, doch anstatt zu schießen und sich die Torjägerkrone zu holen, sieht er in ebenso guter Position seinen Freund und Chelsea-Kollegen Juan Mata. Es kommt wie es kommen muss, Torres legt den Ball Mata auf und dieser verwandelt zum 4:0 für Spanien. Damit bleibt es beim Drei-Treffer-Gleichstand zwischen Gomes und Torres, doch dank dieses Passes wird am Ende »El Niño« zum Torschützenkönig des Turniers gekürt.

Bei Chelsea war Torres wegen seiner hohen Ablösesumme, seiner langen Verletzungszeit und dem Astloch (Autokorrektur!) Mourinho nicht so erfolgreich. Trotzdem kamen die Titel: englischer Pokal-Sieger und Champions-League-Sieger 2012, in dessen Viertel- und Halbfinale er mit seinen drei Toren und vier Vorlagen eine wesentliche Rolle spielte, sowie Europa-League-Sieger 2013. Als Spieler, dessen Karriere am Ende war, so die Betrachtung vieler Fans in England und der Medien, wurde Torres im August 2014 an den AC Mailand verliehen. Dort hatte er noch weniger Glück und seine Freude am Spiel schien verloren gegangen zu sein.

Aber dann kam ihm Diego Simeone zu seiner Rettung und zu seiner Wiederbelebung zu Hilfe. Die ersehnte Rückkehr des verlorenen Sohns fand am 05. Januar 2015 statt. Fast noch als Weihnachtsgeschenk wurde Torres vor 45.000 Zuschauern als Winterzugang präsentiert. Die Fangemeinde konnte wieder aus Freude lachen und hoffen. Wenige Tage später spielte er im Hinspiel der Copa del Rey bereits gegen den Erzrivalen Real Madrid von Anfang an und erzielte direkt ein Tor in der allerersten Minute. Direkt nach Wiederanpfiff erzielte er sein zweites Tor. Atlético schmiss die Madrilenen folgerichtig aus dem Pokal und zeigte wieder wer tatsächlich in der Hauptstadt herrschte. Glücklicher konnten er und die Fans nicht sein.

Cholo Simeone und Torres hatten bereits zwischen 2003 und 2005 zusammen für Atlético gespielt. Bei der Rückkehr »El Niños« sagte Simeone, dass er »den hervorragenden Spieler, nicht den Superstar zurückholen« möchte. Torres dankte ihm das Vertrauen und die Möglichkeit, zurück zu seinem Atlético zu wechseln. So brachte er sein Talent ein, um magische Nächte im Vicente Calderón zu ermöglichen. Ebenso außerorts, bis hin zum Champions-League-Finale in Mailand, wo das Glück Atlético wiederholt den Rücken zukehrte.

Noch heute schreibt die lebende Legende Torres Geschichte für sein Atlético: mit seinen 343 Einsätzen, seinen 116 Toren (Stand 01.03.2017) und seiner unerschütterlichen Liebe zu Atlético.

Das Kind interessierte nie der Ruhm, nie der Reichtum, einzig interessierte ihn sein Traum, für das Team zu spielen, welches er an der Hand seines Opas im Vicente Calderón kennen- und liebengelernt hatte. Er wollte Fußball spielen, nur Fußball für Atlético spielen, wie alle Kinder, die den Fußball wirklich lieben. *(A.C.)*

82. GRUND

Weil die Charrúa-Legende Diego Forlán nur bei Atlético eine solche Verzückung auslösen konnte: URU-GUASHO-URU-GUASHO!

Diego Forlán war einer meiner Lieblingsspieler. Nach fast jedem Tor nahm er ein Bad in der Menge und umarmte die Zuschauer. Eine bessere Symbiose von Fans und Spieler gab es nicht. »El Charrúa«*, wie man ihn nannte, war ein Liebling der Fans. Darum hallte das URU-GUAYO, URU-GUAYO – URU-GUASCHO, im Dialekt des Río de la Plata gerufen, dem Mündungstrichter der Flüsse Paraná und Uruguay, an denen die Staaten Argentinien und Uruguay liegen durch das Stadion, wenn der Stürmer in Aktion war.

Diego Forlán war ziemlich lange bei Atlético, ganze vier Jahre, von 2007 bis 2011. Als er ging, war er 32 Jahre alt. Es waren seine besten Zeiten als Fußballer. Enrique Cerezo, der Präsident von Atlético Madrid, meinte zum Schluss gar, dass Diego unnahbar sei, nur an sich denke sowie kein Herz mehr für den Klub zeige. Dann war Schluss und Forlán ging zu Inter Mailand. Seine Leistungen für Atlético können sich aber sehen lassen: 96 Tore in 198 Spielen. 2008 und 2009 wurde er Pichichi, also Torschützenkönig, in Spanien und 2009 sogar der Gewinner des Goldenen Schuhs als bester Torschützenkönig Europas. 2010 schoss er Atlético Madrid zum Europa-League-Titel gegen den FC Fulham. Er erzielte beim 2:1-Sieg beide Treffer. Mit Uruguay wurde er 2010, bei der WM in Südafrika, Vierter und zum besten Spieler der WM gewählt. 2011 wurde er mit Uruguay sogar Copa-America-Sieger. Im August 2011 wirkte er dann ziemlich ausgebrannt und wurde nach Mailand verkauft. Enrique Cerezo bezog sich wahrscheinlich auch darauf, dass für Forlán seine Nationalmannschaftsträume sowie seine Reputa-

* *Die Charrúas waren ein Indianervolk im Gebiet des heutigen Uruguays*

tion in Uruguay wichtiger waren als Atlético Madrid. Das Hin- und Herreisen zwischen Amerika und Spanien forderte sicherlich seinen Tribut und Cerezo dachte natürlich an den Verein, den Leidtragenden in dieser Situation. Diego Forlán kommt aus einer Fußballerfamilie. Sein Vater Pablo war auch Nationalspieler. Er lief bei den Weltmeisterschaften 1966 und 1974 ebenfalls für Uruguay auf. Sein Großvater Juan Carlos war 1962 Uruguays Nationaltrainer. Klar, dass Dieguito auch Fußball spielen wollte. Sein Vater riet ihm aber davon ab, Verteidiger zu werden. Er sagte ihm: »Wenn du Geld verdienen willst, schieß Tore!«

Mit 15 Jahren ging Forlán schon zu Independiente, einem der sechs großen argentinischen Clubs. Independiente spielt in Avellaneda, einem Vorort von Buenos Aires. Vier Jahre später schaffte er es in die 1. Mannschaft und markierte insgesamt 39 Tore in 91 Spielen in seiner Zeit bei Independiente. Dann kam Manchester United und zahlte 10 Millionen Dollar für ihn. In Manchester hatte er es schwer, weil er nicht an dem holländischen Stürmerstar van Nistelroy vorbeikam. Jedoch hatte er zur Trainerlegende Sir Alex Fergusson ein gutes Verhältnis und überzeugte immer, wenn er von der Bank kam. Er erzielte für ManUtd zwischen 2002 und 2004 17 Treffer. Danach ging er zum FC Villareal und wurde dort zum Goalgetter. 2005 holte er sich zum ersten Mal die Pichichi-Trophäe, als er die Primera Division mit 25 Toren beendete. Als sich abzeichnete, dass Fernando Torres 2007 zum FC Liverpool gehen würde, war mit dem am 19. Mai 1979 geborenen Diego Forlán eine Treffergarantie als Nachfolger gefunden. Eine richtige Entscheidung, denn mit seinen Treffern gegen den FC Fulham ist der Charrúa eine Atlético-Legende geworden. *(C.W.)*

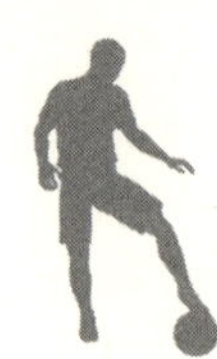

83. GRUND

Weil es richtig ballert, wenn ein ungezähmter Tiger wie Falcao für Atlético aufläuft.

Für »El Tigre«* war Atlético der Höhepunkt seiner Karriere. Radamel Falcao wurde hier in der Tat seinem Spitznamen mehr als gerecht, so torhungrig wie er war. Aber ein Spieler sollte wissen, wann er seinen Höhepunkt erreicht hat und er sich konsolidieren muss. Falcao jedoch schaute nur nach dem Geld, was ihm leider zum Verhängnis werden sollte. Er hätte vielleicht mehr als nur zwei Jahre bei Atlético bleiben sollen. Das ist und bleibt meine Meinung, auch wenn er jetzt, im Sommer 2016, bei Monaco, im Herbst seiner Karriere wieder zu alter Form gefunden hat. Gerade wenn sich ein Spieler verletzt, ist es wichtig, dass er in einer Umgebung wiederaufgebaut wird, die ihm vertraut. Dies alles hatte er nicht bedacht. Aber jetzt ist Schluss mit der Kritik. Ich möchte ihm danken, was er uns in seiner Zeit bei Atlético gegeben hat.

Falcao schoss die wichtigen Tore, die Tore, die man schießen muss, wenn es drauf ankommt. Jeder träumt davon, in einem entscheidenden Spiel das entscheidende Tor zu schießen. So auch Falcao in der Nacht vor dem Endspiel der Europa League in Bukarest gegen Athletic Bilbao am 9. Mai 2012. Aber dass sogar die eigenen Träume übertroffen werden, das muss man auch erst einmal schaffen. Falcao war an diesem Tag ein Tiger in einer Axishirsch-Herde, zu mindestens kam es einem so vor.

In der 7. Minute ließ er die gesamte Abwehr von Athletic im Strafraum richtig alt aussehen, wartete den richtigen Moment ab und zirkelte dann den Ball mit einem perfekten Schuss in das lange Eck. Nach 33 Minuten toppte er sich noch einmal. Er nahm eine Flanke am Fünfmeterraum an, legte sich den Ball mit der Hacke in

* *el tigre (dt.: der Tiger).*

den Rücken, drehte sich um die eigene Achse und versenkte den Ball wiederum in der hohen linken Ecke. Ein Tor in richtiger Gerd-Müller-Manier. Am Ende stand es 3:0 und Atlético war zum zweiten Mal Europa-League-Sieger.

Ein Jahr später gab es das Copa del Rey-Finale im Santiago Bernabéu gegen Real. Atlético gewann mit 2:1 nach Verlängerung. Radamel erzielte keinen Treffer, aber die Art und Weise, wie er das 1:1 durch Diego Costa vorbereitete, war einfach sensationell. Sensationell war auch seine Trefferquote. In der Saison 2011/12 erzielte er 24 Tore in der Primera División. Eine Saison später markierte er sogar 28 Treffer. Er galt 2013 als der vielleicht beste Mittelstürmer der Welt. Am 9. Dezember 2012 netzte er gegen Deportivo La Coruña alleine fünf Mal ein.

Falcao wurde am 10. Februar 1996 in Santa Marta in Kolumbien geboren. Der Kolumbianer machte aber zuerst in Argentinien auf sich aufmerksam, als er unter Diego Simeone mit River Plate Buenos Aires argentinischer Meister wurde. Danach wechselte er zum FC Porto, wo ihm der endgültige Durchbruch gelang. Er wurde mit dem FC Porto einmal Landesmeister, zweimal Pokalsieger, gewann dreimal den Supercup und einmal die Europa League. Danach wartete Atlético Madrid als neue Herausforderung. Viele hatten ihn davor gewarnt, aber er setzte sich durch. Für Atlético war es auch ein Risiko, denn der Präsident des FC Porto war ein schwieriger Verhandlungspartner. Die 40 Millionen Euro, die man bezahlte, lagen weit über dem Marktwert des Spielers, der mit rund 25 Millionen taxiert wurde. Der Verein konnte die gesamte Summe auch nicht alleine aufbringen und holte sich einen Kapitalgeber dazu. Dieser Kapitalgeber war ein Portugiese namens Mendes, ein in der Szene einschlägig bekannter Spielervermittler.

2013 verkaufte Atleti den Spieler für 45 Millionen an den AS Monaco. Der Marktwert des Spielers war auf 60 Millionen gestiegen. Monaco zahlte dem Spieler auch ein weit besseres Gehalt, als es die Colchoneros konnten. Aber sein Stern begann zu sinken. Es kam

Verletzungspech dazu und Falcao ging nach England. Heute spielt er wieder für den AS Monaco.

Falcao ist eine richtige Neun. Die richtige letzte Neun, die wir im Verein hatten. Für Atlético war es ein Glücksfall, dass Diego Costa nach dem Weggang des Tigers explodierte und zum Torjäger wurde. Aber Diego Costa ist keine klassische Neun, wie es Falcao ist.

Bis heute kommt Radamel auf 65 Länderspiele für Kolumbien. Mit Atlético Madrid wurde er einmal Europa-League-Sieger, gewann einmal den europäischen Supercup und wurde einmal spanischer Pokalsieger. *(C.W.)*

7. KAPITEL

ANEKDOTEN UND ERLEBNISSE

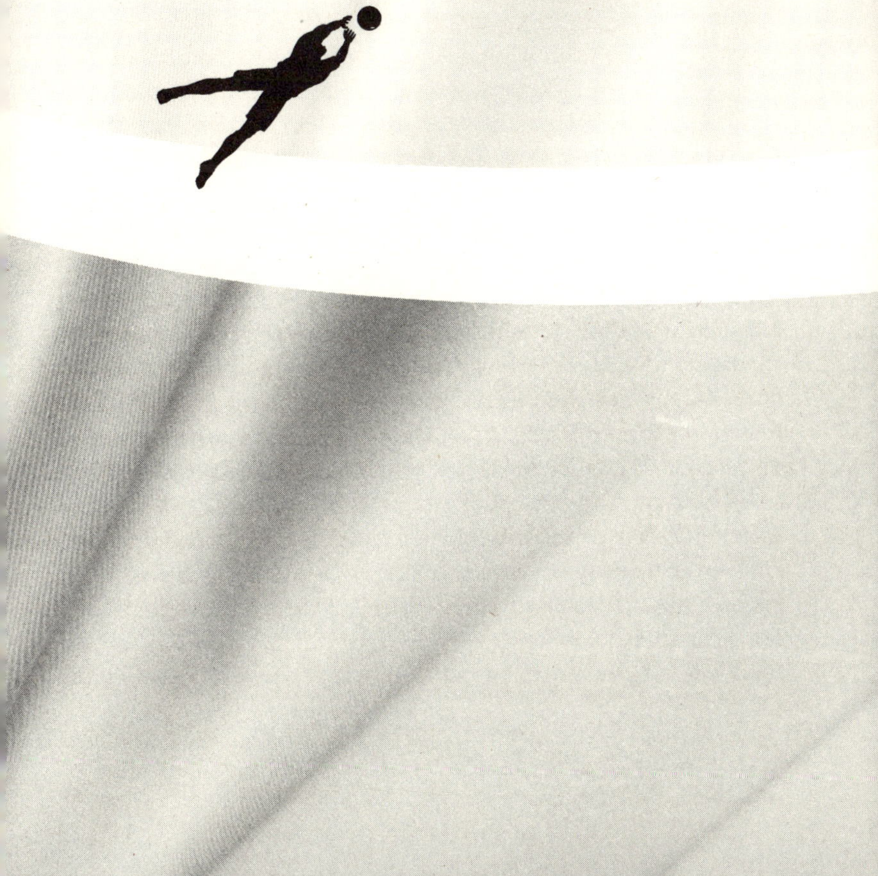

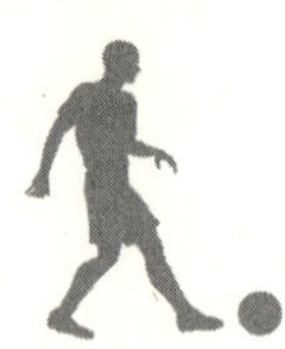

84. GRUND

Weil ich so ein Erweckungserlebnis nur mit Atlético haben konnte.

Dunkel war's, der Mond schien helle … So begann mein Abenteuer Atlético Madrid in der Nacht vor dem Centenario!

Es war nachts, ungefähr 03:00 Uhr, es war meine erste (!) Nacht in Madrid überhaupt und ich hatte bereits nasse Schuhe, ein monumentales Bauwerk der Stadt Madrid liebevoll (!) vandalisiert und mich mit einigen »zwielichtigen« Leuten eingelassen, deren Sprache ich nicht sprach und die ich nicht kannte. Sie trugen zudem freundliche Spitznamen wie »suki«, »madder« oder schlicht »Hooligan«.

Ich lernte sie in einer Kneipe kennen, irgendwo im Nirgendwo der Stadt, zu der ich mit einem Taxi gebracht wurde und von deren genauem Ort ich nichts erfuhr, da ich während der Fahrt Anweisungen per SMS bekam, die ich an den Fahrer weiterzuleiten hatte. Gut, kennengelernt ist zu viel gesagt, sie warteten dort eigentlich nur auf mich und zogen, bevor ich überhaupt ein Kaltgetränk zu mir nehmen konnte, bereits in einen Park weiter, wo ich zum ersten Mal in meinem Leben (!) eine Graffiti-Dose benutzen musste.

Glauben Sie mir, ich sah mich meinen ersten Tag in Madrid bereits im Polizeigefängnis verbringen …

»Komm, Matze, wir fliegen nach Madrid!« Matze war Atlético-Fan und Deutscher, der einzige, den ich kannte. Kennengelernt hatten wir uns über ein englischsprachiges Forum, ach was, DEM englisch sprachigen Forum über Atlético (es gab ja auch nur eins).

Gesagt, getan! Wir suchten uns als Besuchstermin – wir beide waren noch nie in Madrid und hatten auch noch nie ein Spiel von Atlético live gesehen – das Spiel gegen Osasuna aus. Kein starker Gegner, gute Chancen auf den Sieg und zuvor etwas, was sich Centenario nannte. Also quasi ein Geburtstag des Vereins. Blauäugig postete ich zudem noch in Englisch etwas in dem offiziellen Forum der Organisatoren des Centenarios, weil ich doch als gründlicher Deutsche genau wissen wollte, wann, wo und was wie startete, funktionierte, etc. Leider sprachen die Spanier dort kein Englisch oder wollten das nicht. So oder so bekam ich keine Antworten auf die Fragen bzgl. meiner Reisevorbereitung.

Bis sich ein gewisser »suki« meldete. Er sprach sogar Deutsch! Hilfsbereit wie es nur der »suki« sein kann, erzählte er mir, dass er in Freiburg studiert hatte und er daher etwas Deutsch spräche (glatte Untertreibung). Er war zudem einer der Hauptorganisatoren des Ganzen und total überrascht, dass es Deutsche gibt, die Atlético Madrid sehen wollten. Er unterstütze uns also nach Kräften bei unserer Reiseplanung und versprach uns, dass wir uns auf ein Bierchen treffen würden. Als Termin schlug er den Freitagabend vor, also direkt nach unserer Landung und damit einen Tag vor dem Centenario.

Nachdem Matthias und ich also am frühen Abend in Madrid landeten, fuhren wir in die Stadt in unser Hotel. Da sich kein »suki« meldete, entschieden wir noch ein Bierchen zu trinken und dann früh schlafen zu gehen. Kurz bevor ich also in meinen Schlafanzug hopste, es war bestimmt schon 23:00 Uhr, kam eine SMS auf meinem Handy an. Eine spanische Nummer, ein Name, womöglich einer Bar, und unterschrieben mit »suki«. Unbedingt kommen müssten wir, war die Hauptbotschaft der Nachricht.

Nun ja, aber wir waren doch schon im Schlafanzug, na gut, wenn es denn sein muss, warum nicht, wir sind doch jung, also los, wo ist denn das?! So hielten wir also ein Taxi an und versuchten ihm den Namen der Bar wiederzugeben. Das war nicht sonderlich von Erfolg gekrönt, sodass ich »suki« bat, wieder per SMS, dem Taxifahrer doch bitte zu erklären, wohin er müsste. »suki« schrieb irgendetwas und ich las es tapfer dem Fahrer vor und er fuhr los. ABER WIE! Freunde der Sonne, das glaubt einem keiner, zu mindestens keiner, der jemals in Madrid Taxi fuhr. Es waren weniger die unfassbar hohe Geschwindigkeit oder die haarstäubenden Überholmanöver, sondern der Umstand, dass man offensichtlich aus zwei Spuren auch gut und gerne drei bis vier Spuren machen kann, insbesondere vor und nach Ampeln.

Glauben Sie mir, ich war schweißgebadet und fix und fertig, während Matthias stockstarr und mit geschlossenen Augen seine vermeintlich letzten Minuten erlebte. Nach dem wildesten Ritt meines Lebens, rund 20 Minuten, kamen wir irgendwo an. Der Taxifahrer (keine Brille bis hierhin) hielt, bat um mein Handy, wahrscheinlich um die genaue Straße und Nummer sich anzusehen und holte eine Brille heraus, die die dicksten Gläser hatte, die ich je gesehen habe. Es war eher eine Lupe, als eine Brille.

Als er uns anlächelte und nach vorne zeigte und wieder losfahren wollte, sprangen wir aus dem Taxi. Die letzten Meter wollten wir lieber zu Fuß gehen. Nachdem wir den Fahrer bezahlt hatten und wir wirklich verwundert, aber froh waren, noch zu leben, ging es zu der besagten Bar. Sie war beleuchtet und es waren bereits einige Gäste zu hören. Als wir die Bar betraten, fielen wir natürlich sofort auf. Meine Sorge, »suki« nicht zu finden, war unbegründet, da die beiden deutschen Gäste wie Exoten gewirkt haben müssen. Womöglich hat in dieser Ecke der Stadt noch nie ein Tourist einen Fuß in diese Kneipe gesetzt. Ergo war es »suki«, der uns erkannte, auf uns zukam und uns herzlich begrüßte und uns seine Freunde »madder«, »Hooligan«, »Chinasky« und »Foro-Fo«, allesamt Legenden in der Fanszene, vorstellte.

Sogleich ging es also in den Park, wo ein großes Banner darauf wartete, von uns besprüht zu werden. Ich bin ein Dorfkind, war immer brav und glaubte wohl, das Graffiti generell verboten sei. Dennoch überwand ich mich und machte gute Miene zum bösen Spiel. »Suki« versprach mir auch hoch und heilig, dass das alles vollkommen legal sei, dass sie das öfter machten und dass dieses Banner morgen einer der wichtigsten Utensilien des Centenario werden sollte. In Riesen-Buchstaben wurde also ATLETI auf das Banner gesprüht, umrahmt von den Jahreszahlen 1903 und 2003, eine Botschaft, die sogar ich verstand. Dieses Banner sollte am kommenden Tag den größten Fanzug der spanischen Geschichte anführen und ich war daran beteiligt! Nachdem wir fertig waren und stolz das Werk bewunderten, ging es auch schon gleich weiter.

Rein in die Autos und zurück in die Innenstadt. »suki« wollte uns zeigen, wo morgen alles starten würde, am Neptuno-Brunnen. Nun gut, schlimmer als mit dem Taxifahrer kann es ja nicht kommen, dachte ich – falsch gedacht –, und so ging der nächste heiße Ritt zurück in die Stadt. Am Neptuno angekommen, mitten in der Nacht, stellten sich alle im Kreis um das Monument auf. »Schmiere stehen« lautet wohl der Fachjargon. Ich wurde also mit einem Spanier losgeschickt, den Neptuno-Brunnen zu erklimmen, um dem Gott der Meere einen rot-weißen Schal umzubinden. Das klappte auch hervorragend, einzig, dass im unteren Ring des Brunnens bereits Wasser auf mich wartete, war nicht wirklich absehbar gewesen. So oder so, am Ende hatte Neptuno seinen, unseren Schal um.

Am nächsten Morgen dann durften wir, da man uns ja nun kannte und wir ja nun auch die »richtigen« Jungs kannten, direkt am LKW stehen, als die Fahne präsentiert und ausgeladen wurde. Ob Sie es glauben oder nicht, ich war die erste Person, die die Fahne außerhalb des LKWs berührte, denn ich half, die Fahne aus dem Lagerraum an die wartenden Fans zu übergeben. Körperliche Größe und nächtliche Bekanntschaften können nämlich auch ab und an von Vorteil sein. Der Rest des Tages ist ein rot-weißer Traum und der Beginn einer starken, ewigen Liebe. An diesem Tag, aber eigentlich in der Nacht vorm Centenario, wurde ich in einem verrückten Erweckungserlebnis mit dem rot-weißen Virus angesteckt, ohne Aussicht auf Heilung. Ich habe in dieser Nacht die ersten Freunde in meiner neuen Atlético-Familie gefunden und viele, viele sind seitdem gefolgt. Atlético Madrid ist ein großer, wichtiger und erfüllender Teil meines Lebens geworden. Dafür werde ich »suki«, seines Zeichens Mitautor dieses Buches und Ehrenpräsident des deutschen Fanklubs, ewig dankbar sein.

Am Ende des Centenarios, noch vor unserer Abreise, wurde in Madrid der deutsche Atlético-Madrid-Fanklub gegründet. Unter den acht Gründungsmitgliedern waren drei Deutsche: Matthias, Björn, ein Kumpel von »suki«, der sich kaum für Fußball interessierte, und ich. Heute, knappe 14 Jahre später, ist daraus ein Projekt geworden mit über 125 Mitgliedern. Was wäre nur passiert, wenn dieser Tag wirklich im Gefängnis beendet worden wäre?!

Ach ja, an dieser Stelle noch einen wichtigen Hinweis. Wenn Sie in Spanien vorhaben, öffentliche Denkmäler zu besteigen, zu dekorieren oder ähnliches, seien Sie sich gewiss: Auch wenn Ihnen Ihre »Freunde« beteuern, dass da nichts passieren kann und man keine Deutschen einsperren würde ... Glauben Sie Ihnen nicht! Die spanische Polizei ist in dem Punkt weniger offen für gute Erklärungen als ihr deutsches Pendant, doch das ist eine andere Geschichte für einen anderen Rahmen. *(A.K.)*

85. GRUND

Weil es auch bei uns einen Don Quijote und Sancho Panza gibt.

»El ingenioso hidalgo Don Quixote de la Mancha«*, von Miguel de Cervantes, wurde 2002 von 100 bekannten Schriftstellern, organisiert durch das Osloer Nobelinstitut, zum »besten Buch der Welt« gewählt.

Die Geschichte von Don Quijote und Sancho Panza beginnt in einem spanischen Dorfe der Mancha, in dem ein verarmter Edelmann nach leidenschaftlicher Lektüre von Ritterromanen beschließt, in die Welt hinauszuziehen, gegen das Unrecht zu kämp-

* *El ingenioso hidalgo Don Quixote de la Mancha (dt.: Der sinnreiche Junker Don Quijote von der Mancha).*

fen und sich in Gefahren zu stürzen, wie es die Helden in seinen geliebten Büchern tun. Er nennt sich von nun an Don Quijote und erwählt Sancho Panza, einen einfachen Bauern, der zwar die Verrücktheit seines Herrn erkennt und darunter leidet, der aber trotzdem mitzieht, zu seinem Diener und Knappen.

Das Werk, durch die Verkörperung des Helden, handelt von dem Glauben an das Gute, an das Unerschütterliche, an die Wahrheit, die außerhalb eines jeden Menschen liegt und die sich nicht leicht erringen lässt, die Opfer und Dienste fordert, die aber durch Beharrlichkeit im Dienen und durch Mut errungen werden kann. Don Quijote ist bereit, größte Entbehrungen zu erdulden, sogar sein Leben hinzugeben. Für ihn selbst ist sein Leben nicht wichtig. Er möchte sein Ideal verwirklichen. Dabei ist sein Leben nur Mittel zum Zweck, um die Wahrheit und Gerechtigkeit auf Erden zum Siege zu führen.

So sucht er, gemeinsam mit seinem treuen Begleiter, das Abenteuer und kämpft für die Armen und die Schwachen und für die Umdeutung der Welt, die in seinen Augen zu einem Werk von Zauberern und Dämonen wird. Diese gilt es zu besiegen und ein längst vergessenes Ideal, den Schwachen zu helfen und für Liebe und Gerechtigkeit einzustehen, auch gegen die Windmühlen der Wirklichkeit, wiederzubeleben. Don Quijote glaubt an den schönen Traum einer besseren Welt, auch wenn die Chancen auf seine Erfüllung gering stehen.

Die Dualität zwischen dem kleinen Dicken und dem großen Dünnen ist in der modernen Literatur, dank dieses Romans, immer wieder zu finden. Die Hauptfigur Don Quijote, der »Ritter von der traurigen Gestalt«, und sein treuer Diener Sancho Panza bilden ein Duo aus der klassischen Konfiguration großer, hagerer Herr und kleiner, dicker Diener.

Und was hat das alles mit Atlético zu tun? Schauen wir uns einmal unseren Don an, Coach Cholo Simeone. Seine Arbeit für den Verein wurde schon oft genug analysiert, doch seine Verdienste haben auch ihre Geheimnisse. Eins davon, das man verraten darf, ist die bedingungslose Unterstützung von Germán Burgos.

Ja, Simeone hat ein anderes, ein zweites »ich«, welches sich in seinem Co-Trainer Mono Burgos manifestiert. Dieser lebt bequem im Schatten vom Cholo, verhält sich - zumeist - ruhig, ist immer sehr penibel und in ihm pulsiert immer eine Ader in Bereitschaft, falls die Sachen im Team nicht so laufen, wie sie sollten oder man Atlético verteidigen muss.

Simeone hat mit seinen Ideen Atlético umgekrempelt. So setzt auch er sich für die Schwachen ein und kämpft gegen die Giganten, die (über-)mächtigen Windmühlen, die zumeist in Weiß oder Blau-Rot gewandet sind. In einer verdorbenen Fußballwelt träumt er von einem gerechten und schönen Spiel. Doch wie der Mann mit dem Ziegenbart aus dem Roman wird er wieder und wieder auf den Boden geschleudert. Doch auch er steht immer wieder auf und kämpft weiter für seinen Traum. Es ist sein Verdienst, dass die Welt auf Atlético schaut und der Verein berühmter, erfolgreicher und beliebter denn je ist. Seine Courage, seine Hartnäckigkeit und seine Kenntnisse lassen uns alle von höheren Zielen träumen. Er weiß genau, dass dabei auch Geduld wichtig ist: »Confía en el tiempo, que suele dar dulces salidas a muchas amargas dificultades«*. Doch auf diesem Weg war er nie allein: Alle Pläne des Cholo müssen von Mono Burgos als gut befunden werden. Er ist der treue Diener, der dem Weg des Cholo ohne mit der Wimper zu zucken folgt. Sie bilden eines dieser Duos, die unzertrennlich und gut eingespielt sind. Sie sind im wahrsten Sinne des Wortes ein Herz und eine Seele. Doch Don Quijote wäre nichts ohne seinen Sancho Panza.

Man sagt, die beste Arbeit ist die, die man zusammen macht. Die Ergebnisse dieser Zusammenarbeit sind sensationell: Einen Euro-

* *Confía en el tiempo, que suele dar dulces salidas a muchas amargas dificultades. (dt.: Vertraue auf die Zeit, die vielen bitteren Schwierigkeiten süße Lösungen schenkt.).*

pa-League-Titel, einen UEFA Super Cup, einen Copa-del-Rey-Triumph, eine Meisterschaft sowie ein spanischer Supercopa stehen zu Buche. Zudem wurde zwei Mal das Champions-League-Finale auf denkbar knappste Weise verloren. Doch das Beste wird noch kommen, denn wie Don Quijote sagte: »No ames lo que eres, sino lo que puedes llegar a ser«*. Und wer, wenn nicht Atlético, kann noch alles erreichen?

Dieser Cholo, dieser (Fußball-)Verrückte, der oft aus der Reihe tanzt, der hinter Utopien herläuft und immer sagt, was er denkt, aber oft nicht denkt, was er sagt, wird bei Bedarf von Mono Burgos besänftigt und auf den Boden der Realität zurückgeholt. Sie verstehen sich ohne Worte. Ein Blick genügt ihnen, um zu erkennen, was der andere benötigt. Diese seine rechte Hand braucht Simeone für die Stabilität auf der Trainerbank.

Den Leitspruch dazu lieferte bereits Don Quijote selbst, als er bekannte: »Soñar el sueño imposible, luchar contra el enemigo imposible, correr donde valientes no se atrevieron, alcanzar la estrella inalcanzable. Ese es mi destino«**. Wir Fans sind uns sicher, dieser Traum wird eines Tages wahr werden. Denn »Cada cual, Sancho, es hijo de sus obras«***. Sein Werk ist bereits jetzt gigantisch, komme, was wolle.

Würde Don Quijote heute auf Rosinante zurückkehren, dann wäre er mit absoluter Sicherheit Atlético-Fan. *(C.G.)*

* *No ames lo que eres, sino lo que puedes llegar a ser. (dt.: Liebe nicht das, was du bist, sondern nur das, was du vielleicht einmal sein wirst.).*

** *Soñar el sueño imposible, luchar contra el enemigo imposible, correr donde valientes no se atrevieron, alcanzar la estrella inalcanzable. Ese es mi destino. (dt.: Den unmöglichen Traum träumen, gegen den unschlagbaren Feind kämpfen, laufen, wo es sich nicht einmal die Tapfersten trauten, den unerreichbaren Stern zu erreichen. Das ist mein Schicksal.).*

*** *Cada cual, Sancho, es hijo de sus obras. (dt.: Jeder, Sancho, ist der Sohn seiner Taten.).*

86. GRUND

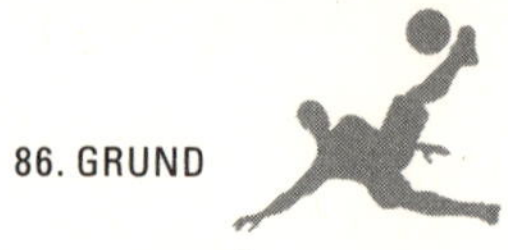

Weil Interkulturalität manchmal ein Fremdwort ist.

Der 1. April 1992, ein ganz normaler Trainingstag im Vicente Calderón. Die Aufmerksamkeit der Presse ging jedoch damals in eine komplett andere Richtung. Sie galt dem Spiel Real Madrid gegen Juventus Turin. Martín Vázquez kehrte ins Bernabéu zurück, um mit dem italienischen Team um das Halbfinale des UEFA-Pokals zu wetteifern. Für Atlético war es zunächst ein ganz normaler Tag. Wie immer war Bernd Schuster der Erste, der das Stadion verließ. Und wie immer tat er dies durch die Hintertür, die am Fondo Norte liegt. Er war fast der Einzige, der diese Tür benutzte. Wenn die Journalisten mit ihm reden wollten, wussten sie genau, dass sie ihn dort antreffen würden. An diesem Tag folgte ihm nur Manolo Cano, der damals für *Europa Press* arbeitete. Nach einer kurzen Unterhaltung verließ auch der Journalist das Stadion.

Wenige Stunden später gaben alle Radio- und Fernsehsender in Spanien einer Nachricht die höchste Priorität: Bernd Schuster, der Deutsche, der Blonde Engel, würde Atlético sofort verlassen. »Es gibt kein Problem. Es ist alles bereits arrangiert. Ich habe mich für einen anderen Verein entschieden. Es ist kein spanischer Verein. Aber ich werde gehen«, so der Wortlaut aus dem Gespräch mit dem Vertreter von *Europa Press*. Das Spiel zwischen Real Madrid und Juventus Turin trat mit einem Schlag in den Hintergrund. Wir Colchoneros konnten es einfach nicht glauben. Schuster war schon seit anderthalb Jahren bei Atlético und fühlte sich wohl, wurde sehr geschätzt und verehrt. Atlético spielte in dieser Saison guten Fußball und hatte noch Chancen auf den Titel, den UEFA-Pokal der Pokalsieger und die Copa del Rey. Außerdem lief sein Vertrag noch ein Jahr.

Lediglich einige Stunden später drehte sich jedoch diese Nachricht um 180 Grad: Schuster beichtete, dass alles nur ein Scherz gewesen sei. Es war halt der 1. April und deswegen wollte er halt einen kleinen Scherz machen. Was er damals jedoch noch nicht wusste: In Spanien hat dieser Tag in dem deutschen Sinne überhaupt keine Bedeutung, denn der Tag, an dem man seine Mitmenschen »in den April schickt«, ist der 28. Dezember.

Jesús Gil, der Präsident, war eingeweiht, doch Luis Aragonés, der damalige Trainer, hatte keinen Hinweis erhalten. Er konnte es daher nicht glauben, genauso wie fast alle seine Teamkollegen. Doch mit seinem Scherz hat Bernd Schuster geschafft, was sonst unmöglich ist: Er hatte Real Madrid in die zweite mediale Reihe verdrängt. Was damals noch niemand ahnen konnte: Genau ein Jahr später, am 31. März 1993, gab Schuster seinen Abschied vom Verein zum Ende der Saison bekannt. Doch dieses Mal war es die bittere Wahrheit. *(C.G.)*

87. GRUND

Weil nur Atlético-Fans im Hotel Vorrang vor den Schiedsrichtern des nächsten Spiels haben.

Es war die Saison 2004/05 und Atlético traf im Achtelfinalhinspiel der Copa del Rey auf die Mannschaft von Lorca Deportiva. Natürlich durften wir, drei deutsche Atlético-Fans, nicht fehlen, um unsere Mannschaft gebührend anzufeuern. So ging die Reise also am Vortag des Spiels per Auto in die Region Murcia, nach Lorca. Das Problem war jedoch, dass wir kein Hotelzimmer hatten, da wir davon ausgingen, dass es in der Stadt genügend Betten geben würde.

Gab es aber natürlich nicht! Ärgerlich, schließlich hatten wir keine Lust, zu dritt im Auto zu übernachten, um uns die Partie bei einem Drittligisten anzuschauen. Erschwerend kam der Umstand hinzu, dass es Mitte Januar über Nacht auch noch knackig kalt wurde.

Die Stimmung war also dementsprechend, jedoch hatten wir Hoffnung. Schließlich funktioniert in Spanien vieles über Improvisation. Sicherlich, das ist für einen Deutschen nicht immer leicht, doch in all den Jahren hat sich noch immer alles passend gefügt. So auch diesmal. Während wir vor lauter Langeweile – die Stadt hatte zu Jahresbeginn nicht wirklich etwas zu bieten – uns schon einmal das Stadion anschauten und Bilder auf dem Rasen machten, da der Platzwart die Tore nicht zugeschlossen hatte, auch typisch für Spanien, klingelte das Telefon. Ähnlich wie Franz Beckenbauer nach dem Finale 1990 tigerte ich also mit dem Handy am Ohr alleine in der Dämmerung über den Rasen.

Doch dann kam Bewegung in mich und meine Mitfahrer. Ein guter Freund von uns, der bei *Mundo Deportivo*, einer Sporttageszeitung, arbeitete, sagte uns, dass wir sofort zum Mannschaftshotel kommen sollten. Er hätte an der Rezeption nachgefragt und, obwohl das Hotel komplett ausgebucht sei, hätten die Schiedsrichter der morgigen Partie noch immer nicht eingecheckt. Da diese aber über einen Online-Anbieter ihr Zimmer gebucht hatten, verfiel deren Reservierung um 19:00 Uhr. Es war 18:30 Uhr und die Chance, dass die spanischen Schiedsrichter es nicht allzu genau mit der Zeit nahmen, war groß. Nachdem wir am Hotel angekommen waren, setzten wir uns also zu den Spielern, Funktionären und Medienvertretern in die Lobby. Alle, die von unserer misslichen Lage hörten, drückten uns die Daumen, sodass sich der Grund unseres Wartens schnell rumsprach. Punkt 19:00 Uhr, hier half mir zum ersten Mal meine deutsche Pünktlichkeit in Spanien, stand ich also an der Rezeption und fragte nach einem Zimmer, dem Zimmer der Schiedsrichter. Gott sei Dank wusste die Dame hinter dem Tresen nicht um die Besonderheit ihrer »verspäteten Gäste«, sodass sie uns bereitwillig das Zimmer überließ. Das war also geschafft, die Schlüssel waren in meiner Hand und der Applaus und das Gelächter sowie die vielen nach oben gereckten Daumen zeigten: Wir müssen heute Abend nicht im Auto frieren.

Also zurück zur Lobby und ein entspannendes Bierchen trinken. Doch die Ruhe und Entspannung hielt nur kurz, denn nach wenigen Minuten war ein großes Gezeter und eine laute Diskussion am Empfang zu hören. Drei Herren wollten ihr reserviertes Zimmer beziehen, jedoch war dieses nun bereits vergeben. Ein Umstand, der, wie mir später übersetzt und erklärt wurde, einen gewissen Unmut hervorrief, da im Umkreis von Lorca kein Hotel mehr ein Bett hatte. Ob die Schiedsrichter im Auto nächtigen mussten, ist hingegen nicht überliefert, jedoch wirkten sie am kommenden Abend etwas müde und nicht bei allen Entscheidungen topfit und auf der Höhe.

Doch auch aus anderer Hinsicht war der »Hotel-Coup« für uns ein besonderer Erfolg, denn so hatten wir die Gelegenheit, beim gemeinsamen Frühstück am nächsten Morgen Kontakt zu dem damaligen Neuzugang Jesper Grönkjer aufzubauen, mit dem wir uns ein paar Tage später in Madrid zu seinem ersten offiziellen Interview verabredeten, exklusiv für den deutschen Atlético Madrid Fanklub. *(A.K.)*

88. GRUND

Weil Atlético, als wohl einziger Verein, offiziell von Ärzten empfohlen wird.

Kürzlich habe ich spanisches Frühstücksfernsehen geschaut. Ähnlich wie in Deutschland werden in diesem Sendeformat natürlich nur wissenschaftlich absolut integre Positionen ausgestrahlt. So auch in dem Beitrag, in dem es um Leute ging, die unter Blutdruckschwankungen leiden.

Wie immer in solchen Sendungen gab ein studierter Arzt (mit Promotion!) Ratschläge für ein gesünderes und längeres und besseres und überhaupt Leben. Seine Worte brachten mich zum Schmunzeln.

Sinngemäß sagte er, dass Menschen mit niedrigem Blutdruck ohne Bedenken ein Spiel von Atlético Madrid sehen könnten, ja sogar sollten. Achtung wäre lediglich für Personen geboten, die unter zu hohem Blutdruck leiden würden. Diese sollten sich im Vorfeld ernsthaft überlegen, ein Spiel von Atlético zu schauen, zumindest ohne Einnahme von Medikamenten, denn bei diesem besonderen Verein leidet und feiert man im besonders hohen Maße mit. Zudem bestätigte er, dass ein Spiel von Atlético Madrid den Blutdruck mehr erhöhe als ein dreifacher Espresso. Außerdem bliebe der Puls, sobald der Ball rollt, keine Sekunde mehr im Normbereich. Gleichwohl konnte er jedoch auch versichern, dass man nirgendwo anders so viel Spaß beim Fußballgucken habe. Ich gehe davon aus, dass dieser Arzt ein echter Colchonero und Fachmann auf seinem Gebiet ist, denn seine Analyse ist medizinische unstrittig und aus Sicht eines Atlético-Anhängers ebenfalls schlüssig.

Apropos, das Vicente Calderón hat vor kurzem als erstes Stadion das Prädikat »Cardio-Freundlich«, verliehen bekommen, da sich an vielen verschiedenen Stellen im Rund Defibrillatoren befinden. Hoffen wir, dass sie selten gebraucht werden müssen. *(C.G.)*

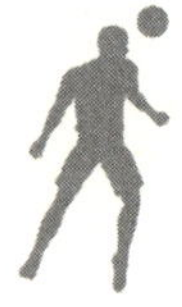

89. GRUND

Weil ich das Lied »Les Champs Elysées« jetzt untrennbar mit Atlético verbinde.

Es gibt eine Menge Lieder und Fangesänge, die im und ums Estadio Vicente Calderón von den Fans gesungen werden. Doch für mich erweitert sich diese Liste um einige weitere Lieder, die mit dem Fußball eigentlich nichts zu tun haben, die aber für mich persönlich mehr sind als nur ein Chanson, welches man mal im Radio hört. Es sind besondere Erinnerungen an zahlreiche, einzigartige Auswärtsfahrten.

Irgendwann kam unsere kleine Reisegruppe, mit der ich oft zu Auswärtsspielen von Atlético quer durch Europa, reiste, auf die

Idee, jeder Fahrt ein eigenes Tourlied zu widmen. Diese reichten über *Tulpen aus Amsterdam*, natürlich aufgrund des Besuchs der niederländischen Metropole, bis hin zu *500 Miles* von den Proclaimers, als Atlético zu Gast in Glasgow war. Die Lieder orientierten sich meist am Zielland der Reise. Das ging irgendwann sogar so weit, dass wir für eine fünftägige Tour nach Rom sogar ein eigenes Liederbuch mit den Songtexten der »besten Italo-Pop-Songs« erstellt haben und ganze drei CDs mit nach Rom nahmen. Seit diesem Trip können wir alle beim Spaghetti-Essen beim Italiener die Hintergrundmusik textsicher mitsingen.

Angefangen hat diese ruhmreiche Tradition jedoch mit einer Tour nach Frankreich. Atlético spielte in der Europa League bei Stade Rennes. Eine passende und günstige Flugverbindung gab es nicht, also blieb uns nichts anderes übrig, als mit dem Auto anzureisen. Als kleine, vierköpfige Reisegruppe machten wir uns damals von Aachen aus auf, um die etwa zehn Stunden nach Frankreich zu fahren. Ich weiß nicht mehr genau, wer es war, der das Lied *Les Champs Elysees* eingepackt hatte, aber bereits während der stundenlangen Autofahrt über die nächtlichen Straßen Frankreichs, bei der die nicht fahrenden 2/3 der Autobesatzung aufgrund des Schnarchens unseres vierten Mitfahrers eh kein Auge mehr zukriegten, lief das Lied quasi in Dauerschleife. Doch damit nicht genug, denn auch in Frankreich wurde das Lied unser ständiger Begleiter. Ich will vermutlich lieber nicht wissen, was die Franzosen über uns gedacht haben, als wir, laut das Lied mitgröhlend, mit heruntergelassenen Fensterscheiben, durch die Straßen von Rennes kutschiert sind. Für uns jedenfalls war es ein unglaublicher Spaß.

Als wir ziemlich müde in Rennes endlich ankamen und statt zu unserem Hotel erst einmal zu dem Mannschaftshotel, ein edles Golfressort außerhalb von Rennes, fuhren, begrüßte uns der neue Social Media Vertreter des Vereins erstaunt darüber, dass wir ernsthaft für das Spiel nach Rennes gefahren waren, und entschied sich kurzerhand dazu, mit uns, trotz unseres aufgrund des Schlafmangels zombiehaften Aussehens, ein Interview für die Vereinswebsite zu machen. Auch die Vertreter des spanischen Fernsehens waren erstaunlicherweise von unserem Aussehen nicht abgeschreckt. So erreichten uns bereits am Nachmittag die ersten Nachrichten spanischer Freunde, dass man uns im Fernsehen gesehen hatte.

Als wir später, natürlich begleitet von *Les Champs Elysees*, im Stadion ankamen, wussten wir warum der Social-Media-Mensch von Atlético und die spanische Presse an uns so interessiert gewesen waren, denn der Gästeblock war gähnend leer. Lediglich eine Handvoll Spanier hatte sich überhaupt auf den Weg nach Rennes gemacht. Dazu kamen wir vier Vertreter des deutschen Fanklubs und noch ein paar Fans aus Belgien. Wenn man uns alle zusammenrechnete, waren wir maximal 30 Personen. Wir machten es uns am Zaun bequem und befestigten am Capo-Korb unsere Fanklub-Zaunfahne. Der Platz, den sonst der Vorsänger der Gästemannschaft einnahm, bot nämlich einen herausragenden Blick aufs Feld.

Zu dem Zeitpunkt hatte ich noch nie einen Sieg der Rojiblancos gesehen. Alle meine Reisen nach Madrid oder an sonstige Orte in Europa hatten bestenfalls mit einem Unentschieden geendet. Und da standen wir nun und sahen ein erneut fürchterliches Spiel. Auch tagsüber hatten die meisten von uns dank des Geschnarches einer der Mitreisenden kein Auge zugemacht, sodass wir alle die 24 Stunden-Marke ohne Schlaf längst überschritten hatten. Und dann fiel auch noch das 1:0 für Rennes. Ein absoluter Tiefschlag, denn wir alle waren hundemüde, waren stundenlang mit dem Auto gefahren, hatten kaum etwas gegessen, geschweige denn überhaupt ein Bier getrunken, waren angeekelt über die Zustände französischer Stadiontoiletten und mussten nun glauben, dass Atlético schon wieder verlieren würde, wenn ich live dabei war. Woran wir in diesem Moment nicht gedacht hatten war, dass wir in dem Capo-Korb direkt am Zaun in einer perfekten Position für die Fernsehkameras waren, die unseren doch ziemlich verzweifelten Gesichtsausdruck natürlich direkt für die Nachwelt festhielten. Der Screenshot, den wir von dem Bild irgendwann bekommen haben, ist bis heute im Fanklub legendär. Zum Glück erfüllte Atlético die Bitte einiger Bekannter, die im Twitter darum baten, nur für uns doch bitte ein Tor zu schießen, damit wir nicht so traurig dreinschauen müssten, und glich das Spiel einige Minuten später aus. So konnten wir dann am Ende doch noch weiter »Les Champs Elysees« singend durch die Straßen Frankreichs ziehen.

Bis heute ist es so, dass jeder aus unserer Reisegruppe allen anderen ein Video, eine Nachricht oder einen Audiomitschnitt schickt, wenn das Lied irgendwo in einem Radiosender läuft oder auf einem Weihnachtsmarkt irgendwo in der Republik gespielt wird. An dieser Stelle ein Dankeschön an WDR 4, der seitdem vermehrt von uns gehört wird, mit der Hoffnung, unser Lied zu erlauschen, denn jedes Mal, wenn ich es höre, denke ich mit Freude an die Fahrt nach Rennes zurück. *(S.O.)*

90. GRUND

Weil es Geschenke gibt, die man niemals vergisst, weil sie einem alles bedeuten.

1996 war ein glorreiches Jahr für alle Atlético-Fans. Wir haben »el doblete« gewonnen, also die Liga und den Pokal. Ein besonderes Jahr in der Historie, ohne Zweifel.

Auch für mich, als gute Colchonera, war das ein Grund, stolz zu sein. Doch es gab für mich noch einen größeren und wichtigeren: Mein Sohn wurde in dem Jahr geboren.

Es vergingen nach seiner Geburt nur wenige Monate, bis wir mit ihm nach Spanien reisten. Meine ganze Familie war sehr gespannt und wir natürlich auch.

Die Aufregung war groß, als wir endlich ankamen. Meine Eltern hatten sich eine Wiege von den Nachbarn ausgeliehen und für ihren

Enkel aufgebaut. Das hat mich tief berührt, doch als ich näherkam und sah, was drinnen lag, konnte ich meine (Freuden-)Tränen nicht mehr zurückhalten. Mein Vater hatte für seinen Enkel eine komplette Atlético-Ausrüstung gekauft. Das Trikot, die Hose, die Stutzen und der Wimpel, alles war liebevoll im Bettchen der Wiege drapiert. Eine Geste, die ich von meinem Vater so gar nicht kannte, da er so gut wie nie an Geschenke denkt. Damit hieß er seinen Enkel nicht nur in unserer Familie willkommen, sondern darüber hinaus auch in der rot-weißen Familie. Mein Sohn hat danach noch etliche Atlético-Trikots besessen, doch keins hat er so gerne getragen wie sein erstes. Er hat sich nie davon getrennt und heute hängt es immer noch an der Wand in seinem Zimmer, als Zeichen für die Werte, für die Atlético steht. Es gibt Geschenke, die man niemals vergisst, weil sie einem alles bedeuten. *(C.G.)*

91. GRUND

Weil »El Cholo« das wertvollste Trikot der Welt trägt.

Welchen Wert hat ein Trikot? Bei dieser Frage wird es mindestens so viele Antworten geben wie Personen, die man fragt.

Versuchen wir mal, uns anzunähern. Im Fanshop von Atlético kostet das aktuelle Dress schlappe 85,- €. Natürlich kann man das Trikot noch mit Nummer und Namen personalisieren lassen (16,- €) sowie noch einen CL-Aufnäher hinzufügen (5,- €). Sodann ist der geneigte Fan für nur 106,- € passend bekleidet. Wer das Auswärts-Trikot noch dazunehmen möchte, liegt bei 212,- €.

Soweit so klar, doch was kostet ein Trikot, das von einem (Lieblings-)Spieler signiert wurde, oder gar eins, was dieser Spieler getragen hat?

Eine nahezu unlösbare Mathematik-Aufgabe, da dieser Wert in Geld oftmals nicht zu bemessen ist und für jede Person unterschiedlich ausfällt. Würde ich ein Trikot besitzen, das, so sagen wir Mal, von Luis Aragonés oder Fernando Torres getragen wurde, so hätte dies für mich einen unbezahlbaren Wert. Ich würde es für kein Geld der Welt verkaufen! Einen ähnlichen Wert muss auch Cholo Simeone vor Augen gehabt haben, denn er wusste bereits, dass das Trikot von Atlético Madrid das wertvollste Trikot ist, welches man überhaupt tragen darf. Egal gegen welchen Verein er gespielt hat, gleichgültig gegen welche Spieler er antreten durfte, für ihn kam ein Trikottausch nicht in Frage. »Me da igual contra qué equipo jugaba o qué jugador quería cambiarme la camiseta. Yo nunca lo hice. ¿Por qué? Está claro. Porque la mía, la del Atleti, siempre valía más.«* *(C.G.)*

92. GRUND

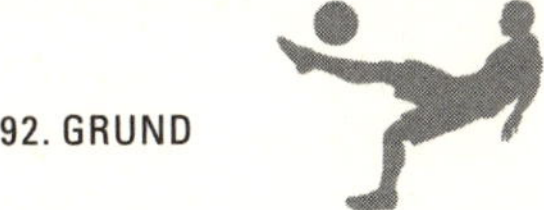

Weil mir Atlético ein Tattoo am Fuß beschert hat.

Es gibt vermutlich keinen Fußballfan, der noch nie eine (Fußball-) Wette abgeschlossen hat. Meine Freunde in Madrid zum Beispiel ziehen vor jedem Heimspiel in dasselbe Wettbüro und wetten einen Euro auf den Ausgang des Spiels. Bei einem madrilenischen Derby ist das ein obligatorisches 5:0 für Atlético.

Schon vor längerer Zeit gründete ich mit einigen internationalen Atlético-Fans eine WhatsApp-Gruppe, in der wir uns über alles Mögliche, insbesondere aber über Atlético, unterhalten. Als Atlético sich 2013 für das Pokalfinale gegen Real Madrid qualifizierte, war die Vorfreude in der Gruppe doch getrübt. Atlético spielte

* *Me da igual contra qué equipo jugaba o qué jugador quería cambiarme la camiseta. Yo nunca lo hice. ¿Por qué? Está claro. Porque la mía, la del Atleti, siempre valía más. (dt.: Es war mir egal, gegen welche Mannschaft ich gespielt habe oder welcher Spieler mit mir das Trikot tauschen wollte. Ich habe es nie gemacht, warum? Ist doch klar, weil mein Trikot, das von Atleti, immer wertvoller war als das andere!).*

nicht nur gegen den ungeliebten Nachbarn aus der Stadt, sondern auch noch in deren hässlicher Kloschüssel. Zudem waren die Voraussetzungen nicht wirklich gut. Atlético hatte in den vergangenen 14 Jahren nicht gegen die Weißen gewonnen. Entweder war bereits in den ersten zehn Minuten ein Tor für Real gefallen und das Spiel damit quasi entschieden gewesen, oder der andere Verein kam nach einer Führung für uns, mithilfe des Schiedsrichters, noch auf ein Unentschieden. Einige von den Spielen im Calderón hatte ich gesehen und es war immer der Horror.

Kein Wunder also, dass die Stimmung in der Gruppe nicht besonders gut war. Irgendwann kamen wir auf die Idee, uns einen Extra-Motivationsschub zu geben und jeder benannte etwas, was er tun würde, wenn Atlético es schaffen würde, den spanischen Pokal in dem Spiel nach Hause zu bringen und den ungeliebten Nachbarn in die Schranken zu weisen. Für die meisten in der Gruppe bestand »die Tat im Fall der Fälle« aus dem Kauf eines Trikots des Siegtorschützen, aber einige von uns legten die Latte hoch. Ein Freund aus den USA, der doch sehr auf sein Äußeres achtete, versprach er, werde sich nicht mehr die Haare schneiden und sich einen Bart wie Arda Turan wachsen lassen. Eine Freundin aus Kanada versprach, sie würde, trotz ihrer Höhenangst, einen Fallschirmsprung wagen. Und ich entschied in dem Fall, etwas in die Tat umzusetzen, was mir schon Monate im Kopf herumgeisterte: Ein Tattoo mit einem Sinn-Spruch, der im Stadion, in der Kabine von Atlético, hängt: »La gloria se consigue luchando«.

Trotz des miesen Gefühls ließ es sich keiner von uns nehmen, das Spiel zu besuchen bzw. zu verfolgen. Schließlich bot es uns deutschen Atlético-Fans zum ersten Mal seit Gründung des Fanklubs 2003 die einmalige Gelegenheit, im Fall der Fälle, am Neptuno-Brunnen den Titel feiern zu gehen.

Am Tag des Spiels machten wir mit einem Freund, der zum ersten Mal in Madrid war, noch eine kleine Stadtrundfahrt in einem Sightseeing-Bus. Fußballfans sind abergläubisch, das ist bekannt. Einige Leute ziehen zu jedem Spiel das gleiche Trikot oder den gleichen Schal an, stehen immer mit dem gleichen Fuß auf oder müssen eine bestimmte Anzahl an Bier vor dem Spiel trinken, damit es gutgeht. Ich zum Beispiel darf vor dem Spiel den Neptuno-Brunnen nicht sehen, denn das bringt Atlético bewiesenermaßen Unglück. Der Bus jedoch passierte natürlich auch unseren Brunnen. Es muss daher ein Bild für die Götter gewesen sein, wie der Bus, mit mir an Bord, am Neptuno vorbeifuhr und ich mir die Augen zuhielt damit ich ihn nicht sehen musste.

Real Madrid auf der anderen Seite war bereits deutlich siegesbewusster. Während, so hatten es mir zumindest die berichtet, die den Neptuno-Brunnen gesehen hatten, an unserem Wahrzeichen keinerlei Vorbereitungen für eine Siegesfeier erfolgt waren, war am Cibeles-Brunnen bereits alles vorbereitet. Die Brüstung, über die die Spieler auf den Brunnen klettern sollten, stand, die Pressetribüne wurde gerade zusammengebaut und an einer Bushaltestelle an der Cibeles informierte die Stadt Madrid bereits darüber, dass nach Mitternacht der Busverkehr an der Cibeles wegen einer »sportlichen Feierlichkeit« eingeschränkt werden würde. Unsere Skepsis dem Spiel gegenüber wandelte sich spätestens in diesem Moment in ein »Jetzt erst recht«-Gefühl um.

Als Miranda – Fußballgott – in der Verlängerung des Spiels schließlich zum 2:1 für Atlético einköpfte, gab es auf der rot-weißen Seite des Stadions kein Halten mehr und spätestens jetzt hatte ich meine Stimme verloren und fand sie erst zwei Tage später auf dem Rückflug nach Deutschland wieder. Mit dem Abpfiff endete für Atlético und seine Fans in der damals besten Art und Weise, nämlich in deren eigenen Stadion, der Fluch gegen Real Madrid.

Da am besagten Abend die Metro in Madrid streikte und schon zum Spiel nur einen Notbetrieb aufrecht erhielt, machten sich die Scharen von Atlético-Fans nach dem Spiel zu Fuß auf zum etwa 5,5 Kilometer entfernten Neptuno-Brunnen. An der Cibeles, die auf dem Weg dorthin liegt, war man bereits eilig damit beschäftigt, die bereits aufgebauten Tribünen und Absperrgitter möglichst leise und unauffällig wieder zu entfernen. Am Neptuno-Brunnen war derweil die Hölle los, denn auch die Leute, die sich aufgrund der horrenden Preise für die Tickets das Spiel zu Hause oder in einer Bar angesehen hatten, strömten dorthin. Und das, obwohl die große Feierlichkeit mit der traditionellen Fahrt im offenen Bus erst für den Nachmittag des kommenden Tages angekündigt war.

Gemeinsam mit einigen weiteren Atlético-Fans aus ganz Europa traf man sich, nach viel zu wenig Schlaf, am folgenden Tag zunächst am Calderón, um gemeinsam Mittag zu essen und den Sieg in kleiner Gruppe noch einmal zu zelebrieren. Im Anschluss zog man dann gen Neptuno-Brunnen, um dort den Traum aller ausländischen Fans wahr zu machen: Einmal einen Titel am Neptuno zu feiern. Für unsere WhatsApp-Gruppe bedeutete dieser Triumph, dass nun alle ihre Versprechen einlösen mussten. Und alle taten es auch, denn Atlético-Fans stehen zu ihrem Wort. Die Kanadierin machte ihren Fallschirmsprung, der Amerikaner ließ sich die Haare wachsen wie Arda Turan und diese dann drei Monate später von mir, die dafür extra über den Atlantik geflogen war, abschneiden zu lassen, wie es Arda Turan nach dem Sieg in der Kabine ebenfalls getan hatte. Aber auch für mich bedeutete der Sieg nun ebenfalls aktiv zu werden. So saß ich sechs Wochen nach dem Sieg in einem kleinen Tattoo-Studio, welches eine Freundin mir empfohlen hatte, und ließ mir ein kleines Stück Erinnerung an diesen großartigen Tag unter meine Haut stechen: »La Gloria Se Consigue Luchando«. *(S.O.)*

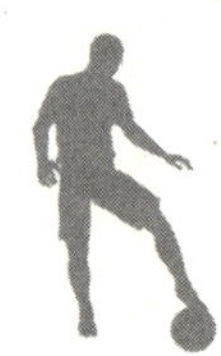

93. GRUND

Weil man eines wissen muss: »Treten Sie niemals auf dieses Wappen!«

Alle Vereine haben ein Wappen und alle Fans des Vereins ehren und respektieren es. In einigen Fällen wird es drinnen getragen, im

Herzen, wie Isalín Santos Ovejero meinte. Doch nur wenige Vereine haben ein Wappen, welches über alles andere hinaus noch respektiert wird. Die Elemente des Wappens von Atlético, die rot-weißen Farben, der Bär und der Madroño*, die Sterne, sie werden bereits in einem anderen Kapitel ausführlich erklärt. Was jedoch das Wappen für die Atlético-Fans bedeutet, versuche ich mit dieser wahren Begebenheit zu verdeutlichen.

Es muss nochmal gesagt werden, dass das Wappen für Atlético-Fans wegen seiner Werte, seiner Tradition, seines Stolz und seiner Leidenschaft ein Symbol des Vereins ist. Ein Symbol für alles, wofür die Colchoneros stehen. Es gibt keine größere Beleidigung für einen Atleti-Fan, als seine Farben und sein Wappen zu beleidigen. Das Wappen repräsentiert die Geschichte des Vereins und wird so geehrt, wie man es in Spanien sonst nur mit den eigenen Vorfahren hält. Niemand symbolisiert diese Ehre des Wappens daher besser als Luis Aragonés, der geniale Spieler und Trainer von Atlético Madrid über fünfundzwanzig Jahre.

Für viele junge Fans, vor allem außerhalb Spaniens, war Luis Aragonés »nur« der Trainer, der das Spiel der spanischen Nationalmannschaft geändert hat, um es schöner und effektiver zu machen. Er war »nur« der Trainer, der ein ewig verlierendes Nationalteam in die beste Mannschaft der Welt transformierte.

Für uns Atlético-Fans ist es aber etwas anderes. Er ist ein Symbol der Integrität und Liebe für unsere Farben. Über den Charakter und die Anekdoten von Luis kann man ganze Bücher schreiben. Ihm ist natürlich auch ein Grund in diesem Buch gewidmet. Diese Geschichte hier aber zeigt den Respekt von Luis Aragonés für das Atleti-Wappen und wie er seinen geliebten Verein immer und überall verteidigte, auch auf die Gefahr hin, selbst etwas zu verlieren.

Das Wappen von Atlético wird zwar immer respektiert, vor allem jedoch im Estadio Vicente Calderón. Genauso auch an dem

* *Madroño (dt.: Erdbeerbaum).*

Tag im November 2005, als Spanien gegen die Slowakei um einen Platz in der WM-Endrunde 2006 spielte, vor der Kulisse, vor der Luis Aragonés die Hälfte seines Lebens verbracht hatte. Es war ein sehr angespanntes Spiel, und Luis hörte nie auf, aufzustehen und herumzulaufen. Er schrie Anweisungen aufs Feld und gestikulierte ohne Ende, ärgerte sich ständig und stand mehrfach außerhalb des Trainerbereichs. So kam es, wie es kommen muss, der vierte Schiedsrichter sagte ihm immer wieder, er solle in seinen Bereich zurückkehren und »das Spielfeld nicht betreten«. Irgendwann wurde es Luis zu bunt, und so ging er bestimmt und mit einem düsteren Gesicht zu dem Unparteiischen und sprach:

»¡Y usted no pise ese escudo! Eso que está usted pisando es el escudo del Atlético de Madrid«*. Der Schiedsrichter verstand ganz klar, dass sein Vergehen viel größer war, als einfach eine gemalte Linie zu überschreiten. Er hatte einen Verein und ein Gefühl beleidigt. Er hatte die Seele von Tausenden Atlético-Fans beleidigt.

Diese kleine Anekdote zeigt, wie Luis Aragonés war und sie erklärt auch ein bisschen, warum er noch heute in jedem Spiel durch Fangesänge gehuldigt wird. Sein Atleti hatte er immer im Kopf, sogar in einem Spiel, bei dem eine Niederlage,vielleicht seine Entlassung als Nationaltrainer bedeutet hätte und damit das Ende seiner Trainerkarriere insgesamt.

Doch selbst in einem so wichtigen Moment gab es noch etwas Wichtigeres, nämlich nicht zu erlauben, dass das Symbol seines Lieblingsvereins respektlos behandelt wird. *(C.W.)*

* *¡Y usted no pise ese escudo! Eso que está usted pisando es el escudo del Atlético de Madrid«. (dt.: Und treten Sie nicht auf dieses Wappen! Sie treten gerade das Wappen von Atlético Madrid).*

94. GRUND

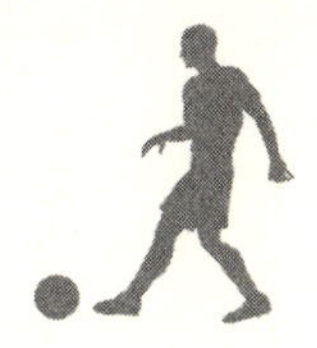

Weil nur die Mitglieder von Atlético ein Geschenk von Real erhalten haben.

Es gibt eine Anekdote aus der Zeit zwischen 1989 und 1990. Zu jener Zeit verschenkte Jesús Gil, der damalige Präsident von Atlético Madrid, tausende Uhren, die mit Geldern von Real Madrid bezahlt wurden, an die Mitglieder von Atlético, nachdem der weiße Verein Fernando Hierro und Luis Milla unter Vertrag genommen hatte. Denn bevor Real Madrid die Verträge beider Spieler unter Dach und Fach hatte, wollte Atlético Madrid sie haben. Man sagt, Gil hätte Hierro schon so sicher gehabt, dass er sich sogar mit dem Atlético-Trikot fotografieren ließ, wovon es auch ein Video geben soll. Der damalige Präsident von Real Madrid, Ramón Mendoza, erhöhte überraschenderweise das Angebot und überzeugte Hierro, seine Seele zu verkaufen. Hierfür musste er jedoch Atlético Madrid entschädigen. Anstatt andere Spieler mit diesem Geld zu kaufen, kam Gil auf eine seiner glorreichen Ideen: Er ordnete die Herstellung von tausenden Armbanduhren (es wird von ca. 70.000 gesprochen) mit dem Wappen von Atlético Madrid an, auf denen die Botschaft »regalo de Don Ramón«* eingraviert wurde. Ein Jahr später geschah etwas Ähnliches mit Luis Milla, der damals beim FC Barcelona spielte. Atlético Madrid hatte den Kaufvertrag mit Barcelona fast unterschrieben als Mendoza sich wieder dazwischen schaltete, wodurch Real Atlético wieder mit 10 Millionen Peseten entschädigen musste. Die Mitglieder erhielten daraufhin einen Gutschein mit der Botschaft:

Vale para canjear por un reloj »Racer«. Regalo de Don Ramón. En las oficinas del club Vicente Calderón. Del día 17 al 30 de

* *Regalo (dt.: Geschenk).*

septiembre de 1990 (sólo días laborables). De 10:00 a 13:30 y de 17:00 a 19:30.[*]

Dieser Vorfall wurde allerdings nie offiziell bestätigt; Tatsache ist jedoch, dass diese Gutscheine verschickt wurden und dass viele Mitglieder im Besitz einer solchen Uhr sind. Heutzutage ist diese Uhr ein begehrtes Sammelobjekt und wird für über 150 € in Internetportalen angeboten. *(C.G.)*

95. GRUND

Weil wir Atlético-Fans zu unserem Wort stehen.

Carabanchel ist ein Arbeiterviertel in Madrid. Dort bin ich aufgewachsen. Das Leben dort war wie in einem Dorf. Jeder kannte den anderen, man hielt zusammen, man wusste über den Nachbarn Bescheid, man half sich untereinander. Zwei meiner Nachbarn, Eustaquio aus dem Block 123 und Nicolás vom Block 127, teilten sich ein Taxi, weil die Lizenz für einen alleine zu teuer war. Alles verlief über Jahre hinweg reibungslos; die gemeinsame Kasse wurde am Ende jeder Woche brüderlich geteilt und die Fahrstunden haargenau respektiert. Montags, mittwochs und freitags stand das Taxi für Eustaquio, der ein echter Colchonero war, bereit. An diesen Tagen hing am Rückspiegel immer ein kleiner Atlético-Wimpel. Dienstags, donnerstags und samstags wurde dieser Wimpel von Nicolás, der ein Merengue war, durch einen Real-Madrid-Wimpel ersetzt.

* *Vale para canjear por un reloj 'Racer'. Regalo de Don Ramón. En las oficinas del club Vicente Calderón. Del día 17 al 30 de septiembre de 1990 (sólo días laborables). De 10:00 a 13:30 y de 17:00 a 19:30. (dt.: Gutschein zum Einlösen einer 'Racer'-Uhr. Geschenk von Don Ramón. In der Vereins-Geschäftsstelle des Vicente Calderón. Vom 17.09. bis 30.09.1990 (nur an Wochentagen). Von 10:00 bis 13:30 Uhr und von 17:00 bis 19:30 Uhr.).*

Sonntags, dem Ruhetag, und an Derby-Tagen blieb das Taxi »wimpellos« in einer kleinen Garage um die Ecke stehen. So hatten beide das vor Jahren vereinbart und dieses Abkommen wurde von beiden Seiten stets respektiert. Das ganze Viertel wusste über diesen kleinen Kampf zwischen den beiden Männern Bescheid und hat sich immer köstlich darüber amüsiert. Alles war harmlos und lustig, jedoch war es manchmal auch anstrengend zu beobachten, wie sie sich gegenseitig anfrotzelten. Stets war Eustaquio, mit der berühmten rot-weißen Demut, bemüht, mit der unerträglichen Überheblichkeit von Nikolás zurechtzukommen.

In der Stammkneipe unseres Viertels, dem »El Alcázar«, die überwiegend von Colchoneros besucht wurde (ich erinnere daran, dass wir hier von einem Arbeiterviertel sprechen!) und wo beide regelmäßig den Tag ausklingen ließen, wusste jeder wie sie tickten.

Im Sommer 1975 sollte jedoch ein Ereignis stattfinden, dass den Beiden einige Nerven gekostet hat und für alle im Viertel monatelang Gesprächsthema war. Die »Copa del Generalísimo« fand im Juli im Vicente Calderón statt. Seitdem die beiden Finalisten feststanden, nämlich Atlético Madrid und Real Madrid, war die ganze Nachbarschaft auf die Reaktion der beiden Taxifahrer gespannt. Eines Abends, im »El Alcázar« wurden sie von den Anwesenden mehr oder weniger gezwungen, eine Wette abzuschließen:

Sollte Atlético Madrid den Pokal gewinnen, so würde der Wimpel von Atlético einen ganzen Monat (!) lang im Auto hängen bleiben, unabhängig davon, wer das Taxi fuhr. Wäre aber Real Madrid der Gewinner, so müsste der weiße Wimpel für dieselbe Zeit im Auto hängen. Beide gaben sich die Hand und schworen, Wort zu halten. Die Wette galt!

Dieses Finale wurde schon an anderer Stelle in diesem Buch erwähnt: Real Madrid gewann, und als Eustaquio an jenem Samstag nach dem Spiel im »El Alcázar« auftauchte, wartete schon Nicolás mit dem Real-Madrid-Wimpel in der Hand auf ihn. Jeder wusste, wie schmerzhaft diese Geste für Eustaquio war, doch er ließ sich nichts anmerken. Er ging zum Auto, das vor der Tür geparkt war, brachte es für die Sonntagspause in die Garage und hing dann den Wimpel an den Innenspiegel. Anschließend ging er kommentarlos nach Hause. Am Montag allerdings holte er das Auto nicht wie gewöhnlich aus der Garage, sondern ließ es dort stehen und fuhr stattdessen mit dem Taxi seines Schwagers, der gerade seinen einmonatigen Urlaub angetreten hatte. Als Eustaquio an diesem Abend im »El Alcázar« erschien, stellte Nicolás ihn zur Rede. Die Erklärung von Eustaquio habe ich noch heute im Ohr (und im Herzen):

»Ich habe gesagt, dass ich den Wimpel ins Auto hänge und ihn einen ganzen Monat dort hängen lasse. Doch ich habe nie gesagt, dass ich mit dem Auto fahren würde, wenn dieser Wimpel da hängt. Und das mache ich auch nicht. Ich werde niemals mit einem Real-Madrid-Wimpel im Auto fahren. Also werde ich in diesem Monat das Taxi meines Schwagers benutzen. Eher würde ich sterben, als ohne meinen Atlético-Wimpel zu fahren.« Leute, die dabei waren, meinen, das Lachen in der Kneipe heutzutage immer noch zu hören. Und das Gesicht von Nicolás, nun ja, das könnt ihr euch ja vorstellen. Aber eines muss man Eustaquio zugutehalten – sein Wort hat er stets gehalten! *(C.G.)*

96. GRUND

Weil nur Atlético meine Träume Wirklichkeit werden lässt.

Wie Sie bereits wissen, bin ich ein Rojiblanco, ein Rot-Weißer, durch und durch. Damit verrate ich Ihnen nichts Neues. Ich bin jedoch ebenfalls auch ein Roter durch und durch. Wie Sie im ersten Grund bereits erfahren haben, bin ich in Hannover geboren und damit natürlich Fan von Hannover 96, der Mannschaft aus der niedersächsischen Landeshauptstadt. Als Kind nahm mich mein Vater ab und an mit ins alte Niedersachsenstadion. Es war kalt, zugig, und die Holzbänke waren feucht. An die Spiele erinnere ich mich hingegen kaum, jedoch an die Papp-Trinkbecher, die es dort zu sammeln gab. Pro Becher bekam man nämlich 10 Pfennig, einen sogenannten Groschen, die Älteren unter Ihnen mögen sich erinnern.

Wer also wie ich damals fleißig sammelte und lieb und nett die Reihen der Fans abschritt, konnte einen guten 90-Minuten-Lohn erzielen. Der Preis dafür war dann jedoch oftmals, dass ich bis auf das Ergebnis nichts vom Spiel mitbekam. Das war aber zu verkraften, da ich noch jung und Hannover zu der Zeit eher schlecht war.

Das erste Mal richtig mitfiebern, jubeln und die Faszination des Fanseins spüren, erlebte ich im DFB-Pokalhalbfinale 1992. 96 spielte als Zweitligist gegen den SV Werder Bremen. Bremen war damals eine Top-Mannschaft in Deutschland und Europa sowie auf Augenhöhe mit den Bayern. Auch daran werden sich (nur) die Älteren erinnern. 96 jedoch besiegte die Hanseaten, zog ins Finale ein und holte sich den DFB-Pokal. Ein kleines Fußballwunder, denn dadurch spielte ein deutscher Zweitligist in Europa. Es war das erste Mal in der Geschichte von Hannover 96. Doch direkt in Runde 1 war Schluss, dank einer Niederlage gegen den SV Werder Bremen, der als Titelverteidiger gesetzt war. Es war zwar offiziell der UEFA-Pokal, aber so richtig Europa war das dann doch nicht. Dennoch war allen klar, getreu dem späteren Motto der Expo 2000 in Hannover: »Das gibt's nur einmal, das kommt nie wieder!«

Danach folgten bittere Spielzeiten in der Zweiten Liga, ein Abstieg in die Dritte Liga sowie eine Niederlage im Relegationsspiel um den direkten Wiederaufstieg. Dann folgte jedoch mein zweites Erweckungserlebnis. Nach einer weiteren Saison in Liga 3, bei der ich zum ersten Mal viele Spiele im Fanblock, dem legendären H-31, verbracht habe sowie auch mehrere Spiele auswärts erleben durfte, kam es zum Aufstiegskrimi in der Relegation gegen TeBe Berlin.

Ich war beim Rückspiel in Hannover im Stadion und dank der Treffer von Asamoah und dem unvergesslichen Fallrückzieher von

Milovanović sowie der Paraden im Elfmeterschießen von Keeper Sievers, hieß es für 96 nach dem Abpfiff: Hoch in die 2. Liga. Irgendwann folgte sogar der Aufstieg in die 1. Liga und alle wussten, mehr kann man nicht erwarten. Warum jetzt also diese Vorgeschichte in einem Buch über Atlético Madrid?! Was hat denn bitte Atlético mit Hannover zu tun und warum erzählt hier der Atlético-Fan etwas über eine triste, graue (Bundesliga-)Mannschaft und irgendwelche persönlichen Schlaglichter aus der Vergangenheit dieses Vereins?!

Nun gut, Sie haben gefragt, ich werde es Ihnen erklären:

Als ich 2003 zu Atlético kam, wie die Jungfrau zum Kinde, wurde ich natürlich ständig gefragt, was mein größter Traum mit Atlético wäre. Man muss sich dabei vor Augen führen, dass 2003 Atlético am Boden war. Gerade war man zwar wieder in die spanische Eliteliga aufgestiegen, jedoch war der Verein hochverschuldet. Es fehlten die Stars und von der alten Rolle, eine Top-3 Mannschaft in Spanien zu sein, war man Lichtjahre entfernt. Die Fans träumten zwar von Europa, aber dies schien nahezu unerreichbar.

In dieser Gemengelage antworte ich immer brav, dass es mein Traum wäre, einmal Atlético Madrid in einem Pflichtspiel in Hannover zu erleben. Mir war klar, dass dies nie passieren würde. Zwar hatte Atlético das Potenzial, nach einigen Jahren mal wieder in Europa zu spielen, aber Hannover 96? Nein, niemals! Träume sind zum Träumen da und ich wäre ja auch mit einem Testspiel zufrieden gewesen, aber das wollte ich dann nicht unbedingt sagen und außerdem kannte ich das spanische Wort für Testspiel damals nicht.

Nein, mein Traum war es, einmal Atlético Madrid in meiner Heimatstadt zu erleben. Die Jahre zogen also ins Land und während sich Hannover immer mal wieder im Abstiegskampf befand, wurde Atlético stetig besser. 2007/08 war es dann endlich soweit, die Rojiblancos kehrten nach Europa zurück. 2010 folgte dann sogar der Gewinn der Europa League. Ein weiterer Traum, einen Titel live vor Ort mit zu erleben, ging in Erfüllung, was wollte ich mehr?!

Doch dann folgte die Auslosung des Viertelfinales der Europa League 2011/12. Nur so viel: Mein Telefon stand nicht mehr still. Nicht an diesem Tag, nicht in den darauffolgenden Tagen.

Das unglaubliche, das stets (halb im Scherz) gewünschte Wunder trat ein. Atlético Madrid würde gegen Hannover 96 sportlich die Klingen kreuzen und am 05.04.2012 um 21:05 Uhr in Hannover spielen. Dieser Tag sollte für mich unvergesslich werden. Doch das ist eine persönliche Geschichte, die ich Ihnen lieber einmal persönlich erzählen möchte.

Ach ja, Sie fragen sich sicher, für wen mein Herz schlug. Nur so viel, ich konnte nicht verlieren, denn so oder so wäre einer meiner Mannschaften im Halbfinale der Europa League gewesen. Ich stand jedoch, für mich selbstverständlich, zum ersten Mal in meinem Leben im Gästeblock der Arena in Hannover. Zum ersten und wahrscheinlich letzten Mal in meinem Leben. Ich jubelte für Atlético und peitschte stimmgewaltig meine Rot-Weißen nach vorne und dennoch war ich ergriffen von dem historischen Moment für Hannover 96. Ein Traum ging in Erfüllung und wer hat schon dieses Glück im Leben, sagen zu können, dass ein echter Lebenstraum in Erfüllung ging?! Apropos, der neue Traum lautet: Champions-League-Sieg und dann Weltpokalfinale – weit, weit weg! Drücken Sie mir die Daumen! *(A.K.)*

97. GRUND

Weil ich durch Atlético weltweit Freunde gefunden habe.

Im Sommer stand ich am Flughafen in Miami bei der Passkontrolle. Der etwas schlecht gelaunte amerikanische Grenzbeamte betrachtete meinen Reisepass und begann mir ein paar der üblichen Fragen zu stellen: Wann reisen sie zurück? Wo übernachten Sie?

Ich erklärte ihm, dass ich die kommenden zwölf Tage bei Freunden verbringen würde. Und dann kam die Frage aller Fragen: »Woher kennen sie sich?« Darauf hatte ich natürlich gelauert und so musste der Mann sich wohl oder übel anhören, wie ich durch Atlético Freunde auf der ganzen Welt gefunden habe.

In Madrid sind zwar die Real-Madrid-Fans augenscheinlich in der Überzahl, aber es ist nicht unüblich, einen Atlético-Fan zu sehen. Im Rest von Spanien ist es ähnlich. Kommt man aber, wie die meisten Mitglieder des deutschen Fanklubs, nicht aus Spanien und ist auch noch nicht mal Spanier, machen die meisten große Augen. Das geht aber nicht nur uns so. Über ganz Europa und den Rest der Welt verstreut gibt es mehr oder weniger organisierte Grüppchen von Atlético-Fans. Und alle haben oft die gleichen Probleme: Der Verein spricht kein Englisch, man braucht aber Tickets oder irgendetwas aus dem Fanshop. Außerdem sieht man auswärts oftmals immer die gleichen Nasen, sodass man sich relativ schnell kennenlernt. Deswegen fingen zumindest die organisierten europäischen Atlético-Fans relativ früh an, sich miteinander zu vernetzen. Insbesondere zwischen dem deutschen, dem belgischen und dem englischen Fanklub bestehen schon seit langem gute Beziehungen, aus denen viele Freundschaften entstanden sind, auch abseits von Spielen gibt es daher oft regelmäßige Treffen. So ist etwa der Weihnachtsmarktbesuch mit einem belgischen Fanklubmitglied für mich schon seit Jahren Tradition.

Durch die Möglichkeiten der Vernetzung über Social-Media-Plattformen wurde das Netzwerk der internationalen Fans größer und es wurde einfacher, miteinander zu kommunizieren, auch mit den Leuten, die bis dato nicht organisiert waren. Während man sich vorher auf einige kleinere Foren und englischsprachige Blogs begrenzte, fanden viele nun den Weg zu Twitter. Dort konnte man relativ schnell die englischsprachigen Tweets zu Atlético herausfiltern und durch sich gegenseitiges Followen erst einmal grob verbinden.

So fand sich bei Twitter relativ schnell ein harter Kern internationaler Atlético-Fans aus aller Herren Länder. Jedes Spiel wurde dort gemeinsam diskutiert und analysiert sowie Nachrichten ausgetauscht. Auch wenn Kritiker des Social Media immer wieder behaupten, dass sich aus solch losen Verbindungen wie Twitter nie ernstzunehmende Freundschaften entwickeln können, war es bei Atlético und seinen Fans anders. Bereits relativ schnell entwickelten sich aus dem losen Austausch von Tweets auch weitergehende Bekanntschaften. Einige der auf Englisch schreibenden Fans kamen tatsächlich aus Spanien und waren bei Heimspielen meist vor Ort. Die Europäer begannen irgendwann, sich miteinander abzusprechen und gemeinsam vor oder nach dem Spiel ein Bier zu trinken oder etwas essen zu gehen. Die relativ losen Kontakte aus den Social-Media-Kanälen wurden schnell enger.

Irgendwann kamen wir dann auf die Idee, eine WhatsApp-Gruppe zu gründen. Die »Real World Majadahonda« wurde schnell ein Anlaufpunkt für unseren Twitterkern und beinhaltet bis heute Fans aus Spanien, England, Holland, Belgien, Schweden, Deutschland, Spanien, Mexiko, den USA und Puerto Rico. Aufgrund der Zeitverschiebung war in der Gruppe nie wirklich an Ruhe zu denken, denn wenn die Europäer schliefen, schrieben die Amerikaner. Wenn die Amerikaner schliefen, schrieben die Europäer. Und in der Zeit, in der die beiden Grüppchen wach waren, wurden Messages ohne Ende ausgetauscht. Und es ging dabei bei weitem nicht nur um Fußball. Einige der Leute in der Gruppe kannten sich bereits von Auswärtsspielen in Europa oder Heimspielen im Calderón, die man gemeinsam besucht hatte. Einmal brachte man es sogar fertig, im Rahmen eines madrilenischen Derbys den »This is Atléti«-Cup im Hallenfußball auszuspielen, bei dem eine europäische Fanmannschaft gegen eine Gruppe spanischer Journalisten antrat.

Aber auch vor den Leuten in Übersee macht die Faszination nicht halt. Während wir Europäer aufgrund der kürzeren Entfernungen nach Madrid, anderen Orten und zahlreichen Billig-Airlines schnell gemeinsam nach Madrid reisen können, ist das Ganze für die Fans in Übersee um einiges komplizierter und kostspieliger. Dennoch entschied sich eines unserer amerikanischer Gruppenmitglieder irgendwann dazu, für ein Spiel nach Madrid zu kommen. Und wir Europäer zogen nach und reisten mit. Für mich war das der Beginn einer wundervollen Freundschaft.

Trotz der Tatsache, dass man sich vorher nur von einigen kurzen Skype-Gesprächen, WhatsApp-Chats und Tweets kannte, waren der Amerikaner, seine Frau und ich uns direkt sympathisch und verbrachten einige witzige Tage gemeinsam in Madrid. Bevor Atlético später den spanischen Pokal gewann, versprach er sich in diesem Fall die Haare und den Bart wachsen zu lassen, genau wie Arda Turan. Nach dem Spiel ließ dieser sich aber die Haare von Mario Suárez in einem legendären Video abrasieren. Jetzt suchte mein amerikanischer Freund jemanden, der ihm die Haare ebenso abschnitt und das Video nachstellen konnte. Ich zögerte keine Sekunde, denn meine Urlaubsplanungen für den Sommer waren noch nicht existent und ich wollte schon immer einmal in die USA. Also riefen wir recht schnell die »Slowly Cabrón Tour« ins Leben und ich flog in die USA, um ihm die Haare zu schneiden und knapp zwei Wochen Urlaub bei den Amerikanern zu verbringen. Was soll ich sagen, es war eine großartige Zeit.

Der Kontakt zwischen uns riss danach nicht mehr ab. Wir schrieben uns weiter, schickten Pakete zum Geburtstag hin und her und ein Jahr später machten die beiden eine Europa-Reise und kamen zum Gegenbesuch für ein paar Tage zu mir nach Deutschland. Natürlich nutzten wir die Gelegenheit dann auch noch, um gemeinsam ein Spiel in Madrid zu besuchen. Nun war ich im Sommer wieder an der Reihe und besuchte die beiden erneut in den USA und stand daher vor dem Grenzbeamten und erzählte ihm, wie man von Twitter über Fußball zu einem Besuch in die USA kam. Aber die USA sind nicht der einzige Ort, der bereist wurde oder bereist werden wird. Nächstes Jahr werde ich die Geschichte wohl erneut erzählen dürfen, dann aber in Kanada, denn dort wohnt ebenfalls eines unserer Gruppenmitglieder und der Gegenbesuch steht an. *(S.O.)*

98. GRUND

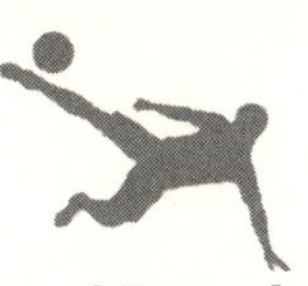

Weil Atlético in der Wall Street geschätzt wird.

Im Jahr 2009 wurde mein Bruder 50 Jahre alt und ich hatte ihm eine Reise nach New York geschenkt. Wir flogen zusammen im September dorthin und verbrachten eine wunderbare Urlaubszeit zusammen. Wir haben viel erlebt, doch eine Anekdote ist mir besonders in Erinnerung geblieben. Wir spazierten durch die Wall Street. Es war um die Mittagszeit und wir ließen das bunte und hektische Treiben in der berühmten Straße auf uns wirken. Die unendlich vielen US-Flaggen wehten überall und gaben eine bunte Farbnote. Doch plötzlich, zwischen den dunklen Broker-Anzügen und den grauen Gebäuden, sah ich unsere rot-weißen Streifen, die senkrechten, und natürlich konnte ich mir nicht verkneifen, ein lautes und deutliches ¡AÚPA ATLETI! zu rufen.

Mein Bruder (leider mit weißer Zunge, aber, auch wenn er es nie zugegeben hat, mit rot-weißem Herzen) verstand zunächst nicht, was mit mir los war. Doch die Antwort ¡AÚPA! war prompt zu hören und so entdeckte auch er in der Menschenmasse den jungen Mann im Atlético-Trikot, der etwa 50 Meter von uns entfernt war und sich zu uns durchkämpfte. Francisco, so hieß der Colchonero, schaffte es endlich bis zu uns und wir umarmten uns, als wären wir alte Freunde, die sich zufälligerweise in einem fremden Land ganz weit von Zuhause getroffen hätten. Mein Bruder hielt diesen Moment der Freude auf einem Foto fest. Francisco erzählte, dass er dort in den Flitterwochen sei. Seine Frischvermählte mit dem Namen Teresa, die so überrascht wie mein Bruder war, hatte es inzwischen auch bis zu uns geschafft und begrüßte uns ebenfalls. Unsere Unterhaltung galt, selbstverständlich, Atlético Madrid. Mit dem damals in Mode gewesenen »Este año, sí«* gaben wir uns gegen-

* *Este año, sí (dt.: In diesem Jahr schaffen wir es).*

seitig Mut und Glauben, denn die Liga hatte gerade wieder begonnen. Mein Bruder und Teresa guckten sich etwas verdutzt an und lächelten. Sie gab leise zu, Real Madrid-Anhängerin zu sein, was ihr etwas peinlich war. Mein Bruder outete sich auch und beide gestanden, dass sie noch nie jemanden, den sie vorher nicht kannten, so begrüßt hatten, wie Francisco und ich es vor wenigen Minuten getan hatten. Und Francisco und ich waren der Meinung, dass es uns niemals peinlich sein wird, zu unserem Verein zu stehen, denn wir Colchoneros sind nun mal so – eine große Familie! *(C.G.)*

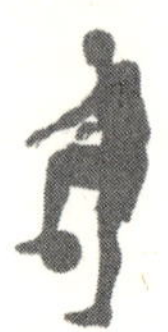

99. GRUND

Weil wir ein großes Herz und offene Arme haben.

Wenn man sich mit wildfremden Leuten unterhält, kommen manchmal unglaubliche Geschichten dabei heraus. Genau so etwas ist mir passiert, und das sogar während eines Vorstellungsgesprächs. Aus meinem Lebenslauf kann man ersehen, dass ich aus Madrid stamme. Als wir uns nun also am Ende des besagten Vorstellungsgesprächs verabschieden wollten, teilte mir der Job-Interviewer, ein Schotte namens Daniel, mit, dass er Fußballfan sei und fragte mich, ob ich denn auch einer sei. Wenn man aus einer Stadt wie Madrid käme, so behauptete er, wäre es fast unmöglich, nicht Fußballfan zu sein. »Real Madrid, vielleicht?« fragte er also.

»Entschuldigung, ich bin Atlético-Madrid-Fan!«, erwiderte ich voller Inbrunst. Er schaute mich an und lächelte vergnügt. Dann erzählte er mir die Geschichte seines Sohnes Mike, der in Madrid sein Erasmusjahr verbracht hatte.

Wie sein Vater war auch der Junge fußballbegeistert. In der Madrider Uni hatte er sich umgehört und Fußballfans aus ganz Spanien kennengelernt. Sympathien hatte er jedoch noch für kein Team entwickelt und so entschied er sich, ins Bernabéu zu gehen, um ein Spiel von Real Madrid zu sehen.

Wie er danach erzählte, war er zunächst schockiert, wie die Fans lauthals über manche Spieler schimpften. Singen und animieren hat er von Anfang an vermisst. Ebenso sah er zum ersten Mal in seinem Leben, wie schnell man Sonnenblumenkerne essen kann. Das Ereignis hat ihn überhaupt nicht berührt. Einige Wochen später ist er dann ins Calderón gegangen. Wieder alleine und ohne voreingenommen zu sein. Er hatte einen Platz sehr nah am Fondo Sur ergattert und die Gesänge der Fans hatten ihn schon vor Spielbeginn angefixt. Er verstand zwar kein Wort, aber was man mit dem Herzen singt, versteht man eben.

Neben ihm saß ein Mann, mit dem er ohne Umschweife ins Gespräch kam. Er erzählte, dass er aus Aluche komme, seit 1963 Atlético-Mitglied sei und im Moment ein wenig traurig wäre, weil sein Sohn sein Erasmusjahr in Bremen verbringe. Er deutete auf den leeren Platz an seiner rechten Seite, wie zur Bestätigung, dass dort jemand fehle. Obwohl Mike der spanischen Sprache noch nicht sehr mächtig war, erzählte er, so gut er konnte, dass er aus Schottland kommt, sein Erasmusjahr in Madrid verbringt und heute zum ersten Mal im Calderón sei.

»Meine fußballerische Adoption war ab dem Augenblick eigentlich nur eine Frage der Zeit«, erzählte Mike später.

Er wurde direkt am nächsten Tag, einen Sonntag, bei der Familie zum Essen eingeladen, wo er wie der eigene Sohn behandelt wurde. Während des Essens bot ihm der Vater an, die Dauerkarte seines Sohnes so oft er wolle zu benutzen. Dieses Angebot nahm Mike sehr gerne an. Die Familie wünschte sich insgeheim, dass ihr Sohn auch ebenso eine Familie in Deutschland finden würde, die ihn wie einen Sohn aufnehmen und ihm helfen würde.

Mike hatte sich bereits am Vortag in Atlético verliebt. Die Stimmung im Stadion, das Benehmen der Leute, das organisierte Chaos. Er war augenblicklich mit dem Atlético-Virus infiziert.

Zudem hatte er nach diesem Essen verstanden, was es wirklich bedeutet, ein Atlético-Fan zu sein. Die Familie hat ihm nicht nur die Dauerkarte zur Verfügung gestellt, sondern sie haben ihm unsere Werte und das Bestreben aufgezeigt, die Stadt aus einer anderen Perspektive zu sehen und den Fußball zu lieben, egal was passiert.

Mittlerweile haben sich beide Familien kennengelernt, sich gegenseitig in Madrid und Schottland besucht und viele, viele Fußballerlebnisse zusammen erlebt. Inzwischen ist Mike zurück in Schottland und hat sein Studium als Journalist beendet, doch die Freundschaft zu der Familie besteht weiterhin. Das Geschenk der Familie, zum Abschluss des Studiums, war eine Mitgliedschaft bei Atlético Madrid.

Ach ja, die Arbeitsstelle habe ich übrigens auch gekriegt. *(C.G.)*

100. GRUND

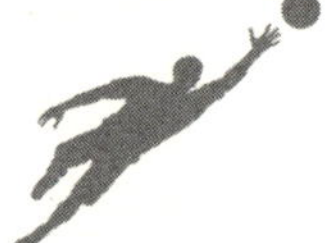

Weil Atlético die traditionelle Punktevergabe der spanischen Sportpresse geändert hat.

Es gab eine Zeit, in der die spanische Presse über Atlético Madrid angemessen berichtete. Damals waren die Medien zwar auch schon einseitig und die Nachrichten zugunsten mancher Vereine – eigentlich dieselben wie heute – manipuliert, doch nicht ganz so anmaßend, offensichtlich und unverschämt wie heutzutage.

In den 50er-Jahren war es üblich, dass die Sportjournalisten in Spanien Spielernoten vergaben, und zwar nach jedem Spiel. In den Fangemeinden wurden sogar Wetten abgeschlossen, welcher der beste Spieler der Woche werden würde. Die Noten wurden durch Punkte von 1 bis 3 zum Ausdruck gebracht, dabei war die Drei die höchste Punktzahl, die nur selten erreicht wurde. Eine gewichtige Rolle spielten die Noten auch für die Spieler selbst, die viel Wert auf diese Bewertungen legten, zeugten sie doch von der objektiven Qualität eines Spielers.

Doch dann kam dieses eine Spiel, das diese Punktevergabe für immer veränderte: Im damaligen Pokal der Landesmeister, der heutigen Champions League, spielte in der Saison 1958/59 Atlético Madrid gegen ZSKA Sofia aus Bulgarien. Atlético gewann in der Verlängerung mit nur neun Spielern. Die Leistung von Enrique Collar in diesem Spiel war so grandios und außergewöhnlich, dass die Sportjournalisten einhellig der Meinung waren, diese Leistung mit mehr als nur drei Punkten würdigen zu müssen. Sie entschieden einstimmig, ihm vier Punkte zu geben!

Jede Sportzeitung war von seinen Qualitäten so angetan, dass diese vier Punkte in die Geschichte eingingen, als der Moment, der eine Veränderung der bisherigen Notenvergabe herbeiführte. *(C.G.)*

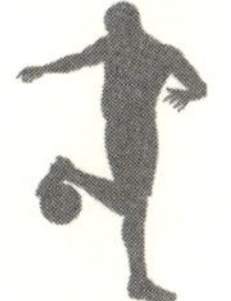

101. GRUND

Weil Atlético mir Mut macht.

Solange ich mich erinnern kann, habe ich den Fußball immer geliebt, obwohl niemand sonst in meiner Familie sich dafür interessierte. Ich weiß noch, wie ich in der Grundschule mit voller Wucht von einem Ball im Gesicht getroffen wurde, als ich mit ein paar Jungs Fußball spielte und diese danach dachten, ich würde nie wieder mit ihnen spielen, und genauso weiß ich noch, wie ich 2008, mit acht Jahren, das erste Mal bewusst ein Fußballspiel sah. Es war das EM-Finale und ich wurde aufgrund von Fernando Torres zum Spanienfan.

Lange Zeit spielte ich nahezu täglich im Garten Fußball und immer öfter fragte mich meine Familie, warum ich nicht in einer Mädchenmannschaft anfangen würde. Ich hatte darauf nie wirklich eine Antwort parat, abgesehen davon, dass ich es nicht wollte. Doch der wahre Grund ist mir inzwischen bewusst geworden: Ich war zu schüchtern und hatte Angst davor, vor allem, da ich mir sicher war, dass alle anderen bestimmt schon lange Fußball spielten und viel besser sein würden als ich.

Als ich dann etwas älter wurde und nach Spanien zog, inzwischen war ich Atleti-Fan, begann ich dort gemeinsam mit anderen Fußball zu schauen und auch über Fußball zu reden. Am Anfang waren mir die Fragen, warum ich Atlético-Fan sei, unangenehm, wieder, weil ich zu schüchtern war. So war es beispielsweise schwer für mich, einem Fan von Real Madrid eine Erklärung auf diese Frage zu geben, aber mit der Zeit lernte ich, dass die Frage in Spanien eigentlich immer aus reinem Interesse bestand und keinerlei Anfeindung war.

Dadurch, dass ich auch anderen Atleti-Fans begegnete, erlangte ich das Selbstbewusstsein und den Mut, über das Atlético-Gefühl, den »sentimiento atlético«, zu reden. Die Begeisterung, die man in Spanien mit vielen teilen konnte, brachte mich dazu, die Sache offener anzugehen. Als dann mein dortiger Klassenlehrer beim Fußballspielen im Sportunterricht, auch in Anbetracht meiner Fußballbegeisterung, nicht glauben konnte, dass ich nicht in einer Mannschaft spielte und ein Freund mich fragte, warum ich das nicht täte, wurde mir bewusst, dass ich damit anfangen wollte. Denn während meiner Zeit in Spanien war mir klargeworden, dass es nicht darum geht, von vorneherein perfekt spielen zu können, sondern vielmehr darum, Spaß zu haben und vor allem alles zu geben, wie es meine Vorbilder von Atlético auch immer taten.

Als ich nach Deutschland zurückkehrte, fing ich also an, Fußball zu spielen, was ich bis heute tue. Und noch immer gehe ich auch mal im Atleti-Shirt in die Schule, wenn ein wichtiges Spiel ansteht oder ich einfach Lust darauf habe. Die Kommentare oder Fragen sind dieselben wie früher, aber meine Reaktionen darauf haben sich geändert. Denn seit ich die Art und Weise von Atlético-Fans in Spanien erlebt habe, hat sich auch meine Einstellung zum Fußball und zum Fan-Dasein geändert.

»Warum hat das Mädchen ein Atlético-Trikot an?«, fragen immer noch manche auf dem Schulflur in Deutschland. Und immer wieder höre ich dieselbe Frage: »Wenn die gegen eine deutsche Mannschaft spielen, dann bist du aber schon für die Deutschen?« Die Antwort lautet immer Nein. Warum sollte ich? Ich bin Colchonera! Doch das ändert nichts daran, dass man dadurch als Deutsche viel Aufmerksamkeit bekommt, vor der ich früher Angst hatte.

»Ich habe an dich gedacht, als Atlético das Finale verloren hat« oder »Ich habe an dich gedacht, als Atlético gegen Barça gewonnen hat« – jedes Mal, wenn ich in Spanien meine ehemalige Schule besuche, ist es das, was ich von meinem früheren Klassenlehrer als erstes höre. Und auch in Deutschland begrüßte mich ein Lehrer, Bayern-Fan, für den es sowieso nichts Schöneres zu geben scheint, als mit mir über Fußball zu diskutieren, mit einem wissenden Grinsen, als die Bayern Atlético in der Champions League zugelost bekamen. Warum ich diese Mannschaft verehre, versteht er trotzdem nicht. Wahrscheinlich kann man es kaum verstehen, wenn man es nicht selber tut. Aber die Wahrheit ist, dass Atleti mir den Mut gab, selber mit dem Fußballspielen anzufangen und dem Fan-Dasein auf eine andere, offenere Weise zu begegnen. *(M.L.)*

102. GRUND

Weil ich das beste Kommunionsgeschenk »ever« hatte.

Es war im Jahr 1975. Ich ging damals als kleines Mädchen in eine Nonnenschule und feierte am 1. Mai meine erste heilige Kommunion. Meine damaligen Geschenke habe ich fast alle schon vergessen, nur eines nicht, denn das hat mein Leben nachhaltig verändert: Den Besuch des Finales des »Copa del Generalísimo«, welches in jenem Jahr im Calderón stattfinden sollte. Mein Vater versprach mir, mich zum Spiel mitzunehmen, wenn Atleti es ins Finale schaffen würde. Genauso kam es, noch dazu gegen den Erzrivalen Real Madrid! Zu diesem Zeitpunkt habe ich nicht viel vom Fußball verstanden, aber diese Leidenschaft, die ich bei diesem Fußballspiel erleben durfte, hat mich für immer geprägt. Dort habe ich zum ersten Mal lauthals die Hymne von Atlético mitgesungen, das Team angefeuert und auch zum ersten Mal richtig mitgelitten. Ich war überwältigt! Ich weiß noch, dass es an diesem Tag warm war, sehr warm. Mein Vater rauchte eine Zigarette nach der anderen. Er war sichtlich nervös. Zum Spiel, was soll man da sagen, passierte uns das, was uns schon so häufig gegen Real Madrid passierte: Zwei (!) klare, einwandfreie Tore wurden annulliert.

Das Ende: bitter, sehr bitter, wie so oft. Real Madrid gewann durch Elfmeterschießen den Pokal. Als wir das Stadion verließen, sagte ich zu meinem Vater: »Wir hätten vorher das Stadion verlassen sollen. Das war unfair und blöd.« Mein Vater lächelte und sagte: »So, du findest das blöd? Und glaubst du nicht, dass ich das nicht auch blöd und ungerecht finde?« – »Klar! Weil es ungerecht ist!« antwortete ich. »Und hast du gesehen, dass ich aufgehört habe zu singen? Oder dass ich jetzt über Atlético schimpfe?« – »Nein, Papa, das habe ich nicht.« – »Da hast du es«, sagte er, »für mich haben sie gewonnen, egal, was die Anzeigetafel zeigt. Sie haben alles bis zum Ende gegeben. Sie haben es ins Finale geschafft, und deswegen sind wir beide heute hier. Klar, es wäre schöner gewesen, wenn sie den Pokal hochgehoben hätten. Aber es ist nicht immer der der Sieger, der die meisten Tore schießt. Vergiss das nie!« Und ich habe das tatsächlich nie vergessen. Seine Worte waren mir 2016 in Mailand sofort präsent.

Mit diesem Geschenk hat er mir eine Lebensphilosophie beschert und dafür werde ich ihm immer von Herzen dankbar sein. Was wir damals nicht ahnen konnten: Es war das letzte Mal, dass Franco einen Pokal überreichte. Er starb im November jenes Jahres. So hat unsere gemeinsame Leidenschaft angefangen, und es gab selten einen Sonntag, an dem wir nicht zusammen einen Spaziergang zum Stadion machten, um unser Atlético zu sehen. Damals hat er mir geholfen, die Treppen in das Stadion hochzusteigen. Heute helfe ich ihm. Manche Dinge im Leben ändern sich, aber an unserer gemeinsamen Liebe zu Atlético wird sich niemals etwas ändern! *(C.G.)*

103. GRUND

Weil Atlético die perfekte Ausrede ist, um die Schule zu schwänzen.

Ich wohnte früher 20 Fußminuten vom Calderón entfernt. Meine Schule befand sich genau auf dem Weg zum Stadion. Damals trainierten die Spieler von Atlético jeden Mittwoch im Calderón und manchmal, das gebe ich heute zu, haben wir in der ersten Pause die Gelegenheit genutzt, um unseren Schulhof heimlich zu verlassen. Das Ziel war für meine Freundinnen Patricia, Araceli und Rosa María und mich klar: Wir wollten das Training sehen. Es waren lediglich 15 Minuten zu Fuß zum Stadion, nur zehn Minuten, wenn man schnell war (und das waren wir!). Es war die Zeit von Hugo Sánchez, Arteche, Quique Ramos und Balbino, Namen, die eine Ära bei Atlético geprägt haben.

Beim ersten Mal war es nicht einfach, ins Stadion zu kommen; wir kannten uns nicht so gut aus und unsere Schuluniform und die Uhrzeit verrieten, dass wir uns eigentlich im Unterricht befinden sollten. Doch genau diese Idee, unsere Idee, hatten auch viele Schülerinnen und Schüler anderer Schulen. Rund 50 Kinder waren jeden Mittwoch beim Training dabei.

Mit der Zeit kannten wir uns und haben uns sogar zum Traininggucken oder Sammelbilder- und Autogrammetauschen verabredet. Die Spieler wussten es zu schätzen und nahmen sich immer einige Minuten Zeit für uns. Sie gaben uns Autogramme und schenkten uns kleinere Fanartikel (das Merchandising hatte damals noch nicht die Bedeutung wie heute), unterhielten sich kurz mit uns, und ja, manchmal haben sie uns auch getadelt, weil wir die Schule schwänzten. Doch so ernst konnten sie den Tadel nie gemeint haben, denn manchmal wurden wir sogar vermisst, wenn wir mal einen Mittwoch vernünftigerweise (aber auch wider Willen) in der Schule blieben.

Unsere Eltern hingegen haben uns zum Glück niemals erwischt. Niemals hat unser Fehlen jemand in der Schule bemerkt, und niemals hat es mir leid getan, einige Stunden Mathematik und die wöchentliche Messe zu verpassen. Stattdessen habe ich dank Hugo Sánchez zum ersten Mal den schönen, für mich damals fremden mexikanischen Akzent gehört. Ich habe gelernt, wie die Abseitsregel funktioniert (was mir Pluspunkte bei den Jungs einbrachte, denn fast kein Mädchen wusste Bescheid ob dieser wichtigen Regel) und wie man Autogramme zu Hause gut versteckt, ohne dass sie gefunden werden können. Klar hätte ich sie so gerne meinem Vater gezeigt, doch dann hätte ich auch erklären müssen, wo ich wirklich jeden Mittwoch war. Viele Jahre später erfuhr mein Vater dann auch diese Geschichte. An einem gemeinsamen Abend war die Zeit für meine Beichte gekommen, und was soll ich sagen: Er zeigte volles Verständnis für mein damaliges Verhalten.

Apropos damaliges Verhalten, hier noch eine kleine Bonus-Anekdote zu meiner Schulzeit:

Es war nicht einfach, zu meiner Schulzeit Anhängerin von Atlético zu sein. Grundsätzlich bestand die Auffassung, dass Mädchen gar keinen Fußball mögen sollten; wenn jedoch, dann natürlich aber nur Real Madrid. Die Weißen, die immer ach so Unschuldigen und ach so gut situierten Weißen.

Gegen die Strömung zu schwimmen ist zwar nicht immer einfach, aber es macht bedeutend mehr Spaß. Mein Herz hat schon immer rot-weißes Blut gepumpt, dagegen konnte und wollte ich mich auch nie wehren.

Besonders eindrücklich wurde mir dies im Dezember 1986 bewusst.

Gegenüber von unserem Schulhof gab es einen kleinen Kiosk, in dem wir Schulkinder täglich unsere Süßigkeiten kauften, während die Erwachsenen die Tagespresse konsumierten.

An einem Tag im Dezember ging ich aus der Schule und sah eine lange Schlange kichernder Mädchen vor dem Kiosk. Um diese Uhrzeit war das sehr ungewöhnlich und es verwunderte mich. Ich ging also hin, in dem Glauben, es gäbe ein unwiderstehliches Angebot.

Als ich am Kiosk ankam, erkundigte ich mich bei dem letzten Mädchen in der Schlange, die schon ungeduldig wartete.

»Wie? Hast du es noch nicht gesehen?«, fragte sie mich, als wäre ich von einem anderen Planeten.

Ich hatte wirklich keine Ahnung, wovon sie sprach.

»Gesehen, was?«, versuchte ich noch einmal zum Kern der Sache vorzustoßen.

»Butragueño!« antwortete sie lauthals. »Man kann alles, aber auch wirklich alles sehen!«

Ich war zunächst verdutzt und wusste überhaupt nicht, worum es ging. Butragueño kannte ich natürlich, er war der damalige »niño mimado«, das verwöhnte Kind, von Real Madrid, der allgemeinhin vergöttert wurde.

Auf einmal kamen zwei oder drei Mädchen völlig aufgeregt auf uns zu, in der Hand die Zeitung *Diario 16*. In ebendieser war ein Bild von Butragueño aus dem Spiel vom Wochenende, gegen Espanyol Barcelona, zu sehen. Das Bild zeigte Butragueño in der Bewegung beim Laufen, doch seine Position und der Winkel der Aufnahme ließen seine männlichen Attribute völlig offen zutage treten. Das kleine bisschen war es also, was die Mädchen so verrückt machte.

Die Mädchen blätterten derweil fieberhaft zur der Seite, auf der das Foto in Gänze zu sehen war. Sie schrien und hüpften; zugegeben, damals gab es nicht oft solche intimen Einblicke in der Zeitung zu sehen, aber wegen dem kleinen bisschen so eine Aufregung?

Mich beeindruckte das nicht im Geringsten. Ich schaute mir das Bild an und kommentierte lapidar:

»No es para tanto. Cualquier jugador del Atleti tiene los cojones el doble de grandes.«*

Emilio, Besitzer des Kiosks und ebenfalls ein Colchonero, lachte sich kaputt, sogar noch als ich mich umdrehte und mich auf den Weg nach Hause machte. Am Tag danach erzählte er meinem Vater davon und beide stießen amüsiert auf meine Gesundheit an. *(C.G.)*

104. GRUND

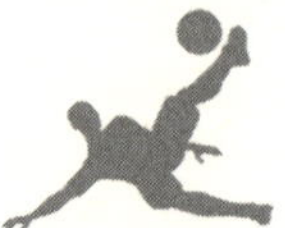

Weil die tief empfundene Freude einer alten Dame darüber, eine würdige Erbin für die Atlético-Anstecknadel ihres verstorbenen Mannes gefunden zu haben, unbeschreiblich war.

Als ich einmal für ein halbes Jahr nach Spanien zog, war ich noch nie zuvor anderen Atlético-Fans begegnet. Umso mehr überraschte es mich, wie groß die Freude unserer spanischen Vermieterin darüber war, dass ausgerechnet ich, als Deutsche, diese Mannschaft verehrte. Mit meinem damals noch nicht ganz so perfekten Schulspanisch schaffte ich es gerade mal, irgendwie zu übermitteln, dass ich eine Rojiblanca war, doch mehr wollte die alte Dame auch nicht wissen – sie war begeistert. Ungeachtet der Tatsache, dass wir uns noch nie vorher begegnet waren und ich eventuell nur die Hälfte von dem verstand, was sie sagte, brach ein typisch spanischer Redeschwall aus ihr heraus, in dem sie mir erklärte, dass ihr verstorbener Mann ein echter Colchonero gewesen sei und wie viel ihm die Mannschaft und der Verein doch immer bedeutet haben.

** An dieser Stelle helfen wir Ihnen nicht mit einer Übersetzung aus, Sie werden den Inhalt aber sicherlich auch so erfasst haben.*

Von diesem Moment an war die alte Dame jedes Mal entzückt, wenn sie mir begegnete und ich ein Trikot, eine Mütze oder was auch immer von Atleti trug und das war, da bin ich ehrlich, eigentlich fast immer der Fall. Wenn wir uns begegneten, erzählte sie regelmäßig von ihrem Mann und von Atlético und auch davon, dass er eine Atleti-Anstecknadel besessen habe, die ihm als Symbol für den Verein in etwa genauso viel bedeutet hatte wie die Mannschaft selbst. Sie sprach auch immer wieder davon, dass sie mir diese Anstecknadel mitbringen wollte, weil sie sich sicher war, dass ich eine würdige Erbin sein würde, doch jedes Mal, wenn wir uns sahen, hatte sie das kleine Heiligtum ihres Mannes nicht dabei.

Zudem dachte ich zuerst, es würde sich maximal um einen einfachen Anstecker handeln, wahrscheinlich auch deswegen, weil sie ihn mir geben wollte. Doch als sie dann an meinem letzten Tag in Spanien, unserem Abreisetag, kam und mir die Anstecknadel überreichte, stellte ich fest, dass es sich keinesfalls um einen normalen Pin handelte, den man im Fanshop im Dreierpack kaufen kann, sondern um eine kleine, aber wunderschöne und teuer anmutende Anstecknadel in Form des Atleti-Wappens, welches, durch das stolze Alter schon etwas verblichen, auf der goldenen Nadel eingraviert ist. Die tief empfundene, ehrliche Freude der alten Dame, als sie mir dieses Erbstück übergab, war unbeschreiblich.

Wir haben uns seither noch öfter gesehen und sie freut sich immer, wenn ich ihr erzähle, dass ich in Madrid oder bei einem Spiel von Atlético gewesen bin. Ich glaube, die Bedeutung der Anstecknadel wird nie jemand verstehen, der sie nicht besessen hat, aber ich habe das Gefühl, sie bedeutet mir inzwischen genauso viel wie ihrem vorherigen Besitzer. Daher bin ich, seit ich sie besitze, nicht einmal im Stadion gewesen, um Atlético anzufeuern, ohne dass ich sie bei mir getragen hätte. *(M.L.)*

105. GRUND

Weil nicht immer der gewinnt, der mehr Tore schießt.

Der 28.05.2016 ist sicherlich ein Tag, den viele Colchoneros am liebsten vergessen würden. Das Champions-League-Finale 2016 hat uns unglaublich weh getan und nachhaltig verletzt. Wie Cholo Simeone Wochen später sagte: »Es war wie eine Trauerphase, man muss da durch. Nur mit Zeit kann man das überwinden.«

Ich persönlich werde diesen Tag ebenfalls nie vergessen, aber eine Anekdote von dieser Tour wird mir ganz besonders in Erinnerung bleiben:

Das Spiel fand am 28. Mai in Mailand statt und mein Mann, der wie ich eine absolut reine, einzig rot-weiße Seele besitzt (1. FC Köln und Atlético Madrid) und ich sind voller Hoffnung und Freude am Vortag von Köln aus gen Italien gefahren. Wir haben uns auf die Freunde von der Peña, unserem Fanklub, gefreut, die teilweise schon vor Ort waren.

Die Unterstützung der Stadt galt Atlético Madrid, daran ließ man keinen Zweifel. Überall, wo man uns in unseren Trikots sah, hat man uns das Beste gewünscht. An dieser Stelle mein Dank an die Mailänder, obwohl die Organisation des Events wirklich viel zu wünschen übrigließ. Über den erwähnten Samstag werde ich hier nicht schreiben, der Schmerz sitzt einfach noch zu tief.

Wir haben in Mailand übernachtet und sind am nächsten Tag Richtung Heimat aufgebrochen, unglücklich und niedergeschlagen. Wir wurden das Gefühl nicht los, dass man uns schamlos den Pokal geraubt hatte. Kurz vor Como hielten wir an einer Tankstelle an. Während mein Mann tankte, ging ich hinein, um uns Kaffee zu holen. Es war eine typische Autobahnraststätte mit einer kleinen Cafeteria an einer Seite des Gebäudes. Sie war ziemlich gut besucht; es war Frühstückszeit und draußen regnete es in Strömen. Fast alle Tische waren besetzt und an der Theke bildete sich langsam eine kleine Warteschlange. Ein alter Mann bediente die überdimensionierte Kaffeemaschine, als würde er ein Orchester dirigieren. Mit dem Rücken zum Publikum war er voll in seinem Element. Ich, mit meiner feuerroten Atlético-Jacke bekleidet, ging also rein. Keiner beachtete mich, bis auf die vier oder fünf Jungs, die in Real-Madrid-Trikots an einem Tisch direkt am Eingang saßen. Sie sahen mich und schrien direkt und ziemlich laut los, wie toll doch Real Madrid sei.

Der alte Mann an der Kaffeemaschine registrierte im selben Moment, was los war, und drehte sich schlagartig um. Einige Besucher schauten die Jungs auch verdutzt an. Ihre Blicke gingen zu ihnen und dann direkt zu mir zurück. Ich wollte eine meiner gnadenlosen Antworten geben, doch dazu kam es nicht, denn der alte Mann ließ nicht lange auf eine Reaktion warten. Er schaute mich demonstrativ an und mit wilden Gesten, wie nur die Italiener sie beherrschen, animierte er mich, reinzukommen. Lauthals rief er »Avanti, ragazza! Avanti! Senza vergogna e senza paura!«*

Ich blieb zunächst wie eingefroren mitten im Raum stehen, doch dann fügte er noch hinzu: »Forza Atlético!« und das war für mich der Auslöser. Die Wut für die Ungerechtigkeit, die Trauer, das Gefühl, wieder beklaut und erniedrigt worden zu sein, das alles kam hoch und dicke Tränen kullerten meine Wangen herunter. Ich konnte nichts sagen, ich stand einfach nur da, mitten in dem Laden, und plötzlich hörte ich, wie auch andere Gäste »Forza Atlético!« riefen. Nicht einmal, nicht fünf Mal, sondern viele dutzend Male, und dann fingen alle an zu klatschen, einige standen sogar auf, während sie immer und immer wieder »Forza Atlético!« riefen. Die Vikingos waren klein geworden, sehr klein und sehr leise!

Und ich? Ich konnte nur »grazie« sagen und hatte beim Verlassen immer noch Tränen in den Augen. Ich ging zu meinem Mann

* *»Avanti, ragazza! Avanti! Senza vergogna e senza paura!« (dt.: Komm rein, Mädchen! Ohne Scham und ohne Angst!).*

und wie ich ihm die Geschichte erzählte, wurden auch seine Augen ganz nass und wir nahmen uns in den Arm. Wie mein Vater, aufmerksame Leser werden dies wissen, zu sagen pflegte: »Nicht immer gewinnt der, der mehr Tore schießt.« *(C.G.)*

106. GRUND

Weil meine Tochter nur bei Atlético-Gesängen selig schlafen kann.

»Muchachos, hoy viajamos juntos otra vez, enamorado del Atleti, no lo puedes entender« war DER Fangesang der Saison 2014/15, der uns bis in das Finale der Champions League trug. Bis heute gehört er zum stetigen Repertoire der Fangesänge, die bei jedem Auswärtsspiel unserer Colchoneros gesungen werden. Was aus zigtausend Kehlen beeindruckend klingt – an dieser Stelle sei der Hinweis erlaubt, dass eine YouTube-Recherche zu diesem Lied echte Gänsehautmomente bescheren kann – klingt für einen kleinen, aber besonderen Menschen, ganz, ganz, ganz besonders, ja fast schon narkotisierend. Während mich dieser Song immer wieder aufpeitscht, mich im Stadion aus dem Sitzt reißt, sorgt das Lied bei dem kleinen Menschen lediglich für ein Gähnen.

Der kleine Mensch ist eigentlich eine kleine Menschin, nämlich meine Tochter. Im September 2015 geboren und seit dem ersten Tag auf Erden bereits Mitglied bei Atlético Madrid. Da man das Kind natürlich früh auf die richtige Bahn bringen muss, trage ich zu Hause, so oft es geht, also so oft wie meine geliebte Frau nicht zu Hause ist, meine Atlético-Pullover, -Polos oder -Caps.

Wichtig ist dabei eigentlich nur, dass das Atlético-Wappen drauf ist, denn Frau Töchterchen hat schnell gelernt. So stubst sie immer gerne auf das Wappen, was umgehend dafür sorgt, dass Papa sofort »Atleti, Atleti, Atleti« ruft und Küsschen gibt. Wer hier am Ende eigentlich wen konditioniert hat, möchte ich nicht weiter ausführen, jedoch funktioniert es.

Doch so ein kleines Wesen muss ja auch einmal schlafen, und dafür sind ausnahmslos ruhige Lieder hilfreich. So jedenfalls behauptete es die Mutter, die Frau, der selbst ernannte Fußball-Muffel, nachdem ich voller Inbrunst, aber leise, ja nahezu gehaucht, die Hymne von Atlético sang. Doch anstatt zu schlafen, klatschte die kleine Maus bei der Textzeile »Atleti, Atleti, Atlético de Madrid« und gluckste fröhlich vor sich hin. Da Lieder mit Textzeilen wie: »Morgen früh, wenn Gott will, wirst du wieder geweckt« in unserem Hause eher wenig Platz haben und ich bei anderen Liedern nur die verhohnepiepelten Versionen kannte, wie »(…) dein Vater ist ein Schaaf, Deine Mutter ist ein Trampeltier, was kann das arme Kind dafür (…)«, musste eine Lösung her.

Diese fand sich im oben zitierten Fangesang, der in einer Lullaby-Version (Achtung Einschub: Ein was?! Ein Lullaby?! Ja, Eltern wissen, was das ist, für alle anderen sei gesagt, dass das Neu-Deutsch für Wiegenlied steht), von mir intoniert, zum Erfolg führte. Das Kind schlief selig, zügig und glücklich ein. Zudem träumte es, da bin ich mir sicher, von rot-weißen Wolken, dem grünen Gras (des Calderóns) und dem Champions-League-Titel für Atlético, der mit Papa zusammen eines Tages gefeiert werden wird.

Während bei anderen Kindern zum Einschlafen der Mann im Mond zuguckt, der gute Mond stille geht oder die Frage nach der Anzahl der stehenden Sternlein aufgebracht wird, wird in unserem Kinderzimmer halt ein Atlético-Fangesang gesungen … in der Lullaby-Version. In diesem Sinne, schlaf gut, kleine Colchonera! *(A.K.)*

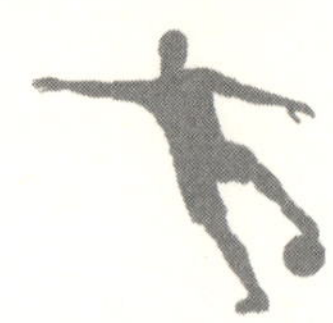

107. GRUND

Weil Totgesagte länger leben.

Man kann Rivalen haben und man kann (sportliche) Feinde haben, dennoch muss es einen Rahmen des Respekts im Fußball, zwischen den Vereinen und insbesondere zwischen den Fans geben.

In der spanischen Hauptstadt hat die Rivalität zwischen Real und Atlético Madrid zuweilen ungeahnte und zum Teil sogar geschmacklose Reaktionen ausgelöst.

Doch wer glaubt, dass dies eine Unsitte der neueren Zeit ist, muss eines Besseren belehrt werden. Ein Beispiel datiert aus der Saison 1929/30, in der Atlético, damals noch Athletic Club de Madrid benannt, zum ersten Mal in die zweite Liga abstieg. Die Schadenfreude auf Seiten Real Madrids war so hoch und unangemessen, dass sie sich überlegten, eine Todesanzeige für die Colchoneros zu schalten.

Eine Handvoll weißer Anhänger zahlte aus eigener Tasche für ein Inserat in den Zeitungen von Madrid und Barcelona. Die Anzeige lautete wie folgt: »Hiermit wird den Tod vom Athletic Club de Madrid, welcher in die zweite Liga abgestiegen ist, bestätigt. Sein untröstlicher Vater, D. Liviano Urquijo; seine Onkel La Riva, Rienzi, Schiedsrichter Barrena und Firmenbezeichnungen RCD Español S.A.; Federación Centro, Informaciones, El Látigo Deportivo, La Peña Ibérica und weitere Angehörige bitten um Ihre Gebete und widmen dem Verein ein letztes, warmherziges Responsorium. Die Trauer und die Eintrittskarten im Wert von 25.000 Peseten sind damit ebenfalls abgegolten. Ihre Eminenzen die Bischöfe und Erzbischöfe des Fußballs, die Herren Ciudad, Sanchis Zabalza, etc., etc., werden Süßigkeiten an alle verteilen, die die Gruppe vergrößern können.«

Anschließend schlossen sie Wetten ab, dass der Verein mindestens 10 Jahre in der zweiten Liga bleiben würde. Sie wünschten sich so sehr, das einzige Team in der Hauptstadt zu sein, dass einige von ihnen über 10.000 Peseten, was zur damaligen Zeit wirklich obszön viel Geld war, einsetzten. Nun leben die Totgesagten bekanntlich länger und so stieg Atlético unmittelbar in der nächsten Saison wieder in die erste Liga auf und unter dem Jubel der Colchoneros verloren viele Madridistas einen Haufen Geld. *(C.G.)*

108. GRUND

Weil mein Vater den wahrhaftigen Fußball liebt.

Man kann immer behaupten, dass seine Mannschaft die beste sei und ihre Fangemeinde unvergleichlich ist. Als Beleg für die jeweilige These dienen jedoch immer nur der persönliche Eindruck und das individuelle Gefühl sowie die gemachten Erfahrungen.

Bei Atléticos Fangemeinde ist dies erwiesenermaßen nicht so: Die Rojiblancos haben bereits bewiesen, dass sie die beste Fangemeinde der Welt sind. Alleine in diesem Buch wurde dieser Umstand mehrmals nachgewiesen. Zur Erinnerung: Nachdem Juanfran den entscheidenden Elfmeter gegen Real Madrid im Finale der Champions League 2016 in Mailand verschoss, verkaufte sich das Trikot mit seinem Namenszug häufiger als jedes andere Trikot.

Oder auch als Atlético durch einen enteignenden Eingriff der spanischen Justiz aus politischen Gründen in finanzielle und sportliche Schieflage geriet und schließlich absteigen musste, wuchs die Zahl der Dauerkartenbesitzer und Vereinsmitglieder sprunghaft an.

Uns Rojiblancos wurden in den letzten vierzig Jahren mehrmals von vereinsinternen und -externen Gaunern sportliche Erfolge vorenthalten oder ja, man darf wohl auch sagen, geraubt sowie das Vereinsvermögen geplündert. Aber in Freud und Leid, in schlechten sowie in den schlimmsten Zeiten, sind wir dagewesen und standen hinter unserer Mannschaft, unbeugsam und ungezähmt. Es steckt ein Rebell in jedem Atlético-Fan und der Geist eines Phönix in unserem Verein. Doch mein Vater war anders, ist anders. Er war kein Atleti-Fan, sondern nur ein Amateur-Fußballer, der nach einer schweren Verletzung seine Leidenschaft, den Fußball, aufgeben musste. Er war und ist sehr intelligent und hat als Ingenieur sowie nebenbei als Schachspieler auch einiges erreicht. Er kennt sich aus mit Taktiken und Strategien und weiß und kann vieles.

Er war und ist mit allen Fasern seines Lebens nie ein Radikaler gewesen, sondern stets ein lieber Vater, ein ehrbarer Mann und ein guter Mensch. Er ist ein maßvoller Fan, der lange Zeit keine Lieblingsmannschaft kannte und allen, die guten Fußball spielten, mit Sympathie und Hochachtung begegnete.

So schätzte er den FC Barcelona von Cruyff und Rexach, den FC Saragossa von Carlos Lapetra oder das Real Madrid von Butragueñot.

Auch gab es verschiedene Momente, in denen er Sympathie für Atlético hegte, vor allem, als er als Universitätsstudent in Madrid, in den sechziger Jahren, Spieler von Atlético kennenlernte und diese als bodenständig und volksnah erlebte, im krassen Gegensatz zu Spielern von Real, die so arrogant auftraten, als wären sie Götter, dabei jedoch eine gute Erziehung vermissen ließen. Sein gemäßigter Charakter duldete zudem, dass mein älterer Bruder ein Real-Fan wurde und ich ein glühender Colchonero. Stets blieb er unparteiisch und mehrmals korrigierte er mich für meine, zum Teil zu ungestüme Vorliebe für Atlético. Als unparteiischer und überparteilicher Mensch staunte er aber mehrmals, als Real Madrid von Schiedsrichtern und anderen Entscheidern des Spanischen Fußballverbandes ab den 60er-Jahren deutlich favorisiert wurde. Er wollte sich jedoch nie den Klagerufen der Opfer anschließen und fokussierte sich daher nur auf den Sport, den er wirklich liebte.

Als wir nach Madrid zogen, nahm er uns natürlich als Neuankömmlinge von Zeit zu Zeit mit ins Bernabéu. Für mich war das wie zur Oper gehen zu müssen. Das Stadion war meistens sehr leise, nur ab und zu pfiffen manche oder es sangen ein paar Tausend

Fans kurze Lieder oder bejubelten schlicht kurz die Tore. Ich glaube fest daran, dass das auch für meinen Vater langweilig war, aber als Fans des Sports wollte er uns nun einmal guten Fußball zeigen. Diesen jedoch konnte man sowieso im zu steil aufragenden Bernabéu nur teilweise und dann auch nur aus der Ferne genießen. Am Beispiel meines Vaters hatte ich aber gelernt, freundlich zu bleiben und auch andere Teams zu respektieren. Er blieb sich ebenfalls treu und sympathisierte für das Team, das guten Fußball spielte, egal welche Farben es trug.

Das blieb so über die Jahrzehnte, bis zum Sommer 1995: In diesem Jahr engagierte Atlético den Trainer Radomir Antić, den ehemaligen Verteidiger des FC Saragossa, den mein Vater stets hoch geschätzt hatte. So bot er mir eines Tages an, Dauerkarten für mich und ihn zu kaufen. Im ersten Jahr holten wir direkt »el doblete«.

Noch spannender für uns beide war es aber zu erleben, wie das Stadion jeden Spieltag vibrierte. Die Stimmung, die Atmosphäre, das war Fußball pur. Dazu war das Team zwischen 1995 und 1998 qualitativ sehr gut aufgestellt, und das nicht nur in Spanien, sondern auch in Europa. Mein Vater wurde in dieser Zeit Fan von Atlético, und zwar für immer. Vieles haben wir seitdem gemeinsam er- und durchlebt: Alle zwei Wochen gingen wir zusammen ins Stadion. Das ging so weit, dass es mir fast schon egal war, was im Stadion passierte. Ich liebte den Weg ins Stadion und zurück. Diese paar Stunden mit meinem Vater, in denen wir über Gott und die Welt, über unsere Leben und unseren Alltag redeten und natürlich über den Fußball, Atlético und seine Legenden. Während andere Teenager und junge Männer sich von ihren Vätern entfernten und sich abnabelten, sich zum Teil sogar für immer emanzipierten, stärkte sich unsere emotionale und seelische Bindung dank des gemeinsamen Fußballs und dank Atlético Madrid immer mehr. Sogar nachdem ich Madrid verlassen hatte, und auch das ist schon wieder 15 Jahre her, blieb Atlético die Brücke, um häufiger miteinander zu telefonieren oder zu kommunizieren. Er hat sich im Laufe dieser Jahre zu einem Anhänger der Rojiblancos gewandelt, auch wenn er erst als Erwachsener und auf eigene Faust und Gefahr hin konvertiert ist.

Heute ist der liebe Alte, der immer noch den guten Fußball liebt, entschlossener Fan von Atlético. Für jeden, der sich auf Atlético einlässt, gibt es halt kein Zurück. Diese Saison wird mein Vater 75 Jahre alt. Er geht noch immer in »el templo«. Das einzige, was sich geändert hat, ist, dass er dies nun mit meiner Dauerkarte tut. In unser zukünftiges Stadion, das neue Metropolitano, wird er auch gehen.

Zu ihm gingen meine Gedanken sehr oft, als ich Gründe für dieses Buch schrieb. An ihn und unsere gemeinsamen Zeiten gingen meine Gedanken nach dem großen Triumph im Halbfinale der Champions League 2016 gegen den FC Bayern und auch nach der bitteren Niederlage im Finale in Mailand.

Ihm möchte ich einen, ihm möchte ich diesen Grund widmen, da er nicht nur der beste Vater ist, wie viele andere Atlético Fans die besten Eltern sind, sondern auch weil er und sie das beste Beispiel zutiefst guter Menschen, die einfach den wahrhaftigen Fußball lieben, verkörpern. Sie sind alle Rojiblancos. *(A.C.)*

109. GRUND

Weil Atlético mir den schönsten letzten Tag in Spanien bescherte.

Nachdem ich ein halbes Jahr in Spanien gelebt hatte, stand meine Rückkehr nach Deutschland bevor. Der letzte Tag, den ich in Spanien verbrachte, war jedoch nicht nur aus diesem Grund etwas Besonderes, sondern auch, weil er mir immer als ein sehr schöner Tag in Erinnerung bleiben wird, wofür nicht zuletzt Atleti verantwortlich ist. Der Tag fing schon gut an. Ich hatte mir bereits einige Wochen zuvor, damit sie auch auf jeden Fall rechtzeitig ankommen, einige Dinge im Atleti-Fanshop bestellt, diese waren jedoch zunächst nicht geliefert worden, da eine Sache davon nicht vorrätig war. Als ich dann etwa eine Woche vor meiner Abreise bei Atleti anrief, um mich zu erkundigen, und der netten Dame am Telefon mein Problem erläuterte, kümmerte sich diese darum, dass meine restliche Bestellung sofort abgeschickt wurde. Dennoch befürchtete ich, sie könnte nicht rechtzeitig ankommen. Als daher an meinem letzten Tag gegen Mittag, ich war gerade am Packen, der Paketdienst klingelte, hätte die Freude nicht größer sein können. Der arme Mann wusste gar nicht, warum ich ihm am liebsten vor Freude um den Hals gefallen wäre.

Später dann, bei unserem abschließenden Spaziergang am Strand, durfte ich vorerst zum letzten Mal das freudige »Aúpa Atleti« im Vorbeigehen hören, ebenso wie einige teils hoffnungsvolle Kommentare zum Spiel am Abend. Es war nämlich nicht nur mein letzter Tag in Spanien, es war auch der Tag, an dem Atleti im Rückspiel des Champions-League-Viertelfinales zu Hause gegen Barça spielte. Das Hinspiel in Barcelona in der Woche zuvor war unentschieden ausgegangen.

Abends ging ich also in die hauseigene Bar, um wie immer mit ein paar Bekannten das Spiel anzuschauen. Wegen des schönen Wetters saßen einige sogar draußen, obwohl es erst April war. Das Spiel fing an und es lief gerade die fünfte Minute, eine Szene im Strafraum Barças, als plötzlich der Fernseher schwarz wurde. Nun war es nicht wirklich etwas Besonderes, da der Fernseher manchmal ausging. Hinter vorgehaltener Hand sagte man sich, dass die vom Wirt genutzten Streaming-Methoden nicht die legalsten gewesen sind, aber man wusste auch, dass der Fernseher meist dann ausging, wenn gerade etwas Wichtiges passierte. Ob das nun abergläubisch ist oder nicht, bleibt Ansichtssache, jedoch sprach die Häufigkeit für diese These.

Während die Leute also anfingen, den Wirt aus der Küche zu rufen, er solle doch den Fernseher wieder zum Laufen bringen, und dieser sich beschwichtigend ans Werk machte, begannen einige Barça-Fans eher scherzhaft zu sagen, wie witzig es doch wäre, wenn in der Zwischenzeit ein Tor gefallen wäre. Ein weiterer Atleti-Fan und ich hingegen hatten unsere Handys herausgeholt, um den Verlauf des Spiels zu verfolgen, und stellten beide exakt gleichzeitig fest, dass in der Tat ein Tor gefallen war.

Unabhängig voneinander sprangen wir also gleichzeitig jubelnd auf und fielen uns anschließend in die Arme. Die anderen Anwesenden waren zunächst verdutzt, merkten aber schnell, was passiert war, als Sekunden später der Fernseher wieder ansprang und gerade die Wiederholung von Kokes Tor gezeigt wurde. Ich glaube, es gibt nicht viel Tore, über die ich mich mehr gefreut habe.

Hinzu kommt, dass später am Abend nicht nur Atleti Barça besiegt hatte und ins Halbfinale der Champions League eingezogen war, sondern auch noch einige Bekannte sich darüber klar wurden, dass man Atleti nie unterschätzen sollte. Zur zweiten Halbzeit waren mein Vater, der zugegebenermaßen recht wenig von Fußball versteht, sowie zwei deutsche Bekannte von ihm in die Bar gekommen. Als diese erfuhren, dass Atleti gegen Barça führte, waren sie sich, ohne je zuvor ein Spiel von Atleti gesehen zu haben, aber mit dem Wissen, dass Barça eine grandiose Mannschaft ist, sicher, dass Barça das Spiel ohne Probleme noch drehen und deutlich gewinnen würde. Warum ich zu Atleti hielt, konnten sie nicht verstehen.

Als die beiden dann nach Ende des Spieles zugaben, Atleti hätte nicht schlecht gespielt und feststellten, ihre vorherige Einstellung gegenüber unbekannteren oder unpopuläreren Vereinen sei falsch gewesen, machte mich das glücklich. Denn auch wenn die beiden keine Atleti-Fans waren oder sind, freute ich mich sehr über ihre Erkenntnis, dass ihre vorherige Einstellung falsch gewesen war.

Am nächsten Morgen auf der Rückreise nach Deutschland kaufte ich mir dann noch die spanischen Sportzeitungen, in denen über den Sieg Atletis berichtet wurde. So bescherte mir Atleti in vielerlei Hinsicht den schönsten letzten Tag in Spanien. Die Zeitungen habe ich bis heute aufbewahrt. *(M.L.)*

110. GRUND

Weil ich eine der 447 Auserwählten war, die 2014 im Camp Nou Meister geworden sind.

Fußballfan zu sein erfordert manchmal eine gewisse Form der Spontanität. Genau diese Spontanität hat mir einen Tag ermöglicht, den ich mein Leben lang nicht vergessen werde.

Als bekannt wurde, dass es in der Saison 2013/14 am letzten Spieltag ein Finale zwischen Barcelona und Atlético um die Meisterschaft geben würde, diskutierten André und ich kurz darüber, ob wir hinfliegen sollten, verwarfen die Idee jedoch relativ schnell. Zu knapp, zu teuer, zu wenig Vorlauf. So dachte ich zumindest. Mittwochs vor dem Spiel hörte ich dann einen Fußball-Podcast, bei dem unser Fanklub-Präsi, der André, spontan und aus einer Laune heraus verkündete, dass er zu dem Spiel fliegen würde. Ich war geschockt! Uns beide verbindet eine lange Historie gemeinsamer Fußballreisen. Insbesondere bei den Auswärtstrips nach Europa gab es so gut wie keine Spiele in den letzten Jahren, zu denen nur einer von uns gefahren ist. Jede Auslosung resultiert in der Regel in einem quasi unverzüglichen Telefonat zur Reiseplanung. Und er hatte mich nicht gefragt! Nach einem bitterbösen Anruf meinerseits, war seine lapidare Antwort nur: »Dann komm doch mit.« Das Resultat: Keine 15 Minuten später hatte ich bereits einen Flug nach Barcelona gebucht und das sogar überraschend günstig, in Anbetracht dessen, dass es nur noch drei Tage bis zum Spiel waren. Einen weiteren Anruf später waren wir auch schon fündig geworden, was ein Hotel angeht.

Jetzt fehlte nur noch eins: ein Ticket! Die spanische Verteilungsregel für Auswärtskarten gleicht nicht mal ansatzweise der aus der Bundesliga bekannten 10-%-Regelung. In Spanien gibt es zwar Auswärtskarten, wie viele, legt jedoch jeder Verein quasi selbst fest. Beim Meisterschaftsfinale waren es sage und schreibe: 447 (!!!) Karten für das fast 100.000 Plätze fassende Camp Nou. Atlético hatte dem Fanklub netterweise daraufhin ein kleines Kontingent gegeben. Jedoch waren die Karten bereits alle an die Leute vergeben, die bereits vorher ihren Besuch in Barcelona angekündigt hatten. Keine gute Ausgangslage dafür, dass ich bereits den Flug gebucht hatte. Ein Ticket irgendwo am Stadion zu kaufen, kam aufgrund der bereits im Internet aufgerufenen Preise von weit über 300 Euro nicht in Frage. Trotz der schlechten Ausgangslage entschied ich mich dennoch dazu, am nächsten Morgen direkt in Spanien anzurufen und mein Glück zu versuchen. Zu meiner eigenen Überraschung waren sogar noch Karten zu haben. Scheinbar bevorzugten es viele Madrilenen ob des saftigen Ticketpreises von über 90 Euro, lieber in Madrid zu bleiben, das Spiel dort zu gucken und im Fall des Sieges am Neptuno-Brunnen feiern zu gehen.

So saß ich freitagsabends in Dortmund, in einem Flugzeug gen Barcelona, in dem die Sitzreihen so eng gestellt waren, dass ich als normal großer Mensch es schon beengt und erstaunlich fand, wie unser doch sehr hochgewachsener Präsident sich in den Sitz zusammenfaltete. Gemeinsam mit dem Rest unserer kleinen Reisegruppe suchten wir zunächst unser Hotel etwas außerhalb von Barcelona auf und kehrten schließlich in einer kleinen Bar in der Nähe des lokalen Bahnhofs mit dem passenden Namen »Txu-ku-txu« ein. Der Wirt, asiatischer Herkunft, war zwar kein Atlético Fan, freute sich aber sichtlich darüber, dass es tatsächlich ausländische Fans von Atlético gab. Am Ende des doch etwas längeren Abends versprachen wir ihm, am nächsten Tag wiederzukommen.

Der Tag der Meisterschaft begrüßte uns mit strahlendem Sonnenschein. In der Innenstadt angekommen, zogen wir zunächst los, um uns einmal den Brunnen anzusehen, an dem der FC Barcelona seine Meisterschaften feiert. Dort wurden wir dann jedoch ziemlich enttäuscht. Wer den Neptuno-Brunnen, an dem Atlético feiert und die Cibeles, deren Platz Real Madrid temporär füllt, wenn sie mal wieder einen Pokal gewonnen haben, kennt, erwartet einen doch etwas voluminöseren Brunnen. An dem vom FC Barcelona sind wir zunächst zweimal vorbeigegangen, weil er so klein ist. Es ist auch kein Brunnen im klassischen Sinne, sondern ein übergroßer Wasserhahn. Aber gut, jeder nach seiner Façon. Nach ein paar Bier und Tapas machten wir uns dann auf gen Camp Nou und erkannten, wie gut die Entscheidung gewesen war, nicht über den Schwarzmarkt auf Ticketsuche zu gehen. Selbst bei den semioffiziellen Verkaufsständen wurden Preise von weit über 400 Euro aufgerufen.

Das Camp Nou selbst erstaunt mit seiner doch sehr imposanten Größe. Nicht so toll ist jedoch der Gästeblock. Dieser liegt hoch oben, am obersten Rand, in einer Ecke des Stadions. Es kam kein Schatten hinab, die Sonne brannte und jemand mit Sehschwäche hatte die Spieler auf dem Spielfeld außer an der Farbe der Trikots vermutlich nicht identifizieren können. Oben angekommen, begannen die – so dachte ich zumindest, bis ich später zwei Champions League Finals live mitgemacht habe – längsten 90 Minuten meines Lebens. Jedes Mal, wenn ich zur Uhr schaute und erwartete, dass wir jetzt doch mindestens 8 Minuten weiter sein müssten, entpuppte sich die vergangene Zeit als 20 Sekunden. Meine Nervosität zu dem Zeitpunkt konnte ich kaum in Worte fassen. Atlético hatte so lange in der Saison gekämpft, sich entgegen jeder Erwartung in der Spielzeit, bei der die Journalisten wieder und wieder darauf hinwiesen, dass das ein temporäres Thema sei und Atlético einbrechen würde, bis zum letzten Spieltag im Rennen gehalten. Aber Barcelona ist aufgrund der vorhandenen finanziellen Mittel des Klubs schon allein von der spielerischen Besetzung ein Brett. Vor dem Spiel hatte ich gehofft, wir würden uns vielleicht mit aller Kraft ein 0:0 ermauern können. Die Idee, was passieren würde, wenn Barça ein Tor macht, bereitete mir aber doch einiges Magengrummeln. Und dann war es soweit. Barcelona machte das 1:0. Das Camp Nou erhob sich und jubelte. Das kleine gallische Dorf an Gästefans verstummte. Aber unsere Spieler gaben nicht auf, was uns doch Hoffnung gab.

Ich sehe es manchmal auch heute noch aus der Perspektive hoch oben im Camp Nou vor meinem inneren Auge, wie Diego Godín, kurz nach der Halbzeit, zum Kopfball hochstieg und den Ball gezielt im Netz unterbrachte. Ich könnte den Torjubel im Gästeblock jetzt versuchen zu beschreiben, aber ich glaube, es gibt keine Worte, die beschreiben können, wie wir uns alle gefühlt haben, wie wir jubelten und schrien und wildfremde Menschen sich anfingen zu umarmen.

Es waren noch gute 40 Minuten auf der Uhr, und hatte ich geglaubt, die Zeit wäre bis dahin langsam vergangen, diese 40 Minuten hatten gefühlt die Länge eines ganzen Tages. Irgendwann war ich sogar so nervös, dass ich mich bei jedem Freistoß Barcelonas umdrehen musste, um es nicht mehr sehen zu müssen. Aber mit jeder Minute, die schleppend dahinging, wuchs die Hoffnung, dass wir es wirklich schaffen würden. Dass wir mit jeder Sekunde ein paar Millimeter näher an den Pokal rückten. Tatsächlich habe ich sogar ein Standbild von einem spanischen Freund und mir, wie wir irgendwann, gut fünf Minuten vor Ende, im spanischen Fernsehen eingeblendet wurden und man uns unsere im Kopf laufenden Gebete quasi ansieht.

Mit Abpfiff brachen im Gästeblock alle Dämme. Ich habe schon oft Leute wegen Fußball weinen sehen. Bis zu diesem Zeitpunkt waren diese Erfahrungen jedoch alles Tränen der Trauer aufgrund von Abstiegen. Doch nun sah ich zum ersten Mal erwachsene Männer vor Freude beim Fußball heulen wie Schlosshunde. Wir hatten es geschafft. Es war unfassbar. Wenn mir jemand vor der Saison gesagt hätte, dass ich nach Barcelona fahren würde und Atléticos Meisterschaft feiern würde, hätte ich die Person für wahnsinnig erklärt. Aber da stand ich nun und konnte mein Glück kaum fassen.

Der Tag zeigte neben dem sportlichen Erfolg jedoch auch einiges an Sportgeist. Liest man manchmal etwas über Fußballfans, steht dort etwas von Rivalitäten, von Krawallen oder ähnlichem. Doch in Barcelona war das anders. Als die Polizei uns endlich aus dem Stadion gehen ließ, um zu feiern, passierte die Traube von feiernden Atlético-Fans mehrere Bars rechts und links der Straße. Dort hatten sich zahlreiche Barcelona-Fans nach dem Spiel niedergelassen, um etwas zu essen oder zu trinken. Als wir auf Höhe der Lokale waren, standen alle in der Lokalität auf, applaudieren und gratulierten uns zu unserer verdienten Meisterschaft. In Spanien ist es ja Tradition, dass die Spieler einer Mannschaft für die andere Mannschaft Spalier stehen, sollte sie schon vor Ende der Saison als Meister feststehen. Ein solches bekamen wir dieses Mal nicht von den Spielern, sondern von den Fans geboten. Das ist etwas, was ich den Barcelona-Fans bis heute hoch anrechne.

Während sich die feienden Rojiblancos aufmachten, zurück nach Madrid, um die Feierlichkeit am Neptuno nicht zu verpassen, kehrten wir, wie am Vorabend angekündigt, zurück zu unserem asiatischen Wirt ins »Txu-ku-txu« und feierten die Meisterschaft mit ausreichend Bier, Whisky-Cola und Ponche Caballero, was entgegen der Aussagen unseres Vize-Präsidenten kein Altherrengetränk ist. Schlaf war in dieser Nacht definitiv etwas, was überbewertet war. Und selbst für den bösen Kater, den ich am nächsten Morgen hatte, liebe ich Atlético. *(S.O.)*

8. KAPITEL

¡ATLETI SOMOS NOSOTROS!*

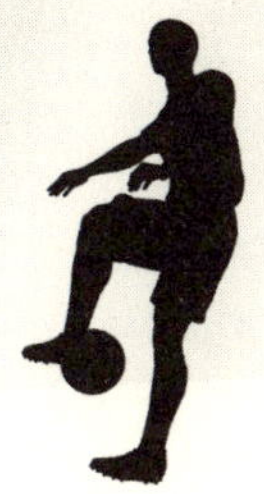

* *¡Atleti somos nosotros! (dt.: Wir sind Atlético!)*

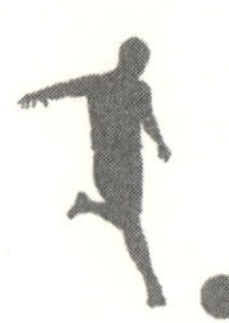

111. GRUND

Weil ich mein Versprechen halten möchte.

Ich habe Ihnen im ersten Grund versprochen, Ihnen im letzten Grund meine persönliche, individuelle Antwort zu verraten. Diesem Versprechen möchte ich nun nachkommen.

Meine Antwort wird sie womöglich überraschen, denn sie hat nichts mit Atlético Madrid zu tun.

Ja, ich liebe Atlético Madrid, aber ja, es hat nichts mit dem Verein, der Stadt oder den sportlichen Erfolgen zu tun, zumindest nicht direkt.

Natürlich begeistert mich die Stadt Madrid, natürlich feiere ich Erfolge der Mannschaft ausgiebig und ausgelassen und natürlich bin ich ein waschechter Rojiblanco und leide und jubele mit …

Doch das hätte mir bei jedem anderen Verein womöglich auch so oder so ähnlich passieren können.

Nein, mein Hauptgrund, warum ich diesen Verein liebe, warum er so viel Platz in meinem Leben einnimmt, liegt an den vielen, vielen tausend Menschen, die wie ich die rot-weißen Farben tragen.

Es sind die Menschen rund um Atlético. Es sind die Fans, und es sind insbesondere die Menschen in unserem Fanklub. Sie sind zu Freunden, Weg- und Reisebegleitern und ja, auch in Teilen zu einer Familie geworden.

Eine tiefe, emotionale Verbindung, die weit, weit über den Fußball hinausgeht und die auch weit, weit über die Liebe zu (m)einem Verein hinausgeht.

Auch dieses ehrliche Buch über unsere große rot-weiße Liebe wäre ohne diese Familie nicht denkbar gewesen.

Daher gebührt dem Team dieses Buches hier, stellvertretend für all die (deutschen) Atlético-Fans, mein Dank, mein Respekt und auch meine Anerkennung. *(A.K.)*

Ich bedanke mich rechtherzlich bei:

Antonio Correas – (A.C.)

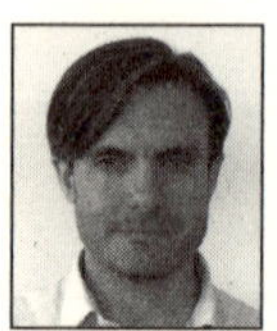

Antonio Correas aka »suki«, geboren 1977, ist Atlético-Fan seit 1903. Der Controller und Finanzexperte aus Leon (im Nordwesten Spaniens), wohnte drei Jahren in Deutschland, bevor er 2007 in die Schweiz umzog. Der Dauerläufer verlängert noch immer Jahr für Jahr seine Dauerkarte, was ihm eine erstaunlich niedrige, laufende Nummer einbringt. Daher, wenn Sie Atlético-Fan sind und nicht mehr weiter wissen, suchen Sie doch ihn, er kann Ihnen helfen!

Carmen García – (C.G.)

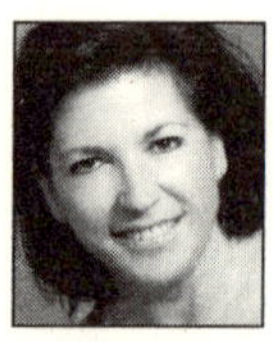

Carmen García ist in Madrid, direkt neben dem Vicente Calderón, aufgewachsen. Ihr Vater ist seit seiner Kindheit Atlético-Anhänger. Daher wurde ihre tiefe Beziehung zu den Colchoneros ihr sozusagen mit in die Wiege gelegt.

Sie lebt seit über 20 Jahren in Deutschland und ihr Herz ist, selbstverständlich, rot-weiß geblieben, wofür hier im Exil auch der 1. FC Köln (mit-)verantwortlich ist. Für Carmen ist Atlético eine Lebensphilosophie: Niemand schenkt dir was! Du fällst hin, steh stärker wieder auf!

Maya Lux - (M.L.)

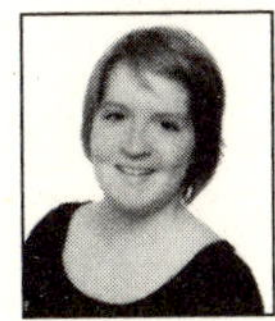

Maya Lux verbrachte ihre Schulzeit zeitweise in Tokio und Castellón (im Osten Spaniens), wuchs jedoch größtenteils in Kiel auf, wo sie 2017 Abi machte. Sie ist seit 2013 Atlético-Fan, Mitglied im PACG seit 2014 und auch selbst in einer Damenmannschaft aktiv.

Susanne Offermann - (S.O.)

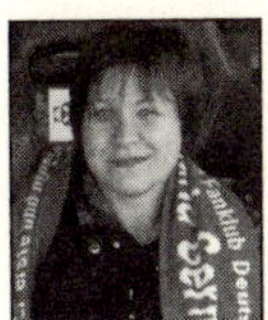

Susanne Offermann, geboren 1985, ist seit 2011 Mitglied und seit 2013 Teil des Vorstands des PACG. Susanne kommt aus Köln und reist regelmäßig zu Heimspielen nach Madrid und zu Auswärtsspielen in Europa. Dank Atlético hat sie ein beachtliches Netzwerk an Freunden quer über den Globus aufgebaut und steht mit Fans aus aller Welt in regelmäßigem Kontakt.

Christian Wiegels - (C.W.)

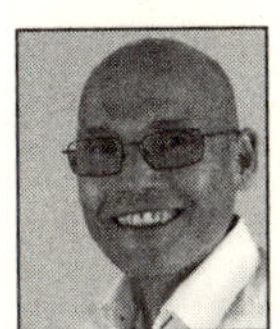

Christian Wiegels, geboren 1964, ist von Beruf Wirtschaftsinformatiker und Übersetzer. Er ist seit 1992 Atlético-Fan und im PACG seit 2009. Christian ist Berliner und liebt Madrid, wohin es ihn jedes Jahr entweder dienstlich oder privat verschlägt. Christian ist auch 100 % Cholista, ein Anhänger der Philosophie von Diego Simeone. Als Karatesportler sieht er Ähnlichkeiten zwischen den Lehren Simeones und alter japanischer Samuraimeister.

¡AÚPA ATLETI!

Literaturverzeichnis

www.colchonero.com

Diccionario Espasa de términos deportivos. Madrid. Espasa Calpe S.A. 2003 (1a. edición)

Dirección General de Deportes de la Comunidad Autónoma de Madrid. 1987

El fútbol contado con sencillez. Madrid. Maeva Ediciones. 2001

Enciclopedia del Deporte. Madrid. Librerías Deportivas Esteban Sanz Martínez. 2001

Historia del Atlético de Madrid. Madrid. La Gráfica Comercial. 1951

Instantes de una historia diferente. Madrid. Fernando Fariza. 2004

La moral del Alcoyano: las anécdotas del fútbol. Barcelona. Editorial Planeta. 1997

Orígenes del deporte madrileño, 1870-1936. (Volumen I. Condiciones sociales de la actividad deportiva). Madrid. Consejería de Educación

Leyendas del Atlético de Madrid: 101 ídolos colchoneros, Bookland Press Editores. 2013

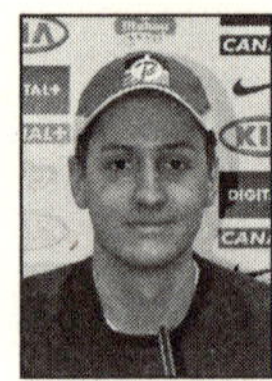

ANDRÉ KAHLE *(A.K.)*, geboren 1981, ist der Präsident der Peña Atlética Centuria Germana e. V., des ersten und größten Atlético Madrid-Fanklubs Deutschlands. Zusammen mit seinem Autoren-Team, alles Mitglieder des Fanklubs und damit Teil der deutschen rot-weißen Familie, hat er persönliche Anekdoten und interessante Geschichten rund um die Rojiblancos aus Madrid zusammengetragen.

André Kahle
Mit Antonio Correas, Carmen García, Maya Lux, Susanne Offermann und Christian Wiegels
111 GRÜNDE, ATLÉTICO MADRID ZU LIEBEN
Eine Liebeserklärung an den großartigsten Fußballverein der Welt.

ISBN 978-3-86265-683-7
ZWÖLFTER MANN – Das Programm für Fußballfans von Schwarzkopf & Schwarzkopf | Die Reihe ZWÖLFTER MANN wird von Martin Brinkmann und Oliver Schwarzkopf herausgegeben |

KATALOG
Wir senden Ihnen gern kostenlos unseren Katalog.
Schwarzkopf & Schwarzkopf Verlag GmbH
Kastanienallee 32, 10435 Berlin
Telefon: 030 – 44 33 63 00
Fax: 030 – 44 33 63 044

INTERNET | E-MAIL
www.zwoelftermann.de
www.schwarzkopf-schwarzkopf.de
www.facebook.com/schwarzkopfverlag
info@schwarzkopf-schwarzkopf.de